KB119343

에니어그램 강의 노트

김태홍 · 최미숙 · 김의천 공저

에니어그램과 관련된 번역서를 읽을 때 어딘가 모르게 마음이 불편한 경우가 있다. 번역된 문장의 문맥이 한국의 정서와는 거리가 있다는 점 때문일지도 모른다. 또한 일부 몇 사람을 빼고는 그런 저명하다는 외국의 지도자를 만날 기회도 없다. 이처럼 에니어그램이 먼 나라 이야기인 듯 느껴졌을 때, 김태홍 회장님의 『에니어그램 강의 노트』를 보게 되었다. 이 책에서 언급되는 사례 하나하나가 그냥 내가 사는 세상 이야기라는 것을 쉽게 가슴으로 받아들일 수 있었다. 그래서 책의 내용을 따라 읽기만 해도 누구나 에니어그램을 강의할 수 있는, 즉시 적용 가능한 강사용 교안이 된다.

사람에 따라 들은 것 없이도 말을 잘하는 사람이 있고, 많은 학문을 배우고 익혔음에도 표현이 부족한 사람이 있다. 에니어그램을 통해 누군가를 이해하거나 또는 자기를 발견하고 실천하는 것을 넘어 에니어그램을 활용하고 전문 강사로 거듭나고 싶다면 꼭 한 번은 읽어 보아야 할 책이라고 감히 주장한다. 이 책은 곁에 두고 적절하게 활용한다면 모두 강사가 될 수 있을 정도로 강력한 힘을 지니고 있다. 강사의 매뉴얼, 즉 강의 성과와 연결될 수 있는 실질적인 자료이다.

기업연수원의 HR담당/교수로 재직하던 시절, 에니어그램 강의를 재미있고 의미 있게 그리고 깊이 다룰 수 있는 분이 없을까 답답해하던 차에 한눈에 들어온 강사가 있었으니 그분이 바로 김태홍 회장이다. 모름지기 듣고 싶지 않은 강의는 성과로 연결될 가능성도 없는 법이다. 그저 교과서를 읽는 듯한 강사들이 난무할 때 남다른 강의를 하시던 기억이 생생하다. 이러한 특별함은 책의 내용 체계에서도 나타나 있다. 내용 체계를 설계할 때부터 액션러닝과 브랜디드러닝을 고려하여 만드신 듯 에니어그램을 실무에서 적용하기에 용이하도록 한 그 논리적 짜임새가 완벽하다. 어떻게 이렇게 어려운 작업을 수십 년간 끊임없이 하실 수 있을까? 책의 내용을 떠나 그저 마음 한가득 부러움 그리고 존경을 표하게 된다.

아무쪼록 누군가의 노고로 불후의 명작이 만들어졌다면 우리는 나와 세상을 살려 보는 데 이 좋은 자료를 적극 활용해 보기로 하자.

김인식(한국 에니어그램 협회 부회장)

에니어그램은 고대 성인들의 지혜와 현대 심리학의 과학이 통합되어 있는 성격 유형 진단도구이다. 세 가지 힘의 중심과 아홉 가지 기본 성격 유형, 날개, 통합 및 분열 방향을 이해하다 보면 세상을 보는 다양한 패러다임을 가지게 된다. 군인으로서 조직 내에서 많은 사람을 상대하며 업무를 수행하던 내가 에니어그램을 만난 것은 행운이다. 국방대학교에서 리더십 석사과정을 공부하면서 군인들에게 필요한 리더십 교육 프로그램을 개발하기 위해 선택한 것이 에니어그램이었다. 김태홍 회장님, 최미숙 원장님과는 크리스토퍼 리더십 교육을 받던 중 수강생으로서 그리고 같이 강의를 하는 팀원으로서 만나게 되었다. 이후에 에니어그램 전문가라는 것을 알게 되었고 지금까지도 나의 사부님이자 인생의 멘토로 연결을 유지하고 있다. 최근에는 '카페 에니어'를 방문하여 상담을 받기도 했다.

우리는 누구나 성격 연구자 또는 전문가라고 할 수 있다. 출생일에 따른 띠, 별자리나 사주, 사상체질, 혈액형으로 사람의 성격을 자기 나름대로 평가한다. 이러한 정보를 바탕으로 우리는 나를 포함해서 나와 관계하고 있는 사람들의 성격, 성향 또는 특징을 생각하고 그에 따라서 대응하는 행동방식을 선택한다. 그렇기 때문에 인간관계와 리더십의 상호작용에는 자기 자신과 타인을 제대로 이해하는 것이 무엇보다 중요하다.

직장이나 사회에서 자기 자신을 제대로 평가하고 이해하지 못하는 사람들을 많이 본다. 타인의 평가와 비교할 때 자기 자신을 과대평가하거나 과소평가하는 것이다. 평가의 괴리가 크면 클수록 그 사람의 인생에 있어서 만족도나 행복감은 떨어지는 것이 보통이다. 누구나 원하는 행복은 에니어그램이라는 필터를 통하면 증가할 수 있다. 에니어그램이라는 도구를 통해 자아인식과 사람을 보는 통찰력이 증가하면 타인이 보는 나와 내가 보는 나의 모습을 어느 정도 일치시킬 수 있다.

이 책은 우리의 이러한 욕구를 충족시켜 준다. 나와 세상을 이해할 수 있는 도구가 바로 에니어그램이다. 자기 자신과 타인의 평가 차이를 줄여 최대한 있는 그대로 사람을 볼 수 있다. "열 길 물속은 알아도 한 길 사람의 속은 모른다."라고 하지만, 에니어그램을 통한다면 사람의 깊은 속에 접근할 수 있을 것이다.

김태홍 회장님의 에니어그램 강의는 쉽고 재미있다는 특징이 있다. 누구나 공감하고 이해할 수 있는 사례들을 자신만의 방법으로 설명하고 가슴에 와닿도록 한다. 이번 책 또한 이러한 맥락에서 우리가 잘 아는 역사 속 인물, 연예인, 드라마 속 인물, 노래 가사, 영화 등을 활용해 흥미로운 이야기를 들려준다. 현장에서의 풍부한 강의 경험과 상담사례를 통해 쌓아 온 성격 유형에 대한 설명은 에니어그램을 교육하거나 상담, 코칭, 진로지도를 하는 사람에게 많은 도움을 줄 수 있을 것이다.

책을 읽어 내려가면서 자신의 생각과 맞닿아 있는 인물에 대한 사례를 접하면 나를 이해할 수 있다. '내가 그래서 이렇게 하고 있구나.'라고 깨닫는 순간 앞으로 내가 어떻게 해야 할지에 대한 방향을 제시해 준다. 나의 본질적인 강점이 무엇이고 어떻게 하면 최적화시킬 수 있는지에 대한 정보를 제공한다. 또한 자신이 생활하면서 관계하고 있는 사람들을 떠올리면 사람들이 나에게 이야기하고 행동하는 방식과 이유에 대해 깨닫게 된다. 유형별 설명 중 특히 〈tip〉은 해당 유형을 이해하는 핵심 사항이 담겨 있기 때문에 강력하게 시선을 끈다. 이 책을 읽는 모든 분이 에니어그램을 통해 나와 세상을 이해하는 다양한 패러다임을 가지고 리더십, 상담, 코칭, 진로지도, 교육 등 많은 분야에서 유용하게 활용할 수 있다고 확신한다.

전영수(육군사관학교 생도대 리더십/인성교육 실장)

 춘천의 어느 초등학교 교장 선생님의 초청으로 교사 직무연
수교육을 진행하러 간 적이 있었다. 교육청에서 오신 분도 계셨
다. 교장 선생님께서 직무교육에 대한 설명을 강의 시작 전에 하
셨다. 그런데 이 교장 선생님의 말씀이 무척 인상적이었다. 본
인의 인생은 에니어그램을 만나기 전과 에니어그램을 만난 후로
나눌 수 있다고 하셨다. 에니어그램을 만나고 나서 모든 생각과
태도, 사람을 보는 시각, 학생과 학부모와 교직원을 대하는 모든
것이 달라졌다는 취지로 말씀을 이어 나가셨다. 그리고 필자를
소개하고 연수를 시작할 수 있었다. 그러고 보니 필자 역시 인생
의 30년을 에니어그램과 함께 동행하였다. 처음 에니어그램을
만났을 때의 신선함과 충격이란 말로 표현할 수 없다. 어떻게 내

자신을 이렇게 선명하고, 확실하고, 부드럽게 설명할 수 있는가? 나 자신도 몰랐던 나의 세계, 그것은 바로 신세계였다. 그 뒤로 다른 것들은 눈에 안 들어오고 오직 에니어그램만 눈에 들어오기 시작했다. 그전에 만났던 TA, MBTI, Holland 같은 훌륭한 도구들을 뒤로 하고 에니어그램만 바라보는 상황이 되었다. 그로부터 많은 세월이 흘러서 뒤를 돌아본다. 기업체와 학교에서의 강의와 출판 등의 저작 활동 그리고 교육용 카드의 발행과 보급, 온라인과 모바일로 진단할 수 있는 사이트와 진단지(질문지)를 만들고 프로파일을 제작하는 일, 에니어그램 강사과정을 진행하고 교육하는 데 거의 모든 시간을 사용했다.

4년 전 필자는 홍대처럼 젊은이들이 많이 찾는 장소에 에니어그램 카페가 있다는 소식을 들었다. 제자들을 보내어 정보를 수집했다. 그러나 그곳에 전문가라고 부를 수 있을 만한 분이 많이 계신 것은 아니라는 판단이 들었다. 그 시점에 주변 지인들과 제자들에게서 에니어그램 카페를 하면 어떻겠냐는 질문을 참 많이 받았던 것 같다. 그래서일까? 4년 전 필자는 강서구 마곡동에 '카페 에니어'라는 상담카페를 오픈했다. 오픈한 지 4년이 되니 그동안 모바일로 진단한 사람이 2,400여 명이 넘게 되었다. 카페에서 상담을 진행한 커플도 1,200여 커플이상이나 되었다. 주로 젊은 남녀가 가장 많았고 팔순의 노인 부부도 상담을 진행한 적이 있다. 지금도 웃음이 지어지는 사례는 예비부부 중 예비 신부가 예비 시부모 부부와 예비 시누이 부부를 데리고 와서 같이 상담을 진행했던 경우이다. 가족상담이 되어 버린 그 사례는 처음에는 상황이 심각했다. 그런데 상담은 재미있다가, 눈물을 흘리다가, 기대가 되는 등 여러 요소가 희비를 일으키면서 진행되었다. 지금 생각해도 너무 행복한 한 장면이다.

필자는 코로나 19 사태가 발생하기 몇 달 전에 조선족 교육 요청을 받고 중국 연길을 방문하였다. 10여 년 전부터 이곳을 방문하여 주로 상담 방면에서 일하는 기관이나 개인을 상대로 리더십, 커뮤니케이션 그리고 에니어그램을 강의하곤 했다. 그런데 이번 방문에서 재미있는 말을 듣게 되었다. 초청한 한 교육원장은 "강사님은 어떻게 날이 갈수록 그렇게 강의를 더 잘하세요?"라는 칭찬을 하는 것이 아닌가? "그럴 리가 있습니까? 나도 나이가 있고 점점 기력도 쇠해지는데 암튼 칭찬으로 듣겠습니다."라고 대답했더니 "아닙니다. 진짜입니다. 내가 왜 거짓을 말하겠습니까?" 하면서 정색을 했다. 숙소로 돌아와서 필자가 이런 말을 들은 이유가 무엇일까를 곰곰이 생각해 보았다. 그러고 보니 '카페 에니어'라는 상담카페를 만들고 1,200여 커플을 상담하면서 생긴 노하우가 적지 않게 작용하였을 것이라는 생각이 들었다. 평소 강의보다 상담에서 만난 사람들의 사례를 섞어서 강의한 것이 그들에게 더 잘 전달되었던 것 같다.

에니어그램이라는 학문이 다소 어렵고 딱딱할 수 있다. 보통 기업이나 단체의 요청을 받아 강의할 때면 4~5시간 정도가 주어진다. 담당자를 설득하고 교육 프로그램도 적합하면 8시간 정도가 배정된다. 그러나 보통은 4시간 전후 정도이다. 학교도 마찬가지이고 공기업도 비슷하다. 그러니 방대한 에니어그램을 이

해시키는 데 시간은 턱없이 부족하다. 이것은 에니어그램을 전파하는 데 가장 큰 걸림돌이었다.

필자는 그래서 처음부터 '**쉽고 재미있는 에니어그램**'이라는 말을 입에 달고 살았다. 어떻게 하면 짧은 시간 안에 비자발적으로 모인 교육생들의 마음을 열고 에니어그램을 받아들이도록 강의할 것인지가 가장 큰 과제였기 때문이다. 처음에는 소위 '말발'로 버텼던 것 같다. 지금 와서 생각해 보면 그것은 오랜 기간 다양한 교육생을 상대하다 보니 어느 정도 트레이닝이 되어 있었다. 그런데 그다음이 문제였다. 에니어그램은 성격 유형론이라고 말할 수 있다. 성격의 심리학이라고도 말한다. 자신의 성격을 이론적으로 설명하다 보니 다소 딱딱하고 어렵게 느낄 수 있다. 알기는 알겠는데 손에 잘 잡히지 않는다. 그래서 실감나는 경험을 느끼게 할 수 있는 간접적인 사례가 필요하다. 즉, 성격을 설명할 수 있는 예시 사례가 있어야 했기 때문에 다양한 인물이 필요했다. 역사적 인물이든, 연예인이든, 많은 사람이 알고 있는 인물은 등장자체만으로도 호기심을 불러일으킨다. 그리고 노래, 시, 드라마, 영화도 에니어그램 강의에서 빠질 수 없는 사례이다. 한 인물의 성격과 성품은 이런 문학적 요소에서 쉽게 드러나기 때문이다. 이렇게 접근했을 때 교육생들은 더 '쉽고 재미있게' 에니어그램을 받아들였다. 한때 선풍적인 인기를 끌었던 드라마 〈미생〉을 기억할 것이다. 2014년에 20부작으로 tvN에서 방영되었다. 필자는 〈미생〉의 캐릭터들이 에니어그램의 유형으로 소개하기에 매우 적합하다고 생각했다. 작가가 에니어그램을 잘 알고 있다는 생각이 들었다. 이 드라마의 주인공 중에서 오상식(이성민 분) 차장은 8유형에 매우 가깝다. 그렇다면 드라마를 보던 8유형의 사람은 오 차장을 보면서 자신과 성격이 비슷하다고 느낄 것이다. 실은 자신보다 자신을 더 잘 아는 사람은 주변의 지인들이기 때문에 "그 〈미생〉의 오 차장, 우리 부서 팀장이랑 똑같지 않냐?"라고 표현하기도 한다.

강의 현장에서 또는 상담할 때 이런 비유는 매우 효율적으로 사용되었다. 필자뿐 아니라 많은 에니어그램 강사가 성격 유형을 예로 들 때 인물, 드라마, 노래 가사, 문학 작품 등을 인용하곤 한다. 하지만 그런 설명과 해석이 과연 올바르냐는 질문에 필자는 매우 염려가 컸다. 아무리 잘 알려진 역사적 인물이라고 하여도 같이 오랜 시간을 옆에서 보지 않았다면 제대로 알 도리가 없다. 그래서 중요한 것은 객관적인 기록이다. 역사 드라마를 통해 조명된 역사적 인물이라면 다른 인물들과의 다양한 갈등과 관계 속에서 더욱 선명하게 알 수 있다. 그리고 그 유형에 맞는 대사와 생각 등이 충분히 드러나야 한다. 단순히 한두 마디 대사와 특정 장면만으로 그 주인공이 몇 유형이라고 단정하는 것은 매우 위험하다.

어떤 기자가 쓴 인물에 대한 몇 줄의 기사를 참고하여 성격 유형을 분류하는 경우도 보았다. 한 사람의 성격 유형을 판단하는 것은 매우 어려운 일이다. 특정 사건 하나를 바탕으로 드러난 그의 행적과 언행을 기준으로 한 사람의 성격을 판정 짓는다는 것은 매우 어처구니없는 해석이다. 최근 인터넷에서 연예인이나 공적 인물의 성격 유형을 이렇게 무분별하게 판단하는 것에 대해 에니어그램 전문가로서 심히 염려스럽다. '아니면 말고' 식의 해석이나 짐작으로 아무런 증거 없이 유형을 판단해 버리는 경우도 보았다. 유형을 판단하는 것뿐 아니라 그 사람의 정신 상태까지 문제 삼아 그 이상 진도를 나가는 경우도 있다. 말이나 글에는 논지가 있고 충분히 판단할 수 있는 근거가 있어야 한다.

필자는 이러한 방법론이 에니어그램을 이해하거나 공부하는 데 방해가 된다고 판단했다. 그래서 에니어그램 이론에 부합하는 드라마, 영화, 노래 가사, 역사적 인물, 현존 인물, 시 등을 조사했다. 이 조사 중 다양한 객관적 근거가 있는 내용들을 더 추리고 보완했다. 그 인물이나 유형 판단의 기초자료들이 객관성이 있고, 유형의 이론에 부합한 판단이었는지를 찾고 싶었다. 판단하는 이의 개인적이고 주관적인 생각도 때로는 필요할 것이다. 그렇지만 더 중요한 것은 그런 개인적인 판단이나 상상력이 에니어그램의 이론과 과연 얼마나 부합하느냐의 문제이다. 몇 가지 조각과 개인적인 판단 및 아이디어로 진단한다면 오류가 일어날 가능성은 더욱 높아진다. 오류를 줄이기 위해서는 가장 객관적인 에니어그램의 이론과 맞아야 한다. 즉, 등장인물의 말, 역사 기록 등에 대해서 타당성 있는 내용이 필요한 것이다. 드라마 주인공의 누군가가 몇 번 유형이라고 판단되면 글이나 말 속에 그 유형에 맞는 증거는 있는지 찾아보았다. 적어도 이런 노력이 없이 특정 인물에 대해 설명하고 이해하는 것은 위험 요소가 다분하다. 설령 그 유형을 잘못 설명한다고 하여도 논증이 타당하다면 공부하는 데 도움을 줄 수 있다. 에니어그램을 오래 공부한 분 중에도 자기 자신의 유형에 대해 회의를 품는 경우도 많다. 그리고 필자가 볼 때 그건 아닌데 하는 의심을 품게 하는 경우도 많다. 스스로를 판단하는 기준이 개인적인 취향에 머물러 있기 때문이다. 주관적인 판단이나 아이디어보다는 객관적인 기준은 무엇인가에 답하여야 한다. 이 책에서는 드라마, 영화, 역사적 인물, 노래 가사 등 다양한 방법으로 유형을 설명하려고 노력했다. 에니어그램의 이론과 어떤 인물에 대한 다른 사람의 글, 주변 사람들의 이야기, 영화와 드라마 대사 등을 조사하였다. 그리고 그 대사와 에니어그램 이론이 합당하게 맞는지를 조사했다. 그 인물이 꼭 어떤 유형이라고 말하지 않는다. 다만, 조사한 자료와 에니어그램의 이론이 맞는지 아닌지를 조사하였을 뿐이다. 이 조사가 틀렸거나 다른 분들의 생각과 다를 수 있다. 이 점 때문에 출판을 주저했지만 이런 노력의 시도가 또 다른 연구와 배우는 분들께 도움이 된다고 믿고 부족하지만 출간하기로 결정했다.

이 책이 에니어그램을 배우시는 분들께 많은 도움이 되리라 믿는다. 많은 시간을 공부하고도 자신의 유형 판단에서 왔다 갔다를 반복하는 분이 많다. 에니어그램은 자아를 살피는 것이다. 성격이 변했다는 말은 에니어그램의 이론으로 말하자면 틀린 말이다. 성격의 수준이 달라질 수는 있다. 하지만 근본 성격이 변하는 것은 아니다. 예를 들어, 딱딱하고 원칙을 따지는 1유형(완벽주의자)이 미소가 생기고 긍정적인 생활을 한다고 해서 7유형(낙천주의자)으로 바뀌는 것이 아니라는 뜻이다. 다만, 자신의 성격적인 부족함을 극복하고 발전했다고 말하는 것이 에니어그램이다(화살 이론). 이 책은 이런 의미를 찾아가는 데 도움을 줄 수 있다. 오랜 시간 동안 자신의 유형에 대한 의문이 있는 분이라면 책의 내용을 좀 더 깊이 있게 살펴보면 도움이 될 것이다.

또한 이 책이 에니어그램을 강의하는 분들께 가장 도움이 되기를 바란다. 이 책을 강의에 활용한다면 보다 쉽고 재미있게 청중에게 다가갈 수 있을 것이다. 똑같은 형태로 아홉 가지 유형을 설명해야 하는 반복은 지루함을 부른다. 따라서 영화나 드라마 속의 인물, 모두가 다 아는 사람이나 노래 가사 등을 예로 든다면 청중의 집중도는 올라갈 것이다. 필자는 상담을 하러 오는 분들을 사전에 진단한다. 어느 유형이라는 결과가 나오면 그 유형에 맞는 음악을 준비한다. 그리고 상담을 본격적으로 시작하기 전에 그 노래를 들려주면서 소감을 묻는다. "이 노래 어때요?" 소감은 천차만별이다. 하지만 이런 노래에 대한 이야기로 상담자와의 어색함을 깨고 라포를 형성한다. 경험상 많은 분이 자신의 유형과 맞는 노래를 좋아한다. 이와 같은 맥락으로 상담이나 코칭의 현장에서 활동하시는 분들께도 이책의 활용도가 높을 것이라고 믿는다.

2022년 5월
저자 대표 김태홍

차 례

Lecture
Notes

01
에니어그램의 기초

ENNEAGRAM

1. 에니어그램이란

　에니어그램은 모든 사람의 성격이 아홉 가지 유형 중 어느 것으로 나뉘어져 있다는 기본적인 사고방식에 입각해서 각자의 감정이나 행동의 원천이 되는 본질을 찾아내는 인간학(人間學)이다. 이 학문은 인간은 누구나 아홉 가지 성격 중 어느 위치에 속해 있으며, 남녀로 구분되어 있는 것과 같이 세계 속의 어디에서나 각 성격 유형을 가진 사람은 9등분으로 되어 있다는 전제를 바탕으로 한다. 에니어그램이 말하는 성격의 포괄적인 이해와 각각의 유형의 통합 및 분열의 방향을 깨닫게 된다면 현재의 자신을 이해하는 데 도움이 되고, 더 나아가 우리의 성격을 초월하여 우리 자신을 변화시킬 수 있는 기회를 잡을 수 있다. 이러한 변화를 통한 성격의 개선과 커뮤니케이션 기술을 익혀 평생

(생애) 인격 개발, 배우자와 기타 이해관계 간의 구조를 개선하고 직업상담, 가족상담, 교육상담은 물론 경영 및 인사 분야 등에서 개인의 성장에 유용한 도구로 사용할 수 있다.

이러한 에니어그램의 정확한 기원은 알려져 있지 않다. 그 기원에 대해서는 논란이 많다(일부는 고대에서 비롯되었다고도 하고, 다른 사람들은 중세나 심지어는 현대에 발견된 것이라고 주장하기도 한다). 하지만 한 가지 분명한 것은 에니어그램에서 사용되는 인간의 본질과 성격을 분석하는 법칙과 묘사가 인종, 문화, 연령, 성별에 관계없이 어떤 형태로든 인식되어 왔다는 것이다. 또한 인간의 본성과 기능에 대해 이 시스템이 나타내는 모습은 특정한 보편성을 가지고 있는 것으로 보인다.

에니어그램은 B.C. 2,500년경 중동의 신비주의 전통인 수피즘 (Sufism) 수도자들에 의해서 엄격하게 구전된 것으로 알려져 있다(Riso, 1992; 이화숙 역, 1993). 그 이유는 에니어그램이 글로 쓰일 경우, 그 지혜를 잃어 한 스승의 기록이 다른 스승의 기록과 직접적으로 모순을 일으킬 수 있어 몇 명의 사람이 본래 유형이 아닌 다른 유형으로 지목될 가능성이 있기 때문이다(이정순 역, 1990). 또한 수피즘의 스승들은 에니어그램을 개인이 자신에 대해 알 수 있도록 오직 그 사람의 성격 유형에 관해서만 가르쳤다고 한다. 그러던 중 에니어그램을 널리 알리는 데 크게 공헌한 사람은 수피즘을 공부했던 러시아의 신비주의 학자 Gurdjieff로서, 그가 1915~1916년 어느 날 제자에게 에니어그램을 가르치면서 알려지게 되었다. 서방에 알려지게 된 것은 그의 제자 P. D. Ouspensky가 Gurdjieff의 가르침에 대한 기록인 『기적을 찾아서(In Search of the Miraculous)』를 1949년에 발행하면서부터였고 (Blake, 1996), 1960년대에 이르러 미국에 퍼지게 되었다(Baron & Wagele, 1995). Gurdjieff 이론에 따르는 에니어그램의 연구는 미국의 스탠퍼드 대학교를 중심으로 이루어졌고, 1970년대에 그 이론의 전체적인 모습이 복원되었다. 또한 Gurdjieff의 제자들 중의 한 사람인 J. G. Bennet은 Gurdjieff 사상의 본질을 새롭고 더욱 과학적인 형태로 명료화하고 전달하는 데 노력하였다(Blake, 1996). 현대의 지도자인 Palmer는 캘리포니아 버클리에 있는 'The Center for the Investigation and Training of Intuition'에서 워크숍 형태인 구전의 방식으로 에니어그램의 지혜를 가르치고 있다.

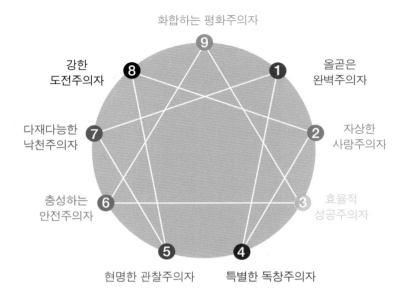

화합하는 평화주의자

올곧은
완벽주의자

강한
도전주의자

자상한
사랑주의자

다재다능한
낙천주의자

효율적
성공주의자

충성하는
안전주의자

현명한 관찰주의자   특별한 독창주의자

에니어그램을 서방에 알리는 데 공헌한 다른 지도자로 Oscar Ichazo와 Claudio Naranjo가 있다. Ichazo는 에니어그램을 칠레에 이어 1970년에는 미국에 소개하였고, 몇 년 안에 미 북부 지역에 퍼지게 하는 데 공헌하였으며(Riso, 1992), 에니어그램을 에니아곤즈(Enneagons)라고 불렀다. Ichazo의 연구 그룹은 현재 칠레의 Arcia연구소를 중심으로 활발히 활동되고 있으며, 이 연구소는 Ichazo가 수피즘의 에니어그램을 전승하여 미국에 알렸다는 것과 Ichazo 자신이 아프가니스탄의 파미르 지도자로부터 배웠다고 주장하기도 했다. 또 다른 공헌자인 Naranjo는 캘리포니아 버클리에서 에니어그램을 가르쳤고, 1980년에는 DSM-3와 같은 진단 영역의 형태로 에니어그램을 병리학적으로 연결하는 데 선구적인 역할을 하였다. 에니어그램에 대해서 연구하고 있는 학자들 중 Blake(1996)는 오늘날 세계로 퍼져 나간 에니어그램에 대한 내용이 여전히 Gurdjieff의 전수와 연결되어 있다고 강조했다. 심지어 에니어그램을 책으로만 공부하고 있는 수천 명의 사람이 Gurdjieff의 상징에 대한 원래의 사상도 제대로 모르고 있고, 에니어그램이 쓰여 있는 많은 저서만으로는 Gurdjieff의 가르침을 통한 지식을 얻지 못할 것이라고 충고했다.

현재 에니어그램은 국내뿐 아니라 미국과 유럽, 일본 등에서 활발히 연구가 진행되고 있으며, 새로운 성격 유형 이론으로 주목받고 있다. 에니어그램과 가장 기본적인 공통점이 많은 MBTI(Myers-Briggs Type Indicator)와 종종 비교되어 비교 연구도 많이 이루어졌다(Wagner & Walker, 1983). 특히 1991년에 스탠퍼드 대학교에서 국제 워크숍이 개최된 이래 에니어그램의 신빙성에 대한 검증을 계속 밝혀 이 이론을 보급시키고 있으며, 2000년에는 에니어그램 세계대회가 개최되어 현재까지 확산되어 가고 있다. 학문적으로서만이 아니라 현재 GE, AT & T, 모토로라, 제록스 등 대기업에서 인사 관리와 조직 운용의 원리로 도입하여 적용하고 있다.

국내에서는 서울 연세대학교에서 에니어그램의 전문가들과 연구자들이 참석한 제1회 에니어그램 워크숍이 개최되었고, 에니어그램을 확산시키기 위한 많은 연구자의 노력이 이어지고 있다. 에니어그램은 그 사용 분야가 점점 늘어나면서 다양한 형태로 진화되어 나가고 있으며, 필자는 특히 실행력과 학습법, 그리고 부부, 부모-자녀 등의 관계에 주목하여 이 책의 출판을 기획하게 되었다.

이렇듯 에니어그램이 전 세계적인 호응을 얻고 있는 이유는 진정한 내면의 이해를 통하여 자신을 성장시키고 잠재력을 개발할 수 있기 때문이다. 자신의 내면을 올바로 이해하면 자기 계발의 방향을 설정하고 학습의 성과를 높일 수 있게 되며, 인간관계의 갈등의 원인을 파악하여 이로 인한 어려움도 해결할 수 있게 된다.

에니어그램은 원형의 배경에 아홉 개의 꼭짓점을 가지는 도형이다. 이 아홉 개의 꼭짓점에 아홉 가지의 성격 유형이 표시된다[그리스어로 에니어(Ennea)는 숫자 아홉을 뜻하고, 그래마(gramma)는 꼭짓점을 의미한다]. 프리즘에 백색 빛을 투과하면 다양한 스펙트럼으로 나타난다. 이러한 현상처럼 모든 사람은 다양한 스펙트럼의 여러 가지 빛깔을 지니고 있다. 다만 그중에서 하나의 빛깔이 특별히 강해서 각 개인의 특성을 나타내는 것이다. 이 비유를 신학적인 관점에서 보자면, 개개인은 신성함을 지니고 있으며 이것이 아홉 개의 인간적인 특징으로 나타난다고 한다. 그리고 철학적인 관점에서는 존재라는 것이 아홉 가지의 본질적인 특성으로 나타난다고 한다. 또한 심리학적인 관점에서는 인간의 본성이 아홉 가지의 자연적이고 근본적인 유형으로 나타난다고 한다.

이 원형 모델의 성격 패러다임이나 패턴은 어떤 비유를 선택하느냐에 따라 신성함의 아홉 가지 형태, 존재의 아홉 가지 가치, 아홉 개의 현상론적 세계관 또는 관점을 대표한다. 마지막의 관점으로 보면, 이 원형의 근본적인 도식 또는 지도는 가정이나 주요 신념들을 정리해 주는 근간이 된다. 그리고 이 신념들은 우리의 인식, 생각, 가치, 감정, 그리고 행동에 영향을 미치기도 하고, 때로는 이 신념을 유지하기 위해 생각이나 행동을 결정하기도 한다. 이러한 패러다임은 사람이 자기 자신이나 다른 사람들에 대해 가지는 생각이나 감정의 중심에 위치해 있다. 또한 타인과 관계를 맺거나 시도하는 상호 교류 방식도 결정한다. 즉, 각각의 특정한 유형은 곧 이 세상을 살아가는 방식을 의미한다.

경험, 인식, 이해, 평가 또는 자기 자신, 타인, 그리고 현실에 반응하는 방식이 모두 다른 것이다. 전통적인 지혜를 연구하는 학자들은 원을 통일성, 완벽, 그리고 충만함의 상징으로 사용한다. 그러므로 광범위한 인간의 표현 방식을 묘사하는 데 원이 사용되었다는 것은 놀랄 일이 아니다. 재미있게도 현대의 심리학에서는 복잡한 통계적 요인 분석을 이용하여 원형 모델이 인간의 특징을 그림으로 표현하는 데 가장 적합하다는 것을 밝혀냈다.

이 책은 독자가 에니어그램에 대한 어떠한 지식도 없으리라는 것을 염두에 두고 집필했다. 오랫동안 전해 내려오는 지혜(에니어그램을 포함한)와 일부의 인간 발달이나 성격에 대한 현대 심리학 이론에서는 우리의 본질, 진정한 자신과 성격, 사회적인 자신, 거짓된 자신 사이에는 기본적으로 차이가 존재한다고 본다. 먼저 자연스럽고 진정한 '자신의 내면'-우리가 선천적으로 가지고 태어난 자신의 모습, 그리고 '사회적인 자신'-진정한 자신을 둘러싸고 있는 보호막이자 상처 받기 쉬운 자신을 안전하게 보호하는 기능을 가지고 우리를 둘러싼 사회적 환경과 교류하는 역할을 생각해 볼 수 있다.

　우리의 본질 또는 각 유형의 심장부에는 우리가 생존하고 성공할 수 있게 해 주는 특정한 강점이나 능력이 존재한다. 우리는 이러한 능력과 강점을 이상적이고 높은 가치로 평가하며 이러한 면모에 끌리게 된다. 하지만 실제로 이러한 모든 가치는 우리의 중심에 잠재적으로 내재하고 있으며, 이러한 가치를 실제화하고 인식할 능력 역시 모두가 가지고 있다. 하지만 성질에 따라서 우리의 내면에는 이러한 가치들의 서열이 존재하고, 그중 일부만을 선호하고 표현하게 된다. 결국 한두 가지 정도의 성격이 다른 성격보다 더 강력하고 중심적이 되는 것이다. 이 선택된 성격들이 개개인의 인성의 핵심이 되어 개인에게 동기를 부여하기도 하고 성향을 나타내기도 한다. 이 가치들이 바로 핵심 가치 성향이고, 우리의 에너지, 인지 능력, 감정적 반응, 행동을 조직하고 이끌게 된다. 그리고 우리가 누구인지, 우리가 어떤 사람이 되고 싶어 하는지의 근간이 된다.

2. 힘의 중심이란

　힘의 중심이란 삶을 살아가는 데 있어서 에너지를 얻는 원천을 말한다. 에니어그램의 세 가지 힘의 중심은 머리, 가슴, 장의 신체 기관과 관계가 있다. 그러므로 주요한 문제를 해결하는 데 있어서 머리형은 사고에, 가슴형은 감정에, 장형은 본능에 의존하여 해결하고자 한다.

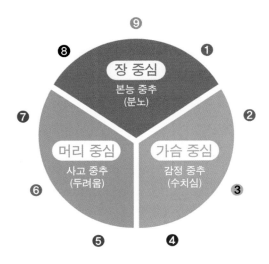

● 장형(본능 중심)

〈에너지가 외부로 폭발〉

〈에너지를 내외부로 교환〉

〈에너지가 내부로 수축〉

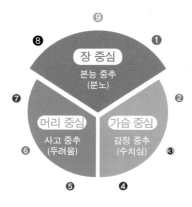

장의 에너지를 통해 세상을 보고 해석하는 사람이다. 장은 본능과 관계가 있다. 그래서 이들은 논리적으로 생각하고 계획을 세우기보다는 먼저 몸으로 부딪히는 행동파들이다. 몸의 반응이나 본능적인 느낌에 따라 즉각적으로 행동하는 것이다. 세상을 대하는 이들의 방식은 사람들에게 대항하는 것이며, 이들은 다른 사람에게 힘을 행사할 수 있을 때 존중을 받는다고 느낀다. 사람들은 이들에게서 종종 압도 당하는 느낌을 받는다. 의사결정을 할 때에도 사람 중심이라기보다는 일 중심적이며, 주변 사람의 감정보다는 자신의 원칙에 따라 결정을 한다. 사람들과 대화를 할 때에도 공격적이거나 고압적인 말투로 기선을 제압한다. 에니어그램 8번, 9번, 1번이 장형에 해당된다.

● 머리형(사고 중심)

〈에너지가 내부로 수축〉　〈에너지를 내외부로 교환〉　〈에너지가 외부로 폭발〉

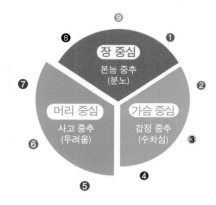

　머리에서 힘이 나오는 사람이며, 머리의 주된 기능은 사고이다. 머리 중심의 사람은 사고의 기능을 사용해서 세상을 바라보고 해석한다. 사고의 기능은 비교하고 분석하는 것이다. 머리 중심의 사람은 정보를 수집하고 분류하며 계획을 세우는 것을 좋아한다. 이들은 자신의 머리에서 생각할 시간과 공간이 필요하기 때문에 사람들과 떨어져 있으려고 한다. 그래서 이들은 사람들이 자신에게 자신만의 공간을 허용해 주고 지나치게 가까이 오지 않을 때 존중 받는다고 느낀다. 머리형은 무엇이든 머리로 이해되어야 행동을 할 수 있기 때문에 의사결정을 할 때에도 논리적인 근거를 바탕으로 한다. 그래서 결정의 근거가 될 수 있는 정보에 관심이 많다. 이들은 대화를 할 때 논리적인 근거나 자료를 인용하기를 좋아하고 객관적이며 매우 공정하게 말하는 편이다. 에니어그램 5번, 6번, 7번이 머리형에 해당된다.

● 가슴형(감정 중심)

〈에너지가 외부로 폭발〉　〈에너지를 내외부로 교환〉　〈에너지가 내부로 수축〉

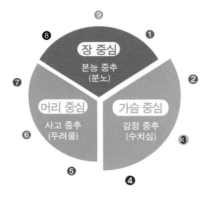

　가슴 중심의 사람은 심장의 에너지를 통해 사물을 받아들이고 인식한다. 이들은 사람들에게 따뜻한 인상을 주며 미소를 잘 짓는다. 이들은 자신의 이미지에 관심이 많아서 다른 사람이 자신을 어떻게 받아들일지에 신경을 많이 쓰고, 주변의 평가나 의견에 영향을 많이 받는다. 가슴형은 사람들에게 가까이 가려고 하며, 사람들과의 관계를 통해서 자신의 존재를 확인하려고 한다. 그리고 친밀감을 느낄 때 자신이 존중 받는 느낌을 가진다. 이들은 결정을 내릴 때에도 인간관계를 중요하게 여긴다. 그래서 자신의 결정이 주변 사람들에게 어떠한 영향을 미칠지, 다른 사람들이 어떻게 생각할지를 많이 고려하는 편이다. 이들은 대화를 할 때에도 좋은 사람으로 보이기 위해 상냥하고 친절하게 말을 하는 경향이 있다. 에니어그램 2번, 3번, 4번이 가슴형에 해당된다.

3. 날개와 화살

(성숙 방향)

(미성숙 방향)

에니어그램의 이론에 따르면, 사람은 아홉 가지 유형을 모두 갖고 있다. 그중 한 가지가 중심 유형으로 굳어지고 나머지 유형은 날개 유형, 화살 유형으로 있게 된다. 날개란 중심 유형 좌우에 있는 유형을 말한다. 중심 유형은 날개 유형의 특징과 섞이거나 영향을 받는다. 예를 들면, 1번은 2번이나 9번의 날개 유형을 가지고 그 특징을 약간씩 지니고 있다. 강한 날개의 특징은 중심 유형에 차이를 가져오게 한다. 2번 날개가 강한 1번 유형은 더 따뜻하고 남을 많이 도우며 사람들에게 관심을 더 많이 보인다. 반면, 9번 날개가 강한 1번 유형은 좀 더 관대하고 침착하며, 객관적이고 조용한 편이다. 보통의 경우 인생의 전반부에 두 날개 유형 중 한쪽의 날개 유형을 강하게 사용하다가, 생애 후반부에

다른 쪽 날개 유형의 특징을 살리면서 중심 유형은 균형을 잡아
간다. 중심 유형은 선을 따라 두 개의 다른 유형과 연결되어 있
다. 이 두 개의 유형을 화살 유형이라고 한다.

긴장을 풀고 있을 때 또는 성숙해 있을 때에는 화살이 날아오
는 쪽 유형의 긍정적인 특징을 갖기 쉽다. 이 유형을 성숙 유형
이라고 한다. 예를 들면, 1번 유형에게 7번 유형은 성숙 유형이
다. 매사에 완벽하고 성실하며 화내지 않으려고 노력하는 1번
유형이 성숙하고 느긋해질 때 7번 유형의 긍정적인 특징인 즐거
움을 가지게 되고, 자신과 다른 사람들에 대해 덜 비판적이 되
며, 보다 자연스럽게 행동하고 삶의 기쁨을 누릴 수 있게 된다.

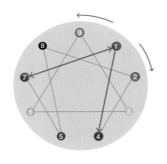
스트레스를 받는 어려운 상황을
만나게 되면 화살이 가서 닿는 유형
의 부정적인 면이 드러나게 된다.
이를 미성숙 상태라고 한다. 예를
들면, 1번 유형이 오랫동안 스트레
스를 받거나 원하는 대로 일이 이루
어지지 않으면 4번 유형의 단점이 드러나 자신의 분노를 안으로
돌려 우울해진다. 또한 자신이 갖지 못한 것을 갈망하고, 인생에
서 좋은 것을 얻지 못할 것이라고 우울해 하며 슬픔에 빠진다.

이렇게 한 가지 유형은 기본적으로 화살 유형과 날개 유형과
연관되어 있다. 한 유형은 적어도 4개의 유형과 직접적으로 연
결되어 역동적으로 움직인다. 사람을 아홉 가지로 분류하는 것

만큼 중요한 것은 이 역동적인 움직임을 이해하는 것이다. 사람의 성격을 한 가지로만 정의하고 해석하는 다른 성격 유형 이론들과 다른 에니어그램만의 차이점이자 강점이라고 할 수 있다. 같은 유형은 기본적으로 같은 동기를 가지고 있고, 비슷한 방식으로 사람들과 관계를 맺으며 세상을 바라본다. 에니어그램은 각 유형을 집착과 회피하는 부분, 방어기제, 미덕, 부속 유형 등의 단어로 설명한다. 이 책에서는 주로 힘의 중심과 날개와 화살, 그리고 집착과 회피로 유형 간의 어우러짐과 갈등 상황을 해석하고자 한다.

한 개인의 에니어그램 기본 유형은 평생 변하지 않으며 인종과 남녀, 나이를 초월한다. 보통 성격은 변하는 것이라고 오해할 수 있으나, 에니어그램에서는 성격은 변하지 않는다고 말한다. 자아의 근처까지 안내하여 본인이 스스로 자아를 발견할 수 있도록 돕는 것이 에니어그램의 특징이다. 인간을 자신이 아는 나와 남들이 아는 나, 그리고 원래의 나로 나눌 수 있다면 에니어그램은 원래의 나를 발견하는 도구인 셈이다. 나를 둘러싼 가면과 이미지, 그리고 하는 일이나 환경과 관련되어서 자신을 잘 모르고 살아갈 수 있다. 그러면서 그것을 자신이라고 생각할 수도 있다. 인간의 가장 깊은 것을 끌어올려 주는 에니어그램의 세계로 들어가 보도록 하자. 그것이 인간관계에 미치는 영향을 발견하는 것은 참으로 즐겁고 신나는 모험이 될 것이다.

4. 각 유형 설명

1 유형   올곧은 완벽주의자

| 성숙할 때의 모습 |

진지한 / 완벽을 위한 노력 / 책임감 있는 / 이상주의적 / 헌신적인 / 믿을 수 있는 / 양심적인 / 철저한 / 높은 목표 / 고통을 감내하는 / 정확한 / 공정한 / 시간을 잘 지키는 / 인내하는 / 정직한 / 모든 잠재력을 개발하는 / 성실한 / 윤리적인 / 도덕적인 / 명백함을 추구하는 / 높은 기준 / 꾸준하게 노력하는

| 미성숙할 때의 모습 |

지나치게 비판적인 / 완벽주의적인 / 요구가 많은 / 높은 기대치 / 화가 난 / 비현실적인 / 딱딱한 / 고집이 센 / 날카로운 / 엄격한 / 충동에 내몰린 / 간섭하는 / 조급한 / 청교도적인 / 사람을 휘두르는 / 설교적인 / 도덕주의적인 / '해야 할 것'이 많은 / 너무 노력하는 / 지나치게 심각한 / 따지려 드는

에너지가 내부로 수축

| 성숙할 때의 핵심 경향 |

- 당신은 선함에 끌리고 그것을 높이 평가한다. 세상을 좀 더 살기 좋은 곳으로 만들고 싶어 한다. 자신의 잠재력을 모두 찾아내려고 노력하고, 다른 사람 역시 잠재력을 찾을 수 있도록 도와준다.

- 당신은 사람들이나 상황이 어떻게 변할 수 있는지를 파악하는 능력이 있고, 그러한 현실을 만들기 위해 열심히 노력할 의지가 있다.

- 당신은 고도의 비판 능력을 갖추고 있으며, 그렇기 때문에 특정한 수준을 유지하는 것에 노력하며 책임감이 있다.

- 당신은 명확하거나 정확한 점을 짚어 내는 능력이 있다. 당신은 초점과 의도에 있어서 명확하며 정확하기를 좋아한다.

- 당신의 욕구는 세상을 더 좋은 곳으로 만들기 위한 것에 맞춰져 있고, 당신은 그것을 위해 성실을 다해 노력한다.

- 스스로가 가치 있게 생각하는 것에 대한 강한 감정을 가지며 강렬하게 빠져든다.

- 당신은 양심적이고 헌신적이며, 인내심이 있고 믿을 만하다. 그리고 열심히 일하며 부지런하다. 도덕적으로도 청렴한 인생을 살고 싶어 한다.

- 당신은 심각하다. 인생을 높은 목적, 이상향 그리고 목표를 가지고 살아간다. 때론 힘이 들지만 그 정도는 감당해야 한다고 생각한다.

- 공정함과 정의를 높이 평가하고, 공정하지 못하다는 것은 잘못된 것이다. 바로잡아야 한다.

| 미성숙할 때의 핵심 경향 |

- 당신은 선한, 옳은 또는 완벽한 이상형과 자신을 지나치게 동일시할 수 있다. 이것을 다른 무엇보다 중요하게 생각한다. 그래서 착한 여성이나 착한 남성이라면 흡족해 한다.

- 당신은 완벽하게 해낼 수 있지 않은 이상 어떤 행동하기를 두려워한다. 부족하다면 채워서라도 하려고 한다.

- 당신은 잘못된 점이나 부족한 점에 너무 집착하여 결과적으로 실제 있는 것을 제대로 인식하지 못할 수 있다. 있는 것보다 없는 것이 더 잘 보인다.

- 당신은 무엇이 옳은지 그른지에 대해서 판단하려고 하는 태도를 보일 수 있다. 세부 사항이나 모든 것을 바로잡는 일에 지나치게 집착할 수 있다. 그래서 틀린 부분에 대해서 집착을 하거나 강박적인 태도를 보일 수도 있다.

- 당신은 스스로의 필요, 욕구, 감정을 중요하게 생각하지 않을 수도 있으며, 이것보다 당신이 당연히 해야 한다고 생각하는 '해야 하는 일'을 더 중요시할 수 있다. 따라서 더 도덕적이고 지나친 책임감에 청교도적으로 살아갈 수 있다.

- 당신은 다른 사람들의 인생을 더 좋게(그들의 행복을 위해) 만들기 위해 이것저것 간섭하거나 개입하는 경향이 있다.

- 당신은 지나치게 열정적일 수 있다. 그리고 다른 관점에서 사물을 보려고 하지 않을 수도 있다. 당신은 한 걸음 물러서거나 냉정해지는 데 어려움을 겪는다.

- 당신은 지나친 책임감을 느낄 수 있고, 일에 중독될 수도 있다. 꼭 이루어져야만 하는 선한 일을 다하기 위해 시간이 모자란다고 느끼면서 긴장하고 부담 속에서 살 수 있다.

- 당신은 어떤 상황이나 스스로를 너무 심각하게 생각할 수도 있다. 그래서 놀거나 즐기거나 재미있는 일을 못하게 될 수 있다.

- 당신은 이 세상이 공정하지 않게 돌아가고 있다고 느낄 수 있다. 이렇게 판단하는 경향이 있기 때문에 분노와 화가 쉽게 노출된다.

자상한 사랑주의자

| 성숙할 때의 모습 |

도와주는 / 이타적인 / 수용하는 / 베푸는 / 희생하는 / 예민한 / 타인 중심적인 / 칭찬하는 / 인정 많은 / 보살피는 / 귀를 기울이는 / 사랑하는 / 격찬하는 / 돌보는 / 대접하는 / 상냥한 / 관계 중심적인 / 동정심 있는 / 지원하는 / 따뜻한 / 기쁨을 주는 / 흔쾌히 받아들이는

| 미성숙할 때의 모습 |

침해하는 / 받기를 거부하는 / 방해하는 / 과보호하는 / 소유하고 싶어 하는 / 괴롭히는 / 조종하는 / 남의 기준에 따르는 / 요구하는 / 필요로 하는 / 피해자 / 숨이 막히게 하는 / 구조하는 / 어린아이 취급을 하는 / 불평하는 / 도움 받을 가치가 없는 / 죄책감을 유발하는 / 질투하는 / 대면하지 않는 / 너무 친절한 / 지나치게 상냥한 / 대신해 주는 / 경계가 없는

에너지가 외부로 폭발

| 성숙할 때의 핵심 경향 |

- 당신은 사랑에 끌리고 사랑을 높이 평가한다. 당신은 세상을 사랑으로 충만한 곳으로 만들고 싶어 한다. 그래서 타인을 지원하고 돌보며 사려가 깊다.

- 당신은 선천적으로 베풀고 관대하며 도움을 주는 사람이다. 당신은 타인에게 베푸는 것을 즐긴다. 당신은 자신의 시간, 자신의 에너지 그리고 자신의 소유물에 대해 관대하다.

- 당신은 사람들을 칭찬하는 재능을 가지고 있고, 그들이 스스로에 대해 좋은 느낌을 가질 수 있게 한다. 즉흥적으로 타인의 재능을 인식하고 인정하며, 칭찬하고 격려한다.

- 당신은 타인이 필요로 하고 원하며 느끼는 것을 감지하는 직관을 가지고 있다. 그리고 상냥하고 친절하며 조화와 화해를 이루기 위해 노력한다.

- 당신은 사교적이고 친절하며 접근하기 쉬운 사람이다. 당신에게는 인간관계가 가장 중요하다. 다른 사람들이 성장하는 것을 돕고 그들을 지원하는 데 즐거움을 느낀다.

- 당신은 남의 이야기를 경청한다. 당신은 진심을 다해서 이야기를 들어주고 그것에 대해 섣불리 판단하지 않는다.

- 당신은 당신의 가치를 스스로 만들어 낸다. 당신은 마치 사랑의 원천인 것처럼 사랑으로 내적으로나 외적으로나 충만해 있다.

- 누군가 배고파할 때, 당신은 그들이 스스로 음식을 구할 수 있도록 낚시를 가르친다.

| 미성숙할 때의 핵심 경향 |

- 당신은 애정 어린, 또는 도움을 주는 이상형을 스스로와 지나치게 동일시할 수 있다. 당신은 애정 어리고 친절한 자신만을 받아들일 수 있다.

- 당신은 강박적으로 도움을 주려고 할 수 있다. 당신은 타인의 관심과 승인을 얻기 위해 사랑을 베푼다. 당신은 관심을 줌으로써 보상 받기를 원한다. 만일 누군가 배고파한다면, 그들이 이후에도 당신을 찾도록 무엇인가를 제공한다.

- 당신은 상대방에게 보살핌을 제공함으로써 보살핌을 받으려고 한다. 이렇게 함으로써 상대방이 당신을 좋아하도록 조종한다. 또한 타인을 과잉보호하거나 어린이로 취급하여 그들이 당신에게 의지하도록 만들 수 있다.

- 당신은 분노나 실망과 같은 감정을 표출하거나 당신이 싫어하는 타인의 모습을 대면하는 것에 어려움을 겪는다.

- 당신은 자신의 적개심이나 분노를 나타내는 것을 힘들어한다. 당신은 타인을 만족시키기 위해 지나치게 노력할 수 있다. 그래서 당신은 스스로의 필요, 원하는 것, 감정에 무심할 수 있다.

- 당신은 혼자 있을 때 초조해진다. 당신은 도와주는 것 외에 달리 관계 맺는 방법을 모를 수도 있고, 묘한 이야기이지만 밀접한 관계를 두려워할 수도 있다.

- 당신은 타인 스스로 성장하도록 내버려 두는 것을 견딜 수 없다. 그러다가 좌절할 것을 염려하기 때문이다. 그들 중에 잘못되는 사람이라도 생기게 되면 자신의 탓 같아서 괴로울 수 있다.

- 당신은 충고하는 경향이 강하다. 도움을 주면서 다른 사람을 조종하려는 욕망이 있고, 당신이 그들을 위해서 한 행동 때문에 그들의 인생에서 당신이 중요한 위치를 차지하기를 바란다.

- 당신의 가치는 타인의 필요나 그들의 승인에 의해서 만들어진다. '다른 사람이 나를 필요로 할 때 나는 특별해진다.'라고 느낀다. 사랑은 외부에서부터 다가와서 당신을 충만하게 한다.

효율적 성공주의자

| 성숙할 때의 모습 |

효율적인 / 인기 있는 / 성공적인 / 행동력이 있는 / 일을 완수하는 / 다각화된 / 동기 부여자 / 다양한 면이 있는 / 열정적인 / 조직화된 / 실용적인 / 자신 있는 / 현실적인 / 이미지를 관리하는 / 목표 지향적인 / 근면한 / 에너지가 충만한 / 팀을 구축하는 / 관리자 / 경쟁적인

| 미성숙할 때의 모습 |

기계적인 / 스스로를 드러내는 / 앞서 나가는 / 계산적인 / 빨리 하는 / 성급한 / 성공 지향적인 / 적당한 / 요령 있는 / 일 중독자 / 정치적인 / 카멜레온 같은 / 잘못 전달하는 / 교묘한 / 성과를 지나치게 올리려고 하는 / 평판을 중시하는 / 역할놀이를 하는 / 변신하는 / 감정을 무시하는

에너지를 내외부로 교환

| 성숙할 때의 핵심 경향 |

- 당신은 효율성, 생산성, 근면함, 경쟁력을 높이 평가하고 그것에 끌린다. 선천적으로 조직화하는 능력이 있다.

- 당신은 일을 시작하기도 잘하지만, 일을 마무리하여 완수하는 능력도 있다.

- 당신은 좋은 영업사원이 될 수 있다. 당신은 자신감과 경쟁력을 보이기 때문에 사람들이 당신과 당신의 상품을 사려고 할 것이다.

- 당신은 팀 플레이어이다. 팀의 리더로서 당신은 팀을 조직하고 운영하며 동기를 부여할 수 있다. 팀의 일원으로서는 스스로의 책임을 다할 수 있다.

- 당신은 에너지로 충만해 있다. 일을 성취하고 타인에게 동기를 부여하는 능력이 있다.

- 당신은 사람들이 무엇을 기대하는지에 대한 직관을 가지고 있다. 성공하기 위해서 어떤 이미지를 보여야 하는지를 본능적으로 알고 있다.

- 당신은 낙관적이고 열정적이며 자신감이 넘친다. 친절하고 집단생활을 좋아하며 사교적이다. 또한 적응력이 뛰어나다. 일을 성취하기 위해 협상하고 양보할 줄 안다.

- 당신은 어려운 일도 완수할 능력이 있다. 당신은 프로젝트와 목표에 대해 엄청난 열정을 가지고 있다.

| 미성숙할 때의 핵심 경향 |

- 당신은 성공적이고 생산적인 이상형과 자신을 지나치게 동일시할 수 있다. 결국 자신이 누구인가보다는 자신이 무엇을 하는가에 따라 스스로의 가치를 평가할 수 있다.

- 당신은 지나치게 효율적·기계적이 될 수 있고, 당신의 모든 것이 프로

그램화될 수 있다.

- 당신은 사람을 프로젝트로 대체할 수 있다. 지나치게 일 중심이 됨으로써 자신과 일을 혼동하는 실수를 범할 수 있다.

- 당신은 판촉하는 성격이 될 수 있다. 당신의 가치는 얼마나 스스로를 잘 팔고, 스스로가 얼마나 팔 만한 가치가 있는지에 따라 결정된다.

- 당신은 스스로의 자아를 잃고 자신을 그룹의 이미지에 맞추려고 하거나 그룹이 원하는 이미지로 스스로를 변형시키려고 할 수 있다.

- 당신은 항상 준비 태세를 갖추고 있어야 한다. 당신은 속도를 늦출 수 없고 쉬기를 두려워한다. 당신이 생각하는 가장 중요한 생산물은 진전이다.

- 당신은 공적인 마스크를 씀으로써 스스로 자아를 잃고 스스로를 배신할 수 있다. 특히 성공적인 이미지를 그리기 위해 타인과 자신을 배신할 수 있다.

- 당신은 카멜레온과 같은 성격을 지니고 있다. 특정한 역할을 위해 스스로 내면을 양보하고 배신할 수 있다. 그래서 인간관계는 실용주의적이고 외형적일 수 있다.

특별한 독창주의자

| 성숙할 때의 모습 |

예민한 / 멋진 / 독창적인 / 창조적인 / 열정적인 / 세련된 / 금상첨화 / 직관력 있는 / 열중하는 / 그리운 / 친절한 / 심미적인 / 센스가 뛰어난 / 품격 있는 / 특색 있는 / 자기 표현적인 / 감성적인 / 탐구적인 / 귀족적 / 분위기 있는 / 고혹한 / 감수성이 뛰어난 / 몰입하는

| 미성숙할 때의 모습 |

유별난 / 속물인 / 기복이 심한 / 괴벽스러운 / 냉담한 / 비탄하는 / 극적인 / 억제하는 / 과장하는 / 주의를 지나치게 의식하는 / 독점적인 / 변덕이 심한 / 불평하는 / 잘난 척이 심한 / 철저한 / 거만한 / 신경질적인 / 지나치게 감정적인 / 의존적인 / 오해를 받는 / 감정 기복이 심한 / 우울한

에너지가 내부로 수축

| 성숙할 때의 핵심 경향 |

- 당신은 매우 개인주의적이며 독창성을 선호한다. 당신은 자신이 관여된 모든 것에 접촉하려고 한다. 가치에 대한 천부적인 감각이 있다. 당신은 멋있고 품위 있다.

- 당신은 시처럼 일반적인 것을 색다른 것으로 바꿀 수 있는 능력이 있다. 당신은 조개의 모든 부분을 진주로 바꾸듯이 평범한 것을 특별하게 바꿀 수 있다.

- 당신은 아름다움을 선호하며 찬양한다. 당신은 세계를 더 아름다운 곳으로 만들고 싶어 한다. 실제로 당신은 미적인 분야에 재능이 매우 발달해 있다.

- 당신은 창조적이고 상상력이 풍부하다. 당신은 감정을 다양한 방식으로 표출하는 것을 즐긴다.

- 당신은 감성적인 직관이 강하다. 당신은 자신과 집단의 무의식에 항상 접촉하고 있다.

- 당신은 집단의 감정(feeling), 분위기, 경향, 정신에 쉽게 동화할 수 있다.

- 당신은 상처, 고통, 상실, 슬픔과 같은 연약한 감정에 민감하다.

- 당신은 인생의 긴장감이 있고 반전이 있다. 또한 인생의 모든 비극적인 요소를 잘 분별할 수 있다. 이런 희로애락(喜怒哀樂)을 잘 표현할 수 있으며, 이러한 감성 또한 예술로 발전시킬 수 있는 능력을 가지고 있다.

- 당신은 인생에 대해 강한 감정적인 동조와 책임감이 있다.

- 당신은 낭만적이고 시적이며 회상적이다.

- 당신은 현재에 최선을 다하고 감정적으로 느껴지는 것에 모든 것을 걸 수 있을 정도로 몰입감을 가지고 있다.

- 당신은 특별하다는 이상화된 자아상 때문에 모든 것을 지나치게 확신한다. 당신은 당신 스스로를 특별하게 만들기 위해서 오히려 모방할 수 있다.

- 당신은 자신이 독특하고 특별하지 않으면 아무것도 아니라고 믿는다. 당신의 주체성과 가치는 자신이 얼마나 특별한가에 달려 있다.

- 당신은 아름다운 것을 찾는 심미가가 되어서 예술적인 감각을 인위적으로 기를지도 모른다. 세속적인 삶에서 벗어나기 위해 예술과 미를 숭배한다.

- 당신은 다른 이의 식견이 적고 속물적인 취향 때문에 그들을 무시할지도 모른다. 당신은 이들을 볼품없다고 간주할 수도 있다.

- 당신은 자신이 너무 감각적이고 경험이 풍부하다고 생각한 나머지 단순한 단어로는 이를 표현할 수가 없다고 생각한다.

- 당신은 남들이 자신과 같이 깊은 경험을 하지 못해서 자신이 오해 받는다고 생각하는 경우가 있다.

- 당신은 자신이나 남의 감정에 압도 당해서 그것으로부터 헤어나오지 못할 수도 있다.

- 당신은 쉽게 우울해진다. 당신은 자신이 고통 당하는 것이 특별하다고 여긴다. 그래서 실제 삶이 아닌 우울하거나 낭만적인 공상 속에서 살지도 모른다.

- 당신은 과장하거나 소설 같은 형식으로 극화한다. 이런 극적인 요소는 흥미를 창조하고 지루함을 없애 주며 자신을 특별하게 만드는 데 일조한다.

- 당신의 강렬한 감정은 남들에게 거부감을 조성할 수도 있다. "나는 느낀다. 고로 존재한다."

- 당신은 현재의 부족한 것에 집중한다. 당신은 과거에 놓쳤던 이상향에 대해 향수를 느끼고 현재의 부족함을 그것으로 채우려고 할지도 모른다. 당신은 미래를 보기보다는 과거를 회상한다.

5 유형 | 현명한 관찰주의자

| 성숙할 때의 모습 |

사려 깊은 / 신중한 / 학구적인 / 명백한 /
묵상적인 / 지성적인 / 이해력 있는 / 탐
구적인 / 주제를 아는 / 분별 있는 / 철학
적인 / 주의 깊은 / 지각력 있는 / 재치
있는 / 차분한 / 핵심을 찌르는 / 견문이
넓은 / 도리에 맞는 / 분석가 / 논리적인 /
침착한 / 객관적 / 이성적

에너지가 내부로 수축

| 미성숙할 때의 모습 |

독단적인 / 은둔적인 / 인색한 / 추상적
인 / 과하게 동떨어진 / 이지적인 / 감
정이 없는 / 대화가 통하지 않는 / 무관
심한 / 탐욕스러운 / 책임 회피적인 / 숨
겨진 / 냉정한 / 독점적인 / 성급한 / 간
접적인 경험 / 미루는 / 지체하는 / 오
만한 / 감정을 두려워하는 / 타협이 안
되는 / 거리를 두는

| 성숙할 때의 핵심 경향 |

- 당신은 지혜, 지식, 이해를 중요시하고 또 그것에 끌린다. 당신에게 있어서 지성은 인간 최고의 재능이다.

- "나는 생각한다. 고로 존재한다."

- 당신의 열정은 곧 정신이다. 따라서 지각이 예민하고 통찰력이 있으며, 독창적인 사상가이다.

- 당신은 객관적이고 냉정하게 관찰할 수 있는 능력이 있다. 또한 진실의 탐구자이다. 당신은 진실된 것을 발견하길 원한다.

- 당신은 다양한 관점과 동떨어진 요소를 추상하고 종합하며, 통합하는 일에 능숙하다.

- 당신은 공평하며 주관적인 판단을 피한다. 항상 객관성을 유지하며 감정과 사실을 분리해 낸다.

- 당신은 남의 말을 잘 들어준다. 당신은 상냥하고 침착하며 위협적이지 않다.

- 당신은 문제의 근본이나 핵심에 도달할 수 있는 능력이 있다. 당신은 기반 지식을 얻기 위해 외부 항목을 꿰뚫어 볼 수 있다.

- 당신은 본연적인 주제가 무엇인지에 대해 명료하고 깔끔하며 간결하게 설명할 수 있다.

- 당신은 독립적이며 재치가 있다. 그리고 고독을 감사해 한다. 그 시간을 통해 무엇인가 더 나은 것을 발견하고 알고 싶어 하며 이해하려고 한다.

- 당신은 겸손하고 믿음직스러우며 주제넘지 않는다. 할 수 있는 말만 하고, 타인과 함께 일을 할 때는 나서거나 간섭하지 않는다.

- 당신은 현명하고 통찰력 있는 이상화된 자아상을 지나치게 인식할지 모른다. 당신은 머리에 너무 의존한 나머지 감정과 몸이 있다는 사실을 잊어버릴 수 있다.

- 당신은 과도하게 지성적이다. 그래서 자신의 감정을 두려워하거나 멀리할지도 모른다.

- 당신은 지나치게 분석적이거나 회의적일 수도 있다. 당신의 의구심은 행동을 방해할지도 모른다.

- 당신은 남의 직관이나 의견을 인정하지 않으려고 할 수도 있다.

- 당신은 인생에 직접적으로 참여하지 않고 단지 관찰하거나 멀찌감치 떨어져 있을지도 모른다. 일정한 거리를 유지하므로 차가운 느낌을 줄 수 있다.

- 당신은 모든 사실을 파악하기 전까진 결정을 내리거나 행동하지 않을 수도 있다. 당신은 무엇인가를 하기 전에 모든 것을 알려고 한다.

- 당신은 자신의 입장을 드러내기를 꺼린다. 많은 것을 알기 전에는 말이다.

- 당신은 다른 사람에게 나누어 주는 것이 힘들 수 있다. 특히 정보나 시간, 그리고 돈을 나눔에 있어서 힘이 든다.

- 다른 사람과의 관계에 있어서 교류를 피하려고 할 수 있다. 사람이 많이 모이는 장소나 잘 알지 못하는 사람이 있을 경우, 그 자리에 나가지 않거나 피할 수 있다.

충성하는 안전주의자

6 유형

| 성숙할 때의 모습 |

조심성 있는 / 준비된 / 의지가 되는 / 양심적인 / 전통적인 / 안정적인 / 신을 두려워하는 / 매력적인 / 신뢰가 가는 / 세심한 / 성실한 / 존경할 만한 / 책임감 있는 / 참을성 있는 / 믿음직스러운 / 선의의 / 분별 있는 / 권위를 아는 / 사려 깊은 / 가족주의 / 유비무환 / 충성을 다하는

| 미성숙할 때의 모습 |

독단적인 / 경계적인 / 의심 많은 / 보수주의적인 / 융통성 없는 / 제한적인 / 틀에 박힌 / 흑백 논리의 / 비극적인 / 불안한 / 권위주의자 / 현상 유지의 / 공포를 갖거나 공포를 즐기는 / 걱정 많은 / 소심한 / 불확실한 / 비관적인 / 수동적인 / 우유부단한 / 안전 지향적인

에너지를 내외부로 교환

| 성숙할 때의 핵심 경향 |

- 당신은 성실함을 추구하고 최고의 가치로 여긴다. 당신은 책임을 영광스럽게 여긴다.

- 한 번 약속을 하면 꼭 지킨다. 무언가를 한다고 말하면 당신은 그것을 하고야 만다.

- 당신은 인간관계에서도 신뢰를 받는다. 당신은 친절한 접대인 역할을 할 수가 있다. 당신은 손님을 최대한 보호해 준다. 당신은 성실하고 자신의 목적과 집단을 위해 헌신한다.

- 당신은 남을 돌보고 도와주며 부모처럼 대해 줄 수 있다.

- 당신은 헌신적인 추종자이거나 지도자의 자질이 있다. 당신은 맡겨진 일이나 약속한 일에 대해 막대한 신뢰를 받는다.

- 당신은 외면적인 권위에 대해 균형 잡힌 시각을 가지고 있고, 자신의 내면적인 능력을 믿는다.

- 당신은 신중하고 조심스럽다. 언제나 법과 명령을 준수한다.

- 당신은 개인적이거나 국가적인 유산에 대한 감사한 마음을 가지고 있다. 자신의 과거를 영광스럽게 여긴다.

- 당신은 교양 있는 사람이다. 당신은 타인에게 믿음직스럽고 숭배 받는 사람이다.

- 당신은 언제든지 준비가 되어 있고 위험에 대처하고 있다.

- 당신은 항상 충실하고, 자신감에 가득 차고 견실하며 매우 협조적이다.

- 당신은 성실하고 자기 임무를 다해야 한다는 이상화된 자아상을 의식할 수 있다.

- 당신은 융통성이 부족하고 생각이 딱딱할 수 있다. 당신에게 있어서 성실성을 바꾸거나 생각해 본다고 하는 것은 힘든 일일 것이다.

- 당신은 현실과 인간관계를 친구와 적, 동업자와 비동업자, 자신에게 찬성하는 사람과 반대하는 사람으로 양극화할 수 있다. 자신의 테두리 안에 있는 이들은 받아들이고, 밖에 있는 사람은 박해할지도 모른다.

- 당신은 과잉보호적이며, 꽉 막히고 제한적인 사람이 될 수도 있다.

- 당신은 독재자가 되거나 반독재자가 될 것이다. 당신의 신념과 헌신은 맹목적이거나 그릇된 이상과 결합될 수 있다.

- 당신은 권위를 지나치게 두려워하거나 의지할 수도 있고, 아니면 그들이 그 권위에 합당하거나 당신의 충성을 받을 자격이 있는지 실험하게 된다.

- 당신은 지나치게 위험한 것들을 경계하고 두려움과 경각심을 확산시킬 수 있다. "조심하지 않으면 다친다." 따라서 항상 걱정할 수 있다. 당신은 사물이나 사건 자체를 두려워한다.

- 당신은 지루하고 심각하며 순종적일지도 모른다. 당신은 자신의 자발성을 제한한다.

- 당신은 과도하게 비판적이거나 반항적인 사람일 수 있고, 심하게 전통적이거나 보수적일 수도 있다.

- 당신은 사람들로부터 떨어지려는 경향을 지나치게 키워 왔다. 그리고 당신은 어떤 영향이나 단정 없이는 앞으로 나아가질 못한다.

다재다능한 낙천주의자

| 성숙할 때의 모습 |

근심 걱정 없는 / 사교적인 / 긍정적인 /
흥분하기 쉬운 / 친절한 / 감사하는 / 열
렬한 / 즐거움을 지향하는 / 창조적인 /
유머 있는 / 공상적인 / 유쾌, 상쾌, 통
쾌 / 사교적인 / 활기찬 / 상상력이 풍
부한 / 기쁨에 찬 / 밝은 / 모험하는 /
자발적인 / 시작하는

| 미성숙할 때의 모습 |

변덕스러운 / 수다스러운 / 자기중심적
인 / 공상가 / 난해한 / 주목 받길 원하
는 / 멍 때리는 / 사치에 빠진 / 산란한 /
산발적인 / 제멋대로인 / 현실적이지 못
한 / 경솔한 / 어떤 곳에서 이탈하는 /
충동적인 / 즉흥적인 / 무책임한 / 장난
이 심한 / 예의 없는 / 고통 회피 / 마감
하지 못하는

에너지가 외부로 폭발

| 성숙할 때의 핵심 경향 |

- 당신에게 있어서 삶의 목적은 그것을 즐기는 것이다. 당신은 즐거움을 찬양한다. 당신에게는 환희, 광채 그리고 삶의 기쁨이 있다. 당신은 성장, 희망, 부활을 예찬한다.

- 당신은 삶을 축하한다. 삶에 대해 매우 감사하고 있다. 모든 것을 선물로 여긴다.

- 당신은 세계에 대해 마치 아이와 같이 반응한다. 당신은 사물의 직접성과 밀접하다.

- 당신은 삶에 대한 긍정적인 전망을 가지고 있다. 당신은 불행 뒤에 올 행복을 찾을 수가 있다. "두 죄수가 쇠창살 밖을 볼 때 한 명은 진흙탕을 봤고, 다른 이는 별을 봤다."

- 당신은 창조적인 상상력을 가지고 있으며, 참신한 생각으로 가득찬 샘이다.

- 당신은 활기차고 쾌활하며 생기가 있다. 친절하고 사교적이며 남을 기분 좋게 하고 웃기는 데 소질이 있다.

- 당신은 타고난 연예인이며 이야기꾼이다. 또한 몽상가이며 장기적인 계획을 잘한다.

- 당신은 무한한 가능성을 창출할 수가 있다. 당신은 직관력이 있는 사람이다.

- 당신은 그 어떤 심각한 것도 즐거움으로 바꿀 수 있다. 아홉 가지가 잘못되어도 한 가지의 장점이 있으면 그것을 가지고 새로운 창조의 꽃을 피울 수 있다.

- 자신을 '괜찮다'라는 이상화된 자아상과 동일시할 위험이 있다. 당신은 쾌락의 원칙의 한계를 넘어서서 쾌락에 지나치게 집착하게 될지도 모른다.

- 당신은 쾌락에 중독될지도 모른다.

- 당신은 원하는 것을 쟁취하기 위해 고생을 감수하려고 하지 않을 수도 있다.

- 당신은 계획대로 하기 위해 필요한 업무를 향한 기본적인 순서를 따르려고 하지 않을지도 모른다. 씨앗은 금방 싹이 텄지만 뿌리가 내려앉지 않았기 때문에 금세 시들 것이다.

- 당신은 즐거움이나 열정, 위로, 환희만을 기대하기 때문에 어두운 고요 속에도 성장이 존재한다는 사실을 망각하곤 한다.

- 당신의 컴퓨터는 완벽한 상태이며, 멋지지 않은 것은 그 안에 존재하지 않는다고 생각한다. 당신은 낙천가로서의 강박관념에 사로잡혀 세상을 장밋빛 안경을 쓰고 볼 수도 있다.

- 당신은 계획과 구상을 실행이나 현실과 혼동할지도 모른다. 계획하는 것만으로는 보이는 것으로 나타나지 않는다.

- 당신은 고통과 괴로움의 어두운 면을 보려고 하지 않는다. 그래서 삶이 아닌 이야기 속을 살아갈지도 모른다.

- 당신의 인간관계는 표면적으로만 지속될지도 모른다.

- 당신은 진지한 일 대신 자유로운 연상을 즐길 것이다.

- 당신은 여러 가지 취미를 가질 수도 있으나, 어느 한 가지를 완벽하게 소화하거나 끝마치지 못할지도 모른다.

8 유형

강한 도전주의자

| 성숙할 때의 모습 |

힘찬 / 관대한 / 의지력이 강한 / 솔직한 / 진지한 / 자기 주도성 / 리더십이 있는 / 스스로 하는 / 정의로운 / 자율적인 /올바른 / 영향력 있는 / 소탈한 / 근면한 / 두려움 없는 / 빠른 행동력 / 대담한 / 자신 있는 / 유능한 / 짐을 짊어지는 / 책임감 / 약자를 보호하는

| 미성숙할 때의 모습 |

앙심을 품은 / 약자를 괴롭히는 / 세련되지 못한 / 둔감한 / 남자다움을 과시하는 / 말을 듣지 않는 / 과도한 / 냉담한 / 보복하는 / 거친 / 소유욕이 강한 / 괴롭히는 / 호전적인 / 협박하는 / 독재적인 / 시끄러운 / 째째한 / 퉁명스러운 / 도발적인 / 일방통행 / 듣지 않는

에너지가 외부로 폭발

| 성숙할 때의 핵심 경향 |

- 당신은 힘에 끌리고 그것을 높이 평가한다. 당신은 그것을 어떻게 얻어야 하며, 유지해야 하며, 사용해야 하는지 안다.

- 당신은 긍정적인 면을 불러일으키기 위해 당신의 영향력을 이용한다.

- 당신은 여성 리더, 남성 리더와 같은 책임감 있고 강인한 리더를 만들어 낸다.

- 당신은 자신감이 있고, 자기 자신에 대해 확신하며, 건강한 자기 이미지를 가지고 있다.

- 당신은 독립적이고 자율적이다. 당신은 독자적인 사람이 되는 것에 가치를 둔다.

- 당신은 관대하고, 당신의 개인적 힘을 공동체를 건설하고 기여하기 위해 사용할 수 있다.

- 당신은 다른 사람들이 훌륭한 일을 수행하도록 고무시키는 능력을 가지고 있다.

- 당신은 직접적이고, 솔직하고 정직하며, 있는 그대로 이야기한다.

- 당신은 다른 사람들이 자신을 따라오게 할 수 있는 자질이 뛰어나고, 힘을 내도록 격려하며 용기를 북돋운다.

- 당신은 진짜 문제에 돌입하기 위해 거짓된 것을 잘라 낼 수 있다. 당신은 "거짓은 안 된다."라고 믿는다.

- 당신은 도전으로 인해 강건하다. 당신은 어려운 상황을 담당해 낼 수 있다. 모든 일을 호감, 열정, 훌륭한 에너지를 가지고 해낸다.

- 당신은 자기주장이 강하고, 자신이 원하는 것을 얻기 위해 어떻게 해야 하는지 알고 있다.

- 당신은 약자에 대하여 걱정하고, 그들의 이익을 대변하며, 그들을 위하여 싸울 것이다.

- 당신은 강하고 능력 있는 이상형과 자신을 지나치게 동일시할 수 있다. 이것은 다른 무엇보다 중요하게 생각한다. 당신은 힘에 중독되어 다른 사람을 조종하기 위해 그것을 억제하고, 그것에 의존할 수 있다.

- 당신은 다른 사람을 돕기 위해서가 아니라, 당신 자신을 보호하기 위하여 힘을 사용한다.

- 당신은 약자를 괴롭히는 독재자가 될 수 있다. 또한 당신의 존재는 절대적이고 위협적일 수 있다.

- 당신은 독립성을 과장되게 표출하고, 자기 자신의 일을 한다는 것에 자랑스러워할 수 있다.

- 당신은 자기 자신을 확대하여 공동체의 이익에 맞지 않게 당신의 힘을 사용할 수 있다.

- 당신은 다른 사람에게 거절할 수 없는 제안을 함으로써 그들을 강제할 수 있다. 때때로 당신은 협박으로 영향을 미친다.

- 당신은 지나치게 둔감하고 미숙할 수 있다.

- 당신은 다른 사람에 대하여 폭로하면서 그들에 대한 보호나 상처 받음에 대해서는 둔감할 수 있다.

- 당신은 남에게 함부로 대하거나 다른 사람들을 이간질시킬 수 있다.

- 당신은 공격적일 수 있다. 당신은 가장 크게 소리치기 때문에 남들에게 잘 들릴 수밖에 없다.

- 당신은 때때로 최고 권력을 가지고 다른 사람을 억압한다. 그리고 다른 사람들이 당신을 따르도록 강제하고 최면을 걸 수 있다.

- 당신은 당신의 방침대로 사람들을 이끌고 이용한다.

화합하는 평화주의자

| 성숙할 때의 모습 |

인내심 있는 / 잘 받아들이는 / 거만하지 않은 / 너그러운 / 협상에 능한 / 관용적인 / 내색하지 않는 / 평화로운 / 용기를 주는 / 조화로운 / 겸손한 / 침착한 / 객관적인 / 간섭하지 않는 / 흥분하지 않는 / 온화한 / 확립된 / 철저한 / 편안한 / 예상에 집착하지 않는 / 편안한

| 미성숙할 때의 모습 |

미루는 / 과도하게 유동적인 / 야합하는 / 게으른 / 결정하지 않는 / 수동적 공격성 / 힘없는 / 고립된 / 흐트러진 / 둔감한 / 분노를 억압하는 / 건망증이 있는 / 지루한 / 물러나는 / 따분한 / 무분별한 / 어느 편도 아닌 / 고집 센 / 태만한 / 입장을 알 수 없는 / 장황한

에너지를 내외부로 교환

| 성숙할 때의 핵심 경향 |

- 당신은 질서의 평온인 평화를 소중히 한다.
- 당신은 여러 가지 일이 동시에 진행될 때의 조화에 대한 직관과 인식을 가지고 있다.
- 당신은 교류를 할 줄 안다. 당신은 반대 세력을 조절할 줄 알고, 한 이슈에 대하여 두 진영을 모두 볼 수 있다.
- 당신은 허락할 줄 안다. 당신은 사람들이 자신의 방식과 속도대로 해결하도록 하는 불간섭주의를 따른다.
- 당신은 낙관적이고, 사람들에게 자유와 공간을 주어 그들이 이끌어 나가도록 한다.
- 당신은 침착하고 안정된 상태를 가진다.
- 당신은 개인적 판단을 피하고 수용할 줄 알며, 한쪽에 치우치지 않고 열린 자세로 듣는다.
- 당신은 매 순간의 뉘앙스에 주의 깊게 이해할 줄 안다.
- 당신의 개인적 선호나 느낌에 다른 사람과 주변 환경과의 조화를 맞출 줄 안다.
- 당신은 서로 다른 진영 모두에게 맞는 제안을 할 수 있는 데 대한 감각이 있다.
- 당신은 지구의 소금과 같은 사람이다. 즉, 겸손하고 건방지지 않은 사람이다. 당신은 온화하고 자랑할 필요가 없다. 있는 것 자체로 더하거나 빼지 않는다.

- 당신은 이상화된 자기 이미지가 확립되었고, 어떤 종류의 갈등도 꺼려 한다고 과장되게 간주할 수 있다.

- 당신은 타인의 의견에 지나치게 동의할 수 있다. 당신은 동의를 하든 지 하지 않든지, 따르든지 따르지 않든지 두 가지의 가치가 함께 존재 함을 경험하곤 한다.

- 당신은 지위를 획득하거나 진영을 선택하는 데 어려움을 겪을 수 있 다. 당신은 우유부단하거나 어떤 결정을 내리는 것을 연기할 수 있다.

- 당신은 삶에 대하여 수동적인 자세를 취하고 가장 저항이 적은 길을 선택할 수 있다. 당신은 확신이 없고 당신의 이익이 방해 받는 것을 원 하지 않는다. 당신은 일이 실행되지 않은 채로 둔다.

- 당신은 다른 사람들을 불쾌하게 하지 않아야 하기 때문에 자신의 생 각을 표현하는 데 두려움을 느끼거나 자신의 생각을 포기하고, 당신 의 요구가 이루어지지 않음에 대하여 분노해야 함에 딜레마를 겪을 수 있다.

- 당신은 로마가 불타도 진짜 문제를 인식하지 않고 그냥 버틸 수 있다.

- 당신은 일반화하고 균일화하며, 다른 점을 인식하지 않으려고 하는 경 향이 있다.

- 당신은 다른 사람의 감정은 신경 쓰면서 자신의 감정을 고려하지 않을 수 있다. 당신은 분노를 표출하는 것을 억제하고, 그것을 수동적인 공 격적 방법으로 표현한다.

- 당신은 때때로 파트너에게 아무런 상관이 없거나 어떤 변화도 일으키 지 못한다고 믿는다.

- 당신은 자신에 대한 가치를 느끼지 못해서 물리적, 감정적, 사회적, 지 성적, 정신적으로 자신을 돌보지 않는다.

Lecture
Notes

02
에니어그램의 유형분석

ENNEAGRAM

1
유형

올곧은
완벽주의자

1. 역사적 인물 속 1유형 모습 들여다보기

👤 윤동주

죽는 날까지 하늘을 우러러
한 점 부끄럼이 없기를,
잎새에 이는 바람에도 나는 괴로워했다.
별을 노래하는 마음으로
모든 죽어가는 것을 사랑해야지
그리고 나한테 주어진 길을 걸어가야겠다.

오늘 밤에도 별이 바람에 스치운다.

윤동주 시인

　유명한 윤동주 시인의 「서시」이다.
그의 시를 읽고 있자면 마음이 서늘해
진다. 일제 강점기의 그의 내면의 고
통이 어땠을까를 짐작해 본다. 필자는
중국을 갈 때마다 그가 성장했던 용정
이라는 동네를 자주 찾았다. 그의 생
가와 다녔던 교회, 학교 등을 둘러보
며 그의 성장배경과 그의 마음을 짐작
해 보고는 한다. 어린 나이였던 시인의
마음에 조국을 잃었다는 아픈 사실은 어떤 고민을 안겼을까? 그
러한 환경에서 어떻게 살아야 할지에 대한 고민이 이 「서시」에
고스란히 배어 나온다.

　그의 시는 하늘을 우러러 한 점 부끄러움이 없기를 바라고 있
다. 과연 어떤 사람이 한 점 부끄러움이 없을 수 있을까? 그럼에
도 불구하고 그는 부끄럽지 않기를 원했다. 그래서 잎새에 이는
바람에도 괴로워했다. 조국은 날아갔고 자신은 이 부끄러운 땅
에서 살아야 한다. 살아갈 방법도 정해지지 않았다. 싸울까 말
까, 그 방법은 무엇일까를 두고 수없이 고민했을 윤동주. 그럼에
도 그는 죽어가는 것을 사랑해야 한다고 결심한다. 그리고 자신
에게 주어진 길을 가려고 한다. 국난의 사태에서 그가 결심한 것
은 자신에게 주어진 길을 가는 것이었다. 그것은 글을 쓰는 것이
고, 시를 쓰는 것이었다.

　윤동주 사후 2년이 지난 1947년 2월 13일 자 경향신문에 정지용

의 소개문과 함께 윤동주의 「쉽게 씌어진 시」가 발표되었다. 경향신문 기자로 재직하고 있던 친구 강처중의 노력 덕택이었다. 그는 이듬해인 1948년 1월 30일에 정병욱이 보관하고 있던 자선 시집 19편과 자신이 보관하고 있던 윤동주의 유품 속에 있던 12편을 합친 31편을 모아 초간본 시집 『하늘과 바람과 별과 시』를 정음사에서 출간했다. 이 뜻깊은 시집의 서문에서 정지용은 이렇게 썼다.

무시무시한 고독에서 죽었고나! 29세가 되도록 시도 발표하여 본 적이 없이! 일제 시대에 날뛰던 부일문사(附日文士) 놈들의 글을 다시 보아 침을 배앝은 것뿐이나, 무명 윤동주가 부끄럽지 않고 아름답기 한이 없는 시를 남기지 않았나? 시와 시인은 원래 이러한 것이다.

강처중은 발문에서 또 이렇게 썼다.

"이런 동주도 친구들에게 굳이 거부하는 일이 두 가지 있었다. 하나는 '동주, 자네 시 여기를 좀 고치면 어떤가?' 하는 데 대하여 그는 응하여 주는 때가 없었다. 조용히 열흘이고 한 달이고 두 달이고 곰곰이 생각하여서 한 편 시를 탄생시킨다. 그때까지는 누구에게도 그 시를 보이지를 않는다. 이미 보여 주는 때는 흠이 없는 하나의 옥이다. 지나치게 그는 겸허, 온순하였건만 자기의 시만은 양보하지를 않았다."

그는 이상주의자일지도 모른다. 아니, 이상주의자이다. 이 세상에는 없는 것이지만 있다고 믿는 것이다. 그래서 괴롭고 힘들고 어렵다. 쉽게 그냥 가는 사람들을 보면 부러워하기도 하지만 잘못되었다고 비판하기도 한다. 시리도록 아름다운 이 시를 마주하면 마음이 아려오다 못해 몹시도 아프다. 그는 왜 그토록 아파했을까? 다른 사람들처럼 '그냥' 살면 되지 않았을까? 남들도 다 그렇게 살아가고 있다. 하지만 그는 그렇게 하지 못했다. 아니, 그것이 그의 운명이었을까?

1977년 10월, 일제 내무성 경보국 보안과에서 발행한 극비문서 『특고월보(特高月報)』1943년 12월분에 실린 윤동주, 송몽규의 심문 기록 '재경 조선인 학생민족주의 그룹사건 책동 개요'가 입수되면서 알려지지 않았던 두 사람의 투옥 혐의가 밝혀졌다. 또 2년 뒤인 1979년 1월에는 일제 사법성 형사국 발행의 극비문서인 『사상월보(思想月報)』 제109호 1944년 4~6월분에 실린 송몽규에 대한 판결문과 관련자 처분결과 일람표를 통해 윤동주와 송몽규의 형량이 알려졌고, 두 사람의 혐의가 '독립운동'이었음이 처음으로 확인되었다.

그가 내세운 독립운동의 방법은 문학을 하고 시를 쓰는 일이었을 것이다. 다른 친구들처럼 총을 들고 독립운동의 전선에 뛰어들지는 않았다. 하지만 그는 조국을 사랑하는 자신만의 방법으로 펜을 들었다. 마음에 담아 놓은 것을 쏟아놓을 때 그는 치열한 내적 전투를 거쳤을 것이다. 이런 내면의 마음에 완벽이라는 단어가 떠오른다. 1유형은 이상주의자들이다. 세상에 완벽한 것은 없다. 신이 아닌 이상 인간이 완벽할 수는 없다. 하지만 그래도 완벽에 가까운 생각, 행동을 한다. 정리정돈, 시간, 노력 등의 과정을 철저히 하는 행동과 습관은 다 이런 것들이다. 아주 사소한 것에 목숨을 걸 수도 있다. 다른 사람들은 아무렇지도 않게 행동하지만 1유형의 완벽에 대한 집착이 상승하면 그럴 수도 있다.

1유형의 별명은 '완벽주의자'이다. 완벽주의자는 대충 넘어가기가 힘이 든다. 그래서 다른 사람과의 관계에서 '완벽'을 추구하다가 자주 넘어진다. 일을 할 때는 완벽하게 끝내고 싶어 한다. 부족하거나 모자라면 안 된다. 그렇다 보니 깐깐해지고 꼼꼼해진다. 시간이 많이 걸리고 따지는 것이 많아진다. 다른 사람들은 한 시간이면 되는 일이지만 이들은 더 많은 시간을 필요로 한다. 누구에게 잘 보이려고 그러는 것이 아니다. 잘 보이려는 마음은 경계하는 마음이다. 완벽하지 않은 것이 불편할 뿐이다. 의문이 풀리지 않으면 그 의문이 풀리기 전까지 한 걸음도 앞으로 나아가지를 못한다. 다른 사람 보기에는 세상 걱정 근심을 혼자 다 짊어진 사람으로 보인다. 다른 사람이 볼 때만이 아니다. 스스로도 그렇게 생각한다.

이럴 때는 마음만 힘들 뿐 아니라 몸에 병리 현상이 나타날 수 있다. 1유형은 소화기 계통의 질병에 취약하다. 만약에 자신이 한 일이 잘못되었다고 느낄 경우 혹은 실수를 발견했을 경우에 자기 자신에게 한없이 엄격하다. 병리 현상은 아마도 스스로에게 채찍질하고 벌을 주는 과정일지도 모른다. 기준에 모자란 자신의 모습이 한없이 초라하고 못나 보이기 때문이다. 자신이 정한 기준에 도달하려고 무척 노력한다. 완벽하게 일을 해내지 못하는 자기 자신을 탓한다. '자존감이 낮은 사람은 자존심이 강하다'는 말은 1유형에 딱 들어맞는 말이다.

> ## tip
>
> 윤동주의 시를 살펴보았다. 이 내용을 1유형과 연결시켜서 생각할 포인트는 '우울'이다. '우울'은 4유형이 스트레스를 받을 때 많이 나타나는 감정적 변화이다. 1유형의 스트레스 화살 방향은 4유형이다. 즉, 1유형이 스트레스를 받으면 4유형의 스트레스 받는 모습인 '우울'이 나타난다고 이해할 수 있다. 윤동주가 얼마나 많은 스트레스에 시달렸는지 알 수 있다. 1유형의 모습 속에 이런 내용이 담겨져 있다는 것은 1유형이 기억해야 할 통찰이다. 코칭를 한다면 화살표 반대 방향의 7유형의 장점인 즐거움을 추구하는 삶을 살라고 하는 안내가 적절할 것이다. 상담이나 코칭 강의 등에서 강조하는 바가 크다 하겠다.

2. 드라마 속 1유형 모습 들여다보기

🎥 드라마 〈미생〉
강 대리 사례

시청자들의 많은 인기를 끌었던 드라마 〈미생〉의 인물 중 한 명을 살펴보고자 한다. tvN 홈페이지의 〈미생〉 드라마 안내 사이트에는 인물의 캐릭터에 대한 설명이 나와 있다. 살펴볼 인물은 철강 팀의 강 대리이다. 그는 신입사원 장백기의 상사이다.

드라마 홈페이지의 캐릭터 설명에 이렇게 나와 있다.

"장백기의 직속상관. 차갑고 냉정한 성격으로 철두철미한 업무 태도를 보인다.

부서에 배치된 장백기에게 배추 숨죽이기, 투명인간 취급하기 등을 통해 업무 능력과 됨됨이를 개조시킨다. 처음에는 나쁜 선배로 보였지만 알고 보면 꼭 필요한 제대로 된 선배이자 상사이다."

간깐한 원칙주의자 강 대리 역할을 한 배우 오민석은 인터뷰에서 "강 대리를 표현하기 위해 주위에 자문을 많이 구했다. 최대한 자연스러운 회사원 그대로를 보이고 싶었다."며 "극 중 후배인 강 하늘(장백기 역)에게 매몰차게 대하는 태도 역시 고민을 거듭했다. 강 대리 나름의 생각이 시청자들에게 충분히 녹아들 수 있도록 더 노력하겠다."고 캐릭터에 임하는 자세 또한 밝혔다.

여기에서 오민석은 강 대리를 간깐한 완벽주의자로 인식하고 있는 듯하다. 필자가 드라마 〈미생〉 20회를 다 시청하고 난 소감은 드라마 주인공들의 성격이 역할과 잘 어우러졌다는 느낌이다. 어쩌면 작가인 윤태호 씨는 에니어그램을 잘 이해하고 캐릭터 설정을 한 것이 아닐까 하는 생각이 들 정도였다. 다양한 인물의 역할이 에니어그램 성격 유형의 스타일을 일관되게 유지하고 있었기 때문이다.

강 대리가 연기한 부분 중에서 그만이 가지고 있는 완벽주의자적인 역할 부분을 살펴보고자 한다. 7~8화의 강 대리와 장백기의 대화 속에서 1유형의 모습을 살펴보자.

장백기: 대리님, 저희 팀은 영업계획서 작업 안합니까?

강 대리: 진행 중이니까 백기 씨는 걱정하지 말아요.

장백기: 제가 왜 걱정을 하지 말아야 합니까? 저도 철강 팀입니다. 도대체 저에게 왜 이러시는 겁니까?

강 대리: 장백기 씨는 일을 크게 만드는 스타일이시군요. 주목받고 싶어 하는 스타일이거나 왜 이러는 거냐? 이게

답이 되었으면 좋겠군요. 나는 장백기 씨가 충분히 교

육 받았다고 생각하지 않아요.

장 백 기: 네.

강 대리: 그래도 하겠다고 하니까 이거 해 와요. (서류를 주면서)

내가 지금 업무를 준 겁니다. 포스트잇에 엑셀로 표 만

들어 놓으세요.

(당황하는 장백기, 어이없고 황당해 한다.)

1유형에게 교육은 매우 중요하다. 왜냐하면 교육은 원칙을 가

르쳐 주고 그 원칙대로 사는 방법 또한 가르쳐 주기 때문이다.

강 대리: 백기 씨, 엑셀 정리 다 안 되었습니까?

장 백 기: (신통치 않게 가져다주면서) 여기 있습니다.

강 대리: (서류를 쳐다보다가) 장백기 씨, 좀 봐요.

장 백 기: 문제 있습니까? 시키신 대로 정확하계 만들었습니다.

데이터 추구도 완료했고요.

강 대리: 이 듣도 보도 못한 양식은 뭡니까? 신입교육 때 원 인터

양식 안 배웠어요?

장 백 기: 전 대리님께서 테이터 수정해 주시면 나중에.

강 대리: 바빠 죽겠는데 지금 뭐하자는 겁니까? 누가 그렇게 마음

대로 일처리 하래요? 장백기 씨, 문서 모릅니까? 데이터

확인 그건 기본이에요. 지금 나더러 이거 가지고 틀린

그림 찾기 하라는 말입니까? 그리고 1차적으로 데이터

에 입력하고 그 이후에 양식 수정하고, 도대체 그런 순
서는 어느 회사에서 써먹는 프로세스입니까? 다른 회사
에서 일하고 싶으면 지금 당장 나가도 좋습니다.

1유형의 원칙 안에는 기본이 들어 있다. 강 대리는 기본을 여
러 차례 강조하고 있다. 신입사원 장백기는 처음부터 원칙대로
안 하고 있다고 판단되었기 때문이다. 우리 회사의 원칙, 그리고
기본에 충실하지 못했다는 판단이 들 때는 무서운 상사가 된다.

강 대리는 자신이 생각하는 것만큼 따라오지 못하는 신입사원
에게 여전히 기본을 강조하고 있다. 1유형은 프로세서와 매뉴얼
이 중요하다. 그것을 생략하거나 잊어버린다는 것은 완벽이 무
너지는 것과 같다. 차근차근 따라오지 않으니 언젠가는 무너질
것이라고 믿는 것이다.
장백기는 PT 마스터라는 별명답게 그의 일처리의 능숙함과 유
능함은 잘 알려져 있다. 그러나 깐깐하게 보이는 강 대리와의 조
합은 곳곳에서 불협화음을 이루어 낸다. 1유형으로 짐작되는 강
대리는 실용적이면서도 기본을 중시하는 원칙주의자이다. 팀에
배치를 받자마자 사업 아이템을 들이미는 신입사원이 불편하다.
도대체 무엇을 얼마나 안다고 오자마자 사업 아이템이라는 말인
가? 이렇게 튀는 것을 좋아하고 실적에 밝은 사람은 분명히 어딘
가에 구멍이 있을 것이라고 의심한다. 순서를 정해서 차근차근
일을 해야지 한 순간에 반짝하는 신입의 활약은 잠깐 빛나다가

사라진다고 믿는다. 사소한 몇 가지 일을 시켜 보니 아니나 다를까 허술함 그 자체이다. 더욱이 일을 맡기기 전에 기초가 다져졌는지 보고 싶다. 인물만 놓고 보자면 뛰어난 스펙과 엘리트 의식, 거기다 열심히 하고자 하는 의욕까지 가진 후배이자 신입인 강 대리는 그런 이유에서 장백기를 인정할 수 없다.

1유형의 완벽주의는 능력 없는 것은 이해해도 오버하거나 잘난 체하는 것, 그리고 허세 부리는 것은 그냥 넘어가기가 힘이든다. 날카로운 눈빛으로 신입사원의 과한 욕심을 체크한다. 강 대리는 철강 팀의 중요 서류를 읽지도 않고 사업 계획서를 작성한 신입을 곱게 봐 줄 수 없다. 더욱이 회사의 공통 서류 작성을 하지 않은 것은 화를 낼 수밖에 없다. 원칙을 지키지 않고 본인의 기준에 의해 일을 처리한 것이기 때문이다. 원칙을 파괴한다면 질서는 무너지고 말 것이라고 믿는다.

tip

드라마 내용의 주인공을 살펴보는 것은 흥미로운 작업이다. 드라마 〈미생〉 작가는 에니어그램을 공부한 사람이라고 알고 있다. 그래서 그런지 등장인물의 캐릭터가 에니어그램 유형과 비슷하게 쓰여 있다. 강 대리의 이미지는 약간 딱딱하고 정리되었으며 메마르다. 상대 인물이 3유형의 신입사원 장백기이기 때문에 많은 비교가 된다. 드라마 대사를 적어 놓고 밑줄을 쳤다. 그 부분이 1유형의 성격을 잘 나타내고 있는 대사이다.

드라마를 보면서 귀로 듣고 손으로 썼다. 피곤한 작업이었지만 흥미있고 재미있었다.

특히 처음부터 일의 순서를 많이 강조한다. 여기에 신입사원은 딱 걸려든다. 기본을 무시하고 원칙과 질서를 지키지 않는 신입사원을 강 대리가 가만히 보고 있는다는 것은 매우 힘이 든다.

> '교육에는 배운 것을 확인하는 시간까지 포함된다고 생각합니다. 철강 팀 관련해서 신입인 장백기 씨가 읽어야 할 파일은 산더미입니다. 그러나 장백기 씨는 오자마자 사업 보고서부터 먼저 들이밀었습니다. 철강 팀 관련 파일을 읽기도 전에 말이지요.'

3. 노래 가사 속 1유형 모습 들여다보기

〈새마을 운동〉 노래

다음은 박정희 전 대통령이 작사했다는 〈새마을 운동〉 노래 가사이다.

1. 새벽종이 울렸네 새 아침이 밝았네 너도 나도 일어나 새마을을 가꾸세
2. 초가집도 없애고 마을 길도 넓히고 푸른 동산 만들어 알뜰살뜰

다듬세

3. 서로 서로 도와서 땀 흘려서 일하고 소득 증대 힘써서 부자마
   을 만드세
4. 우리 모두 굳세게 싸우면서 일하고 일하면서 싸워서 새 조국을
   만드세
   (후렴) 살기 좋은 내 마을 우리 힘으로 만드세

가사는 근면, 성실, 노력
으로 거의 무장되어 있다.
개미처럼 일하는 1유형의
완벽주의자의 모습이라
고 할 수 있다. 박정희 전
대통령의 다른 업적도 이

〈새마을 운동〉 노래 가사와 무척 닮아 있다. 국민을 계몽한다고
생각한 것 같다. 시대가 과거이니만큼 계몽도 필요했지만 그의
성격이 많이 작용했다. 국민을 가르치고 잘못된 관행을 개혁하
려는 이상을 가졌다. 하지만 1유형이 가지고 있는 비판 의식은
'돕는다'와 '가르친다'의 사이에서 균형을 잡는 문제로 힘들어했
다. 아마도 2유형의 날개를 사용하는 1유형일 것으로 짐작한다.
이런 상황은 그의 인생 내내 계속되었다.

〈새마을 운동〉 노래는 새벽종이 울리고 새 아침이 밝았으니 너
도 나도 일어나서 일해야 한다는 것으로 시작한다. 아침에 일찍
일어나서 일하지 않으면 굶어 죽기 딱 알맞다는 것은 완벽주의
와 닮아있다. 일하기 싫으면 먹지도 말고, 노력하지 않고는 성공

을 꿈도 꾸지 말라는 것이다. 늘 그렇듯이 1유형은 맞는 말만 한다. 하지만 그 맞는 말이 때로는 사람을 힘들게 한다. 상황이나 각 개인의 사정을 살피지 않고 모든 사람에게 동일하게 대한다.

평생 일만 강조하고 일만 한다는 것이 아쉽게도 '독재자'라는 지적을 받았다. 〈새마을 운동〉 노래는 국민을 계몽하고 원칙을 지켜 일하자는 데 의미가 있다. 일만 보고 달려가는 1유형의 사람들에게 쉬는 것과 여유 있는 환경이 자신의 약점을 커버해 준다는 사실도 환기시키면 좋은 팁이 될 듯하다.

4. 상징 동물 속 1유형 모습 들여다보기

🦉 개미와 핏불 테리어

성경에 '개미에게 배우라(잠 6: 6-11)'라는 구절이 나온다. 편안하게 놀면서 살지 말라는 뜻이다. 1유형은 개미처럼 부지런히 움직인다. 계속 일만 한다. 원칙이란 집착은 순서와 질서를 말하는데, 그대로 해야 하는 것이다. 근면, 성실의 대명사. 원리 원칙대로 하고 또 하는 믿음직한 1유형을 말할 때 개미 또는 벌처럼이라는 평가를 받는다. 개미에게서는 일을 열심히 하는 긍정적인 면을 보면 된다.

반면에 부정적인 면은 핏불 테리어를 보면 된다. 핏불 테리어(pitbull terrier)는 영국의 불도그와 테리어를 교배해 만든 투견이다. 원산지는 미국이며, 조용하고 차분한 성격이지만 한 번 물면 절대 놓지 않고 목표물에 대한 집착이 매우 강하다(위키백과). 한 번 물면 놓지 않는 완벽성을 추구할 때 생기는 부작용을 말한다. 그러면 힘이 든다. 누가 그렇게 다하면서 살겠는가? 나머지 여덟 가지 유형의 사람 중에는 이런 완벽주의자를 힘들어하기도 한다. 물론 본인도 자신의 이런 성격에 힘이 든다.

1유형을 이 동물에 비유하는 것은 의미가 있다. 1유형은 성실, 근면, 노력하는 완벽주의자이다. 그런 강박관념은 한 번 시작한 것을 끊임없이 시도한다. 문제가 해결되기를 원하는 것이다. 중간에 그만두면 아무것도 안 된다는 생각인 것이다. 무엇인가 매듭짓고 완결되어야 휴식을 취할 수 있다. 이런 면에서는 일 중독자를 떠올릴 수 있다. 박정희의 경우 핏불 테리어처럼 가정의례준칙을 시행할 당시에 강력한 단속 의지를 천명하면서 1973년에 개정안을 발표할 때 처벌 조항도 함께 내놓았다. 이때 발표된 개정안에는 청첩장이나 부고장을 돌리거나 장식물의 진열 및 사용, 답례품의 증여, 굴건이나 만장 사용, 주류 및 음식물 접대 등의 행위를 하면 50만 원 이하의 벌금형에 처한다는 내용을 담고 있다. 처벌 금지까지 하게 된 것이다.

반만 년을 지켜온 전통, 국민 모두의 전통이었으나 예외는 없다. 이것 때문에 우리 국민이 잘 살 수 없다면 용납할 수 없다. 반드시 고쳐야 한다. 처벌을 해서라도 완벽하게 만들어야 하는 것이다. 하지만 그 후 별다른 성과 없이 가정의례준칙은 국민들의 뇌리에서 사라졌다. 법 자체가 없어진 것은 아니지만 유명무실해진 것이다. 한 사람의 성격은 그 자신과 가정 그리고 그 주변과 국가 전체에게도 미칠 수 있음을 가르쳐 주고 있다.

1. 유형 1 자신의 발전 방안

① 당신은 자신과 타인에 대해 용서하는 자세를 지니게 된다.

② 당신은 비판적이거나 바로 무언가를 수정하려고 하기보다는 스스로의 상황을 곧이곧대로 받아들이게 된다. 당신은 장점과 함께 단점도 성장하도록 놔둔다. 당신은 스스로의 결점까지도 받아들인다.

③ 당신은 평온을 구하는 기도를 하게 되고, 더 관용적이고 인내하는 모습을 가진다.

④ 당신은 이것 아니면 저것, 전부(all) 아니면 전혀(nothing) 논리에서 모두 또는 그리고, 진행형, 과정의 논리로 전환하게 된다.

⑤ 당신은 스스로에게 무엇에 화가 났는지를 자문할 수 있게 되고, 스스로나 타인에 대한 기대치가 비현실적으로 높지는 않은지에 대해 확인하게 된다.

⑥ 당신은 화를 마음에 담아 두거나 분개심을 계속 느끼기보다는 그 자리에서 화를 내고 잊어버리게 된다.

⑦ 당신은 스스로의 감정을 더 잘 수용하게 된다. 특히 당신의 성적이고, 적대적인 반응을 수용할 수 있다. 당신이 악마(demon)라고 생각하는 것은 사실은 친근한 원조자(diamon)이다.

① "완벽하지 않아도 괜찮아"라고 스스로에게 말할 수 있게 된다.

② 스스로와 그 상황을 덜 심각하게 받아들인다. 당신의 유쾌한 면을 찾게 되고 스스로 무너지기 전에 휴식을 취한다.

③ 당신은 더 즉흥적이 된다. 더 많은 통제력을 가지려고 하기보다는 상황이 일어나게 하고 그것을 즐길 수 있게 된다.

④ 더 무거워지고 심각해지기보다는 가벼워진다. 당신이 어떤 상황에서 옆으로 미끄러지려고 하면 원래는 그것을 억제하려고 했겠지만 이제는 그것을 그대로 놔둔다.

⑤ 흐름에 몸을 맡기게 되고 그것과 대립하려고 하지 않는다. 강은 스스로 흐르기 때문에 그것의 방향을 바꾸려고 하지 않는다. 당신은 과정을 믿게 되고 당신을 포함한 모든 것이 하나의 과정 속에 있다고 생각한다.

⑥ 당신은 스스로 내면에 있는 어린이에게 무엇을 필요로 하고, 원하는지를 물어볼 수 있게 된다.

⑦ 꼭 해야 하는 일보다는 바람직하고 더 즐거운 일을 할 수 있다.

⑧ 당신은 집중적 사고보다는 확산적 사고를 사용할 수 있게 된다. 문제를 해결하는 데에는 하나의 옳은 방법이 있는 것이 아니라 다양한 방법이 있다는 것을 인식하게 되고 창조력과 상상력이 더욱 풍부해진다.

⑨ 스스로 상황에서 잘못된 점을 보기보다는 옳은 점을 찾게 된다. 모자란 부분보다는 이미 가지고 있는 부분에 초점을 맞추고, 유리잔에 물이 반밖에 남지 않았다가 아니라 반이나 남아 있다고 생각하게 된다.

자상한
사랑주의자

1. 역사적 인물 속 2유형 모습 들여다보기

👤 마더 테레사

한 번에 한 사람씩

나는 결코 대중을 구원하려고 하지 않습니다.
다만 한 개인을 바라볼 뿐입니다.

나는 한 번에 단지 한 사람만 사랑할 수 있습니다.
한 번에 단지 한 사람만 껴안을 수 있을 뿐입니다.

단지 한 사람, 한 사람, 한 사람씩…
따라서 당신도 시작할 수 있고,

나도 시작하는 것입니다.

나는 한 사람을 붙잡습니다.
만일 내가 그 사람을 붙잡지 않았다면,
수만 명의 사람을 붙잡을 수 없었을 것입니다.

모든 노력은,
단지 바다에 떨어뜨리는 한 방울의 물과 같습니다.

만일 내가 한 방울의 물을 떨어뜨리지 않았다면,
바다는 그 한 방울만큼 줄어들 것입니다.

당신에게도 마찬가지입니다.
단지 시작하는 것입니다.
한 번에 한 사람씩…

– 마더 테레사

마더 테레사

마더 테레사는 가톨릭 수녀로, 1928년
에 수녀회에 들어가 평생을 인도에서 가
난한 사람들을 위해 봉사했다. 1948년에
사랑의 선교회를 창설하여 전 세계적으로
빈민과 병자, 고아, 그리고 죽어 가는 이
들을 위해 헌신하였다. 사후 교황 요한 바
오로 2세에게 시복되어 '콜카타의 복

녀 테레사'라는 호칭을 받았다. 그녀의 명성은 널리 퍼졌고, 그 공로를 인정 받아 1971년에는 제1회 교황 요한 23세 평화상을, 그리고 1979년에는 노벨 평화상을 수상했다. 상을 받으며 그녀는 이렇게 이야기했다.

> "저는 우리 가난한 사람들을 위해 청빈을 선택합니다. 그러나 배고프고 벌거벗고 집이 없으며 신체에 장애가 있고 눈이 멀고 병에 걸려서 사회로부터 돌봄을 받지 못하고 거부 당하며 사랑 받지 못하며 사회에 짐이 되고 모든 이들이 외면하는 사람들의 이름으로 이 상을 기쁘게 받습니다."

2유형의 대표 인물로는 전 세계적인 헌신의 아이콘으로 마더 테레사를 들 수 있다. 2유형이 다른 사람을 돕고 싶어 하는 마음의 근본 이유는 무엇일까? 에니어그램에는 이러한 마음의 근본 이유를 '집착'으로 풀어 설명한다. 각 유형별로 집착하는 바가 있고 각각의 이유가 있는데, 2유형의 집착의 원인은 수치심을 극복하려는 노력의 시도라고 말한다. 이렇게 저렇게 다른 사람에게 도움을 준다면 누가 나에게 수치를 줄 수 있겠느냐는 것이다.

다른 사람에게 한없이 사랑을 베풀면 누가 수치를 주겠는가? 논리적으로는 맞는 말이다. 하지만 실제의 삶에서 사람들은 그렇지 않다. 한없는 사랑을 베풀고도 수치를 당하곤 한다. 나의 선행을 오해해서 그렇기도 하지만 나를 음해하기 위해 선행을 일부러 곡해하여 수치를 주기도 한다. 인간은 '감사 결핍증'도 있

고, 감사의 '당연시 현상'도 있다. 즉, 받는 횟수가 늘고 기간이
오래되면 당연하게 여기고 오히려 고마움을 잊어버린다는 뜻이
다. '배려했더니 권리로 안다'는 말이 그렇다. 그렇게 되면 주는
사람은 상처를 많이 받는다. 감사는 모르고 더 달라고 하고 안
주면 원망하면서 오히려 내가 변했다고 한다. 이때가 2유형에
게 위기 상황이다. 그때는 테레사를 떠올리라. 하지만 테레사처
럼 살아 내기는 쉽지 않을 것이다. 그럴 수 없다면 테레사 수녀
가 되기를 포기하라. 테레사의 정신은 마음에 깊이 간직하되 테
레사가 아닌 자기 자신으로 살아가는 것이다. 주는 삶도 아름답
지만 감사히 받는 삶도 아름답고 귀하다. 주려고만 하지 말고 받
는 것에도 익숙해지라. 받는 것과 주는 것 사이의 균형을 이룬다
는 것은 인격의 성숙과 성격의 완성을 향해 나아가는 것이다.

　　2유형의 단점 중 하나는 교만이다. 모든 사람을 사랑할 수 있
고, 모든 사람을 도와줄 수 있고, 많이 도와줄 수 있다는 것은 확
실히 교만이다. 2유형은 신이 아니다. "나는 괜찮아요."라는 상
대방의 말을 있는 그대로 인정하고 수용하라. 괜찮다는 말이 예
의 상 하는 말이 아니다. 정말 괜찮다는 말이다. 그럼에도 불구
하고 2유형은 기어코 그 말을 무시하고 도움의 팔을 뻗는다. 그
것은 사랑이 아니다. 교만이다.

👤 이태석 신부

　　TV에서 방영되는 이태석 신부의 다큐 방송을 우연히 접하게

되었다. 첫 장면부터 인상적이었는데 중간 이후부터는 나도 모르게 눈물이 흘렀고, 끝날 무렵에는 거의 통곡을 하고 말았다. 그분의 삶과 인생을 보고 너무 부끄러웠기 때문이다. 그에 대해 검색하다가 그에 대한 추모 시 한 편을 발견했다.

달빛 처연한 아프리카 톤즈 마을 햇살 싫어하는 한센병 환우,
달빛에 비친 서러운 뭉퉁한 손과 발가락 모자라는 맨발 대신
숟가락과 구두가 되어 준 신부님

배움에 목마른 티없이 맑은 아이들은 꿈 같은 교실에서 해바라기처럼 피어나고,
소년, 소녀 브라이스 밴드의 울려 퍼지는 향연 속, 까만 눈동자는
어두운 밤하늘 반딧불처럼 마을을 밝혔다.

봄날 같은 청춘을 고스란히 내어 주는 게 어디 쉬운 일이겠는가.

어슬어슬한 밤 오면 마을 사람들 바오밥 나무에 걸린
신부님 눈빛 같은 별 보러 모두 두 손 모으는데

바오밥 나무, 밤에는 꽃 대신 신부님이 맺힐 거야.
밤새도록 톤즈 마을 밝혀 줄

출처: 한국문예협회(작성자: 나무들의 결혼식),
「신부님 신부님」 고 이태석 신부를 추모하며

이태석 신부

이태석(李泰錫, 1962년 9월 19일~2010년 1월 14일) 신부는 1987년, 부산 인제대학교 의과대학을 졸업하고 군의관으로 복무하면서 가톨릭 신부가 되는 뜻을 품었다. 복무를 마치고 특히 청소년 교육에 대한 깊은 관심에 따라 1991년 8월 살레시오 수도회에 입회한다. 그리고 1992년 광주가톨릭대학교에 수도회 소속으로 다시 들어간다. 1993년 1월 24일 수련을 시작해서 1994년 1월 30일에 첫 서원을 하고, 광주가톨릭대학교에서 2년 철학과정을 마친 후 서울 대림동 살레시오 수도원에서 역시 2년 과정의 사목 실습을 하였으며, 1997년 로마 교황청립 살레시오대학교로 유학한다.

그는 그곳에서 한국에서 이미 20년 동안 선교사로 활동하다 1991년에 아프리카 수단으로 파견되었다가 로마에 휴가차 온 공고미노 수사를 만난다. 그로부터 수단의 이야기를 듣고 선교사가 될 것을 권유 받는다. 1999년 방학 때 선교 체험을 하려고 아프리카 케냐에 들렀을 당시 남수단 톤즈에서 활동을 하고 있던 제임스라는 인디아 출신의 살레시오 수도회 신부를 만나 톤즈로 가게 되었는데, 이때 강렬한 인상을 받아 톤즈의 가난한 아이들을 위해 자신의 일생을 바칠 것을 결심한다. 그리고 그것을 실천한다. 그의 부모님의 마음은 어떠하였을까?

어머니께서 남수단으로 향하려는 아들을 눈물로 막았지만 이 신부는 눈물로서 어머니를 설득하였다. 다큐에서 이 장면은 필자의 마음을 녹여 버렸다. 돈벌이 의사가 아닌 병자를 위해 의사가 되기로 처음부터 마음 먹었지만 아예 돈을 지불할 수 없는 병자를 위해 의사가 되기로 작정한 것이다. 그래서 고른 곳이 남수단이다. 그리고 자신의 모든 것을 쏟아 붓고 더 이상 부을 것이 없는 상태에 이르자 신은 그를 불러 올린다. 이제 그만 쉬라고.

독자가 2유형이라면 이 신부를 통해 성숙의 길로 안내 받을 수 있다. 즉, 자신이 기대하지 않고 감당할 수 있는 범위 내에서만 도움을 베풀라. 자칫 이 신부처럼 하다가는 상처를 입는다. 모든 2유형이 이 신부처럼 살아갈 수는 없다. 보통의 2유형들은 상처가 많다. 주로 감정적 상처이고 타인과의 인간관계에서 받는다. 2유형은 먼저 줌으로써(미소, 웃음, 도움, 물질, 선물 등) 좋은 사랑을 주고받고 싶어 한다. 즉, 수치심을 당하는 것이 싫어서 먼저 주는 것이다. 자신은 도움의 손길을 베풀었고, 아무런 보상을 바라지 않고 한 것이라고 생각한다. 그러나 속마음은 그렇지 않다. 상대방에게 기대하는 바가 있다. 기대치에 상대방이 미치지 못한다면 슬슬 힘들어지기 시작한다. 반면에 상대방은 "뭐래? 내가 달라고 했나?" "자기가 주고 싶어서 주었잖아!"라고 한다. 이런 기대 이하의 반응을 당하면 감정적 분노가 치민다.

이럴 때는 이 신부가 보내는 메시지에 귀를 기울이라. 주는 것은 주고 잊어버려야 한다. 아무런 반대 급부가 없는 사람 혹은 아예 보응을 기대하지 않을 수 있다면 그때 비로소 도움을 주라. 그러나 그런 생각이나 행동을 취하는 것은 매우 힘이 든다. 따라서 상처를 받지 않으려면 주는 것에 대한 절제가 필요다. 즉, '기브 앤드 테이크'의 방법을 사용하는 것이다. '이 정도야 충분히 줄 수 있으니까!'라고 생각하면 오해이다. 정말 그런 것이 있기는 하다. 그러나 그 기준을 정하는 것이 애매하다. 그렇기에 도움에 대해 균형 있고 절제하는 인간관계를 가져야 한다.

tip

테레사 수녀나 이태석 신부가 2유형일 것이라는 데에는 반론의 여지가 별로 없어 보인다. 평생을 가난한 사람의 어머니와 선생님인 의사로 도움을 주면서 살았기 때문이다. 하지만 그래도 검증이 필요하다. 그가 수녀라는 이유만으로 2유형이 될 수는 없다. 따라서 많은 사람이 자신이 2유형이라고 믿는 이유를 설명하는 것이 필요하다. 진단을 해 보면 유난히 2유형의 분포도가 높고, 2유형이 아니라고 해도 보통 2번 점수가 조금은 높게 형성되어 있다. 다른 사람을 돕는 것은 미덕에 해당된다. 그러니 자신은 도와주는 사람이 아니라고 하더라도 그렇게 의미를 부여할 수 있다. 강의나 상담 코칭 현장에서는 당연히 2유형이라고 생각하는 사람들을 많이 만나게 된다. 그렇다고 그 사람들이 다 2유형은 아니다. 이렇게 2유형이 많은 또 하나의 이유는 어릴 때의 교육이다. '남을 돕고 살아라' '양보해라' '도와줘라' '지는 것이 이기는 것이다' 등등 다른 사람을 위해서 살아야 하는 이타적인 삶에 대해서 많이 배우게 된다. 가르치는 사람은 그렇게 안 살아도 자녀나 다른 사람에게는 그렇게 가르친다. 즉, 도와주어야 한다는 무언가의 압력을 받고 있는 셈이다. 모두가 수녀가 될 수 없고, 2유형이 될 수도 없다. 따라서 현장에서 2유형은 검증이 필요하다. 보통의 경우에 2유형으로 살고 싶을 때 점수가 높아지는 경향이 있다. 다양한 방식으로 2유형을 설명하는 데 집중해야 한다.

2. 영화 속 2유형 모습 들여다보기

 〈지금은 통화중(Hanging Up)〉
2000년 개봉, 다이안 캐톤 감독, 멕 라이언(이브 역) 주연

주인공 이브(맥 라이언 분)는 바쁘다. 그래서 그녀의 전화기는 늘 통화중이다. 운전 중에도 전화기를 놓을 수가 없다. 행사 준비를 하는 비서의 전화를 끊임없이 받아야 하기 때문이다. "그쪽에서 장소를 바꾸자는 데 어떻게 할까요?" "이름표를 만들어 두는 게 좋지 않을까요?" "비행기 예약을 해야 할까요?" "비행기가 잘 도착할까요?" 등등. 뿐만이 아니다. 언니 조지아(다이안 키튼 분)가 얼마나 성공을 했는지, 그녀의 성공담을 들어주는 전화도 받아 줘야 하는 것이다. 여동생 매디(리사 쿠드로 분) 역시 탤런트로서의 성공과 실패, 심지어는 애

인이나 기르는 강아지 얘기까지 다 들어줘야 한다. 이런 무리한 요구도 그녀는 거절을 못한다. 때문에 분주하고 골탕을 먹는다.

영화의 첫 장면이다. 아빠는 병상에 있다.

아버지: 날 여기 두고 그냥 갈 것은 아니지?
주인공: 잠시만.
아버지: 이런 죽일. 너 없으면 난 시체야. 나를 잊지 마라. 나를
        두고 가지 마. 가지 마. 이브, 제발 부탁이야.

언니와 동생에게 전화하지만 뻔한 도움이 안 되는 소리만 한다. 다들 바쁜 나름의 이유가 있다. 연기자인 동생은 자기 프로그램 안 봐 준다고 삐져서 끊고, 언니는 너무 바쁘다면서 건성건성으로 대답한다. 심지어 동생의 개까지 돌봐 달라는 부탁을 거절하지 못하고 그 부탁도 수락한다.

2유형은 NO가 힘들다. 그렇지 않아도 도와주고 싶은데 도와달라는 요청이 오면 그냥 YES가 된다. 그래서 주인공처럼 바쁘다. 아빠의 요청을 거의 다 들어준다. 언니와 동생의 부탁도 들어준다. 그리고 그런 부탁들을 들어주느라고 항상 바쁘다. 영화의 제목처럼 그녀의 전화는 항상 통화중이다.

다음은 쿠눈다 부인과의 대화이다. 2유형인 이브에게 매우 건강한 조언을 해 주고 있다.

주인공: (울면서) 아빠는 우리를 너무 괴롭히세요.

부인: 아빠를 사랑하고 있군요.

주인공: 제가요? 제가 어떻게 그런 분을 사랑해요. 돌아가실 것 같아서 같이 있는 것 뿐이에요. 그 성격은 안 변하실 거예요. 끝까지 날 들들 볶으실 거예요. 내게 격려나 위안 같은 것을 한 번도 주신 적이 없어요. 요구만 하세요. 엄마를 부르라고 하지만 안 오실 게 뻔해요. 아빠도 알고 계세요. 결국 또 상처를 받으실 거예요. 그래서 연락하기 싫어요.

부인: 건배를 두 번 해요. 첫째는 당신의 용기와 둘째는 당신의 슬픔을 위해서요. 댁은 마음이 정말 따뜻해요. 부친에게서 받은 성품이 아닐까요?

주인공: 전 어떻게 해야 해요?

부인: 전화기의 END를 눌러 보세요. 그런 게 전화기에 있을지 모르겠지만 끊어 버리는 것이 필요해요.

그녀는 이 충고를 그대로 실천에 옮긴다. 집에 들어오니 동생이 맡긴 큰 개가 전화기를 물어뜯고 있었다. 이브는 그 전화기를 빼앗아 코드를 뽑고는 개에게 다시 준다. 그리고 거실의 다른 전화기도 코드를 뽑아 버린다. 그리고 팩스 전원도 뽑는다. 자신을 괴롭히는 도와달라는 모든 요청에 대해서 NO를 선언하는 모습을 보여 준다. 방금 전 언니의 창간 5주년 기념식에 필요한 이름표를 만들어 달라는 도움 요청이 있었으나 이마저도 끊는다. 주인공 이브는 스토리의 전개를 따라가면 화가 많이 나 있는 상태이다. 주인공은 느끼지 못하지만 가장 결정적일 때 터져 나온다. 에니어그램 화살 이론에 의하면, 2유형의 부정적인 방향은 8유형의 단점 중에 하나인 분노 폭발이다. 다른 사람들을 도와주고 배려해도 고마움을 모르고 자신이 힘이 들면 8유형의 부정적인 모습이 나타날 수밖에 없다.

이제 조지아(언니)의 창간 5주년 기념식장으로 가 보자.

조지아(언니): 감사합니다. 비행기 안에서 오늘 연설할 원고를 봤어요. 물론 연설은 제 잡지에 관한 이야기이죠. 벌써 창간 5주년이 되었어요. 오늘 주름살 수술에 대해서 말하려고 했어요. 하느냐 마느냐에 대해서, 나이를 먹는 것에 대해서, 그런데 비행기 안에서 마음이 바뀌었어요. 제게 큰 일이 생겼거든요. (슬픈 표정을 지으며 막 울 것처럼 하고는) 제 아버지께서 아프세요. 위독해요. 하필 내 인생에서 가장 큰 시련이죠. 이럴 때 창간 5주년을 맞다니…… 부모님의 죽음을 겪어 본 사람은 그걸 지켜보는 심정을 아실 겁니다. 너무 슬픈 일입니다. (청중들이 슬픔으로 훌쩍이거나 손수건으로 눈물을 닦는다.) 하지만 슬픔을 무릅쓰고 창간 5주년 특별 호를 만들었습니다. 아버지도 그것을 원하실 테니까…….

동생: 기가 막혀. 간호한 것은 우리인데…….

주인공: 우리라고? (더 기가 막힌 표정을 짓는다.)

언니: 아버지를 사랑해요.

(이브는 기가 막힌 표정을 짓는다.)

언니: 새 천년을 맞으며 생각해 봅시다. 우리는 부모님을 위해
　　　서 무엇을 했는지를… 이것이 우리의 과제입니다. 부
　　　모의 죽음에 어떻게 대처하느냐입니다. 잡지 조지아
　　　와 저 조지아는 여러분과 함께 그 문제에 동참할 것을
　　　약속합니다.

환호와 박수 소리가 엄청나게 들린다.(일동 기립 박수)

동생: 말도 안 돼!

언니: 함께해 봅시다.

(복잡한 행사장을 벗어나서)

언니: 반응 괜찮았지?

주인공: 그럴 수 있어?

언니: 내가 왜?

주인공: 언니는 늘 그래. 날 이용하고 내가 한 일을 가로채고…….

언니: 뭘 이용하고, 뭘 가로채?

주인공: 탕수육 요리법.

언니: 난 탕수육 안 먹어.

주인공: 내가 개발한 탕수육 요리법을 『뉴욕 타임스』에 냈잖아.

언니: 내가 말 안했던가?

주인공: 물론이지.

주인공: 아빠 일도 그래.

동생: (이 와중에 동생이 끼어든다.) 언니 잡지에 내 기사는 왜 안 실어 줘.

언니: 좋아, 실어 줄게. 그럼 됐지?

주인공: 이런 여유. (동생을 바라보면서) 아빠를 돌본 건 언니도 너도 아냐. 백지수표 받아라, 주치의 만나라, 입으로만 효녀 노릇하는 이 너구리! 이젠 나도 더는 못 참아.

언니: 내 잘못은 인정해. 하지만 나도 아빠에게 시달렸어.

주인공: 비서가 시달렸겠지.

언니: 너도 비서 두라고 했잖아.

주인공: 있어.

언니: 제대로 된 비서 말이야.

주인공: 나만 찾으셨고(아빠가) 언니는 그걸 이용했어.

동생: 언니 잘못이 아니야. 아빠 잘못이야.

동생: 나도 입 달렸어. 가족 일에 왜 나만 늘 빼? 왜 나만 못해?

주인공: 넌 못된 이기주의자야!

동생: 넌 참 잘났고?

주인공: 넌 불효녀야.

언니: 네가 딸 노릇하잖아.

주인공: 핑계 한 번 좋군.

동생: 왜 내 프로 안 봐.

주인공: 병원에는 왜 못 가?

언니: 너무 바빠서 갈 수 없었어.

주인공: <u>바쁜 거 좋아하네. 자기 일 외에는 전혀 관심 없잖아.</u>

언니: 그래, 그건 맞아.

주인공: 이유는 또 있지. <u>우리가 별 볼 일 없다는 것.</u>

동생: 난 언니랑 틀려. 잘 나간다고.

주인공: 꼴값 떠네. 엿이나 먹어.

세 자녀의 대화에서 그동안 이브가 얼마나 힘들었는지가 고스란히 드러난다. 언니와 동생은 힘들 것이라는 것을 알면서도 그냥 넘어갔다. 이제 그 서러움과 답답함이 한꺼번에 터지면서 험하고 날선 말들을 쏟아 놓는다. 만일 주인공이 아빠를 돌보는 문제를 정확하게 자매들에게 전달했으면 어땠을까? 뭐 별것도 아닌데 내가 하고 말지, 또는 언니는 바쁘고 동생은 철이 없으니 내가 하지 뭐하는 생각으로 했기 때문은 아닐까? 실제로 2유형들은 웬만하면 자신이 처리하는 것으로 결정한다. 그러나 비합리적이고 기울어진 일들을 하다 보면 필연코 오는 결과는 파국이고 폭발이다. 그러므로 아무런 문제가 없을 때에도 역할을 분담해야 한다. 같은 자매들이니 좀 더 많이 혹은 형편에 따라 하는 것까지는 어쩔 수 없다고 하자. 그러나 아예 처음부터 예외시키고 안 해도 된다는 것을 당연시하면 문제가 발생할 것이다. 이 영화의 주인공은 역할 분담에 대한 협의 없이 적당히 감당할 수 있는 만큼의 선을 넘어서 버렸다. 그녀의 전화는 늘 영화제목과 같이 통화중이고, 언니와 동생을 위해 그리고 아빠를 전적으로 도우면서 체력적·정서적 고통을 심화시켰던 것이다. 건강한 2유형은 자신이 모든 일을 떠맡지 않는다. 또한 도와주고 배려하고픈 마음을 지혜롭게 억제한다. 분노 폭발은 그동안 했던 많은 희생을 허망하게 날리게 되기 때문이다.

감독은 이 영화의 마지막 장면을 세 자매의 추수감사절 파티 모습으로 그려 냈다. 그런데 조금은 낯설다. 왜냐하면 요리를 언니와 동생이 하고 있기 때문이다. 이런 일이라면 주인공이 나서서 하고 언니와 동생은 TV를 시청하거나 전화 통화를 했을 것이다. 그러나 한바탕 소란을 벌인 후 모두 성찰이 있었기에 가능했을 것이다. 이번 추수감사절 파티는 언니가 할 터이니 너는 앉아서 쉬라는 메시지이다. 실제 주인공은 앉아서 그 모습을 구경하고 있다. 영화의 마지막 엔딩은 밀가루를 얼굴에 묻히는 장난을 하면서 자매의 사랑을 만끽한다. 2유형의 해피엔딩이다.

미성숙한 2유형은 받으려고 하지 않는다. 주기만 하고 받기를 거부한다. 심지어는 줄 수 있는 사람하고만 교제를 한다. 나에게 줄 수 있는 사람과는 그저 그렇게 관계를 하고 자신이 도움을 줄 수 있는 사람들과 친밀한 관계를 가지려고 한다. 하지만 이 영화의 주인공은 파티의 주인공처럼 요리를 안 하고 언니와 동생이 할 수 있도록 자리를 비켜 주고 있다. 마지막 장면이 인상적인 이유이다.

tip

  사실 필자가 만난 상담자들의 통계를 본다면 2유형으로 진단되거나 자신이 2유형이라고 생각하는 사람이 많다. 하지만 그 통계는 부풀어져 있다. 심층 면담을 해 보면 2유형이 아닌 경우가 꽤 있었다. 서양인도 그런 경우가 있지만 한국인에게 그런 특징은 더욱 두드러지게 나타난다. 상당수의 한국인들이 본인을 2유형이라고 생각한다. 반복해서 설명하지만 어릴 때부터 우리는 '다른 사람을 돕고 살아라'라는 무언의 압력과 교육을 받고 자라난다. 그것이 미덕이고, 갖추어야 할 교양이기 때문이다. 장남에겐 동생들에게 당연한 미덕이고, 남성도 마찬가지이지만 여성에게 더 많이 이러한 미덕을 강요해 온 게 사실이다. 잘 알려진 『80년생 김지영』에 그런 한국 사회의 모습이 그대로 반영되어 있다. 때론 '노골적'으로 때론 '은근'하게 '이해하고' '도와주고' '배려하고 살아라.'는 사회적 압력이 있다. 실제로 그렇게 살지는 않지만 '사는 척'이라도 해야 한다. 경험상으로 2유형이 높게 나왔을 경우에 오류가 꽤 있다. 다른 사람을 도와주는 것이 아름다운 덕목이자 자신이 바라는 것일 수 있다. 그것이 이상화되었을 경우에 그대로 믿어 버린다. 코치 또는 상담자라면 상담자가 2유형이 높게 나왔다고 할지라도 반드시 심층 검증이 필요하다. 강의할 때도 마찬가지로 이 점을 반드시 짚어 주어야 한다.

3. 노래 가사 속 2유형 모습 들여다보기

🎤 Jewel이 부른 노래 〈What you are〉의 가사 내용 요약

What she wants is already there
그녀가 원하는 것은 이미 거기 있다고

A star is a star It doesn't have to try to shine
별은 빛나기 위해 노력하지 않아도 그 자체로 별이죠
Water will fall
폭포는 저절로 떨어지고
A bird just knows how to fly
새는 어떻게 나는지 그냥 알고 있지요
You don't have to tell a flower how to bloom
꽃에게 어떻게 피어나는지 가르칠 필요는 없어요
Or light how to fill up a room
아니면 빛에게 어떻게 방 안을 가득 채울지를 가르칠 필요도 없지요
You already are what you are
당신은 이미 그 자체로 당신이고
And what you are is beautiful
당신은 그 자체로 아름다워요

(You'd say)
(아버지는 이렇게 말하곤 하셨는데)

Gravity is gravity
중력은 그냥 중력일 뿐이다

It doesn't try to pull you down

그건 너를 짓누르기 위해 존재하는 게 아니야

Stone is stone

돌은 그냥 돌일 뿐이다

It can't help but hold its ground

돌은 땅에 붙어 있을 수밖에 없어

(돌에 걸려 넘어지더라도 돌이 그 자리에 있는 것은 널 방해하기 위해서가 아니란다)

The wind just blows, though you can't see

바람은 네가 보지 못해도 그냥 분다

It's everywhere like I'll always be

그건 나처럼 항상 어디에나 있어

You already are what you are

넌 이미 너 자신이야

And what you are is strong enough

그리고 너는 충분히 강하단다

Look in the mirror

거울을 보네

Now that's another story to tell

이제 이야기가 하나 더 있는데

I give love to others

난 다른 사람들에게 사랑을 줬지만

But I give myself hell

내 자신에게는 너무나 가혹했어

A flower is a flower

꽃은 그냥 꽃일 뿐이야

It doesn't have to try to bloom

꽃은 피기 위해 노력하지 않아도 피어나지

And light is light

빛은 그냥 빛이야

Just knows how to fill a room

누가 가르치지 않아도 방 안을 채우는 법을 알잖아

Goodbye makes a love so sweet

안녕이라는 말은 사랑을 더욱 아름답게 하지

And love is love so it can teach us

그리고 사랑은 그 자체로 사랑이고 그건 우리에게

We already are what we are

우리가 이미 우리가 되고자 하는 것이라는 사실을 알게 해

And what we are is beautiful

그리고 그건 아름답지

And strong enough

그리고 충분히 강하고

And good enough

그리고 충분히 좋고

And bright enough

충분히 빛나고 있어

2유형은 아무것도 주지 않아도 아름답다. 그리고 있는 그 자체로도 황홀하다. 이미 당신의 눈빛에서 사랑이 묻어난다. 무엇인가 주어야 하고 무엇인가 해야 인정 받을 수 있다는 사실은 오해이고 집착의 산물이다. 주어야 사랑 받을 수 있을 것이라는 집착에서 벗어나라. 아니, 먼저 타인에게 도움과 사랑을 요청하라. 받을 자격이 없어도 당당히 요구하는 사람들은 얼마든지 있다. 눈치 볼 필요가 없다. 2유형은 당신이 이미 충분히 받을 자격이 있고 주지 않아도 요구할 수 있다.

앞의 노래를 들었을 때 깜짝 놀랐다. 마치 2유형을 위로해 주고 인정해 주는 가사가 너무나도 감동스러웠다. 보통 2유형은 자신이 무엇인가를 먼저 베풀어야 사랑 받을 수 있다고 생각한다. 하지만 이 노래에서는 그런 것 없이도 충분히 사랑 받을 수 있는 존재적 자아라는 말을 하고 있다. 특히 '꽃'은 '꽃'이고 '빛'은 '빛'이고 '충분히 강하고' '충분히 아름답고' 등의 가사는 강렬하다. 맞다. 2유형은 존재 자체로 이미 아름답고 강하다. 2유형은 꽃이다. 꽃은 나비를 찾아 돌아다니지 않는다. 도와주지 않아도 된다. 그렇게 하지 않아도 충분히 강하고 아름답다. 그러니 스스로 독립적인 자세가 필요하다. 자기 자신을 사랑한다는 말을 이기적이라는 말로 오해해서도 안 된다.

'무엇인가를 주어야 한다'거나 '내가 도와주지 않았다가 저 사람이 잘못되면 어떻게 하지' 하는 내면의 외침이 늘 거슬린다. 하지만 역시 객관성과 여러 형편 등을 살펴보고 결정해야 한다. 2유형 당신은 '사랑 받기 위해 태어난 사람'이다.

🎤 빈 의자

(작곡: 최종혁 / 작사: 박건호 / 노래: 장재남)

서 있는 사람은 오시오 나는 빈 의자 당신의 자리가 돼 드리리다
피곤한 사람은 오시오 나는 빈 의자 당신을 편히 쉬게 하리다
두 사람이 와도 괜찮소 세 사람이 와도 괜찮소 외로움에 지친 모든
사람들
무더기로 와도 괜찮소
서 있는 사람은 오시오 나는 빈 의자 당신의 자리가 돼 드리리다

– 1978년 9월 19일 지구레코드공사 정규앨범

이 노래를 들을 때면 2유형의 마음을 느낄 수 있다. 이렇게 말하
고 싶은 것이 필자의 솔직한 심정이다. 2유형인 당신은 빈 의자가
아니라 빈 의자에 앉아야 할 사람이다. 외로움에 지친 사람은 다
른 사람이 아니라 바로 당신이 아닌가? 무더기로 오면 감당이 안
된다. 적절하게, 조심하라. 그러다 폭발하면 주고도 욕먹는다.

모든 것을 주고 더 주고 싶은 마음은 자신의 필요를 채우지 못
한 허전한 마음에서 나오는 것은 아닐까? 어떤 유형의 누구라도
집착의 회오리바람 속으로 들어가면 안 된다. 그것은 많은 부작
용을 가지고 있기 때문이다. 빈 의자에 자신이 필요로 하는 것을
채울 것을 권유한다.

500만 원이 예상치도 않게 생겼다면 어떤 곳에 쓰고 싶은가? 2유
형에게 질문을 던졌다. 거의 비슷한 대답이 돌아왔다. 주로 가족

과의 여행이나 친구들과 즐거운 시간 보내기 등등의 답변이다. 이 답변 속에 자신을 위해 무엇을 하겠다는 답변은 찾아보기 힘들다. 주로 다른 사람과의 관계에 대한 지출이다. 자신을 위한 계획을 물어봐도 대답이 잘 나오지 않는다. 관심이 자신이 아닌 가족이나 타인이다. 그러므로 관심을 자신에게로 돌려야 한다. 500만 원을 들고 크고 화려한 백화점으로 가라. 평소에 사지 못했던 고급 옷을 한 벌 구입하라. 그리고 미장원으로 가서 요즘 유행하는 스타일로 변화를 주라. 빨간색의 굽이 높은 구두를 사면 어떨까? 고급 레스토랑에서 조금은 비싼 음식을 시켜 먹으라.

나에게 투자하라. 예상치도 않았던 수입을 다른 사람을 위해 쓰지 말고 오롯이 자신을 위해 사용하라. 그러면서 잊고 있었던 자신의 욕구를 들여다보라. 무엇을 하고 싶은지, 무엇이 되고 싶은지, 어떻게 살고 싶은지를 찾아보라. 그리고 그곳에 돈과 시간과 관심을 투자하고 사랑하라. 더 많은 것으로 사람들을 얻을 수 있을 것이다.

🎤 나 그대에게 모두 드리리

(작곡 · 작사 · 노래: 이장희)

나 그대에게 드릴 말 있네
오늘 밤 문득 드릴 말 있네 나 그대에게 모두 드리리
터질 것 같은 이 내 사랑을
그댈 위해서라면 나는 못할 게 없네

별을 따다가 그대 두 손에 가득 드리리
나 그대에게 드릴 게 있네 오늘 밤 문득 드릴 게 있네

작사가, 작곡자이기도 한 이장희에게 1974년은 잊을 수 없는
한해였다고 한다. 이 해에 이장희에게는 3년 넘게 교제해 온 연
인과 마침내 사랑의 결실을 맺게 된 것이다. 이대 불문과 출신의
아리따운 신부는 이장희의 첫사랑이었다. 로맨티스트였던 이장
희는 자신의 절절한 사랑을 담은 사랑의 세레나데를 작곡해 피
앙새에게 헌사한 것이다. 훗날 이장희의 회고에 의하면, 이 노래
는 동료 가수인 김세환에게 주기로 했다고 한다. 하지만 노래를
들어본 연인은 '날 위해 만든 노래를 왜 다른 가수가 부르게 하느
냐'고 하면서 직접 불러 달라고 요구했다는 것이다. 결국 자신의
노래로 발매되었다.

이 노래는 절절한 사랑의 마음을 연인에게 전달하고 있다. 보통
연인관계가 최고조에 이르렀을 때 이런 감정이 든다. 자신을 포
기하고 사랑하는 사람을 위해 줄 수 있는 감성. 부드럽고 달달하
다. 감미롭고 직설적이기도 하다. 이런 사랑의 원형이 바로 2유형
이 주는 사랑일 것이다. 문제는 그 사랑의 감정이 서서히 걷히면
서 자신의 모습을 보게 되는 시점이다. 나는 다른 사람(가족, 애
인, 친구)에게 다 주었는데 래서 내가 가진 것은 없는데 상대방은
나에게 아무것도 주지 않는 것이다. 이런 모습을 발견하는 순간
에 배신감으로 상처를 받는다. 더욱이 다른 사람은 아무것도 모
른다는 얼굴로 내게 말한다. "그러기에 왜 주었어? 내가 언제 달

라고 했니? 그럴 거면 왜 주었던 것이냐?"는 등의 막말을 한다.

　가만히 따져보면 그것도 틀린 말은 아니다. 내가 계산이 짧았다는 생각이 들 때면 버스는 지나간 지 한참이나 되었다는 생각이 든다. 다음부터는 다시는 그러지 말아야지 하면서도 어느 순간 주어 버리는 자신을 발견한다. 그래서 집착이고 넘어지는 지점이며 기피의 출발이기도 하다.

　빈 의자의 경우 다른 사람이 쉴 수 있도록 하는 것은 잘 보이는데 내가 쉴 곳은 잘 안 보인다는 것이다. 〈나 그대에게 모두 드리리〉는 '아낌없이 다 주는 것은 당연한데 내가 받아도 되나?' 하는 받는 것에 대한 죄책감과 기피성이 드러나 있다. '주어야만 사랑받을 수 있다는 것은 마귀의 선물'이다. 나 그대에게 모두 드렸다가 망하는 사람, 상처를 당하는 사람, 오히려 사랑을 받은 사람을 곤란하게 만드는 사람 등 부작용이 심각하다.

　늘 아름다운 울음을 낼 수는 없다. 신의 자리에서 인간의 자리로 내려오라. 그대는 인간이지 신이 아니다. 2유형은 안 주어도 사랑 받을 수 있는 존재이다. 있는 것 자체가 사랑 받을 충분한 자격이 있는 것이다. 왜 주어야만 받을 수 있다고 생각하는가? 벌거숭이로 쓸쓸하게 서 있는 자신을 바라보는 것은 교만의 극치이다. 슬프다고 우는 것도 교만했던 것에 대한 형벌이다. 마더 테레사 수녀나, 이태석 신부와 같이 되려고 노력할 필요는 없다. 작은 사랑의 실천과 있는 자리에서 스스로를 세워 나가는 것이 진정 다른 사람들을 돕는 것이다.

4. 상징 동물 속 2유형 모습 들여다보기

반려견과 당나귀

　많은 분이 반려견을 사랑하여 사람과 똑같은 인격으로 대하고 있다. 동물 보호법도 만들어져서 법률상으로도 보호하고 있다. 그것은 그만큼 사람과의 교류가 많아졌기 때문이다. 보통 2유형은 사랑을 많이 주고 많이 받는 것을 원한다. 먼저 사랑을 주고 사랑을 기다리는 모습이 주인에게 재롱을 부리는 것과 비슷하다. 사랑을 준다는 것은 먼저 미소 지어 주고, 공감을 잘해 주고, 먼저 말을 걸어 주고, 사소한 것들을 챙겨 주는 것을 말한다. 어떤 큰 희생을 치르는 경우도 있겠지만 처음에는 사소한 배려에서부터 시작한다. 많은 교류와 대화, 친밀함, 이 모든 것이 2유형이 원하는 것이다.

　하지만 당나귀는 2유형의 부정적인 모습을 상징한다. 당나귀의 체구는 작은 데 비해서 과다하게 많은 짐을 싣는다. 그 위에 사람까지 올라타니 말을 못해서 그렇지 엄청 괴로울 것이다. 2유형의 집착은 도와주는 것이다. 그런데 처음에는 사소한 것을 도와주다가 점점 도와주는 것이 커진다. 상대방은 처음에는 고마워하지만 나중에는 권리가 된다. 2유형이 원하는 것은 자신이 베푼 만큼 받을 수 있는 것이다. 하지만 모든 사람이 나와 같지 않다. 도움을 싫어했을 수도 있고, 그런 방식으로 도와주는 것을 바라지 않았을 수도 있다. 그런데 계속 '도와주면 좋아하겠지.'라는 생각은 점점 힘들어지는 길을 택하는 것과 같다. 어릴 때부터 꼬마 엄마라든가, 결혼 후에도 계속 자신의 가족을 챙기려는 것 등은 당나귀의 힘에 겨워하는 모습과 닮아있다.

2유형의 성공 방정식

1. 유형 2 자신의 발전 방안

① 당신은 도와주는 것 외의 다른 것에서 스스로의 가치를 찾는다.

② 당신은 스스로의 욕구, 필요, 감정을 인식하게 된다.

③ 당신은 스스로를 위해 시간을 할애하고 혼자 시간을 보내는 것을 허용하게 된다.

④ 당신은 상대방의 욕구나 필요에 부응하기 위해 변화하려고 하지 않는 진정한 자신의 모습을 개발하게 된다.

⑤ 당신은 대등한 입장에서 타인과 협상할 수 있다. 당신은 타인이 욕구를 표출하는 것을 도울 수 있을 뿐만 아니라 당신 자신의 욕구가 표출되고 인정되도록 한다.

⑥ 당신은 타인에게 도움을 요청할 때, 먼저 도움을 줌으로써 간접적으로 요청하는 것이 아니라 직접적으로 요청할 수 있게 된다. 당신은 받을 만한 자격이 있는 요구를 타인에게 직접적으로 할 수 있다.

⑦ 당신은 스스로에 관심을 쏟게 된다. 당신은 스스로를 위해 필요한 행동을 한다. 당신은 스스로를 돌볼 자격이 있고, 타인의 관심을 받을 자격도 있다고 생각하게 된다.

⑧ 스스로 자신과 한계에 대해 현실적으로 인식하고 그 모두를 소유할 수 있게 된다. 이것이 바로 당신이 생각하는 겸손함의 의미가 된다.

⑨ 당신은 'No'라고 생각할 때 'No'라고 말하고, 'Yes'라고 생각할 때 'Yes'라고 말할 수 있게 된다.

⑩ 타인이 당신을 돌볼 수 있게 해 준다. 당신은 스스로의 욕구에 대해 책임을 지고, 다른 사람의 욕구는 그들이 스스로 책임을 지도록 한다.

⑪ 당신은 보상의 의미로 인정과 감사를 받기 위해서가 아니라 단지 스스

로가 원하기 때문에 타인을 도와준다.

⑫ 당신은 타인으로부터 받을 수 있게 된다. 타인에게서 선물을 받을 수 있
도록 스스로를 허용한다.

2. 유형 4의 상위 개념으로의 발전 방안

① 당신은 스스로에게 "나는 특별하기 때문에 나의 욕구 역시 타인의 욕구
만큼 중요하다."라고 말할 수 있게 된다.

② 당신은 문화와 예술을 접하게 된다.

③ 당신은 스스로 창조적이고 자기 표출적인 면모를 개발하게 된다(이전
의 자신의 욕구를 삼가는 자세는 버리게 된다).

④ 당신은 창조성을 통해서 스스로 욕구를 표출할 수 있다.

⑤ 당신은 스스로 독특한 자아와 감정, 그리고 내면에 접근하게 된다. 스
스로 슬픔을 느끼고 타인을 위해 봉사함으로써 스스로를 외면한 것을
후회하게 된다.

3
유형

효율적
성공주의자

1. 역사적 인물 속 3유형 모습 들여다보기

👤 대우그룹 회장 김우중

얼마 전 타개한 또 다른 기업인이 있다. 바로 김우중 전 대우그룹 회장이다. 그에 대한 기사 중 3유형의 모습을 잘 드러낸 기사가 있어서 이를 소개해 보고자 한다.

> **엇갈린 평가 속 '기업인의 도전 정신' 일깨우고 떠난 김우중**
>
> 김우중 전 대우그룹 회장이 9일 타계했다. 고인은 지난해 6월

베트남에서 귀국한 이래 수원 아주대병원에서 입원 치료를 받아 왔다. 샐러리맨에서 출발한 고인은 1967년 직원 5명으로 설립한 대우실업을 ㈜대우로 키워 내며 우리 경제에서 종합상사 전성기를 이끌었다. 이후 전자, 중공업, 자동차 등으로 사업을 확장해 창업 30여 년 만에 41개 계열사, 자산 총액 76조 7,000억 원, 국내외 35만 명을 고용한 재계 2위의 대우그룹을 일궈 냈지만 1997년 외환 위기에 그룹이 해체되는 비운을 겪었다.

대우 해체는 과도한 차입과 문어발식 사업 확장이 부른 불가피한 파국이라는 평가가 통설이다. 특히 '세계 경영'을 내세우며 동유럽 등으로 진출, 396개 해외 법인을 일구며 누적된 채무가 문제였다. 외환 위기로 금리가 연 30%, 환율이 달러당 2,000원까지 치솟아 그룹 부채 비율이 400%에 이를 정도로 상황이 급격히 악화했다. 그 와중에 21조 원대 분식회계와 9조 9,800억 원대 사기 대출 혐의가 불거지고, 회사채 발행 제한 조치까지 맞물리며 돌이킬 수 없는 상황에 빠졌다.

하지만 법리·재무적 평가와는 다른 맥락에서 고인의 족적은 크다. 무엇보다 맨손으로 일어나 국내외 35만 명의 일자리를 만들고 유지한 건 부인할 수 없는 업적이다. 거친 도전과 질주하는 속도로 5대양 6대주를 누볐던 '대우 정신'은 한국 경제의 역동성을 상징하는 DNA가 됐다. 누가 뭐래도 고인은 치열하게 도전하는 기업인이었다. '철의 장막' 너머에서 잠자던 동유럽이라는 낯선 시장에 첫발을 내디뎠고, 중국과 동남아, 아프리카의 여명기를 누비며 대한민국 브랜드를 널리 알렸다.

'세계는 넓고 할 일은 많다'는 제목의 저서를 남긴 고인은 생전의 한 인터뷰에서 "다 같이 잘살게 되기 전까지 우리는 게을러지는 것을 경계해야 하며, 상위 10%가 될 때까지 정신 차려야 한다"고 목소리를 높였다. 고인의 말은 경영 비리로 얼룩진 기업인이라는 혹평에도 불구하고 격변 속에서 표류하는 지금 우리 경제와 사회를 향한 일갈이기도 하다. 기업인이자 공인으로서 고인의 공과는 역사가 평가하겠지만, 고인의 도전하는 기업가 정신은 지금 우리 경제에도 여전히 절실하다.

김우중 씨가 가지고 있는 수식어는 많다. 세계 경영인의 신화, 샐러리맨의 신화, 세계 경영인의 전도사, 샐러리맨의 기적 등 그에게는 유독 세계 경영인이라는 머리글자가 뒤따르는데, 그도 그럴 것이 김우중 씨는 경기 중고등학교를 거쳐 연세대 경제학과를 졸업하고 1966년 섬유회사인 한성 실업에 들어가 근무하다 1967년 31세 나이로 자본금 500만 원으로 대우실업을 창업하여 45세 되던 1981년 대우그룹 회장에 오른 후 세계 경영을 기치로 내걸고 그룹을 확장하여 한때는 자산 규모가 현대에 이어 국내 2위까지 올랐으니 그는 세계 경영인이라 불려도 손색이 없었다.

출처: 한국일보(2019. 12. 11.).

앞에 열거한 대표적인 기업가 김우중 회장은 기업의 본래 목적인 이유을 남겨야 한다는 명제를 삶으로 드러낸 사람이다. 이 임무에 충실하려면 조직을 키워야 하고 효율성을 추구해야 한다. 이 과정에서 힘들고 어려운 싸움을 해야 한다. 김우중 회장의 명암은 뚜렷하다. 이윤을 남기기 위해 조직을 키웠고, 조직을 키우는 과정에서 과다한 부채를 사용했고, 결국은 그 부채에 발목이 잡혀서 좌초했다는 것이다. 여기에 정치적인 변수와 다른 부분은 다루지 않겠다. 3유형의 성공에 대한 집착은 때로는 위대한 업적을 남기지만 때론 수없이 많은 희생을 낳기도 한다.

한국은 자본주의 사회이다. 자본주의는 자유, 비교, 경쟁하는 사회이다. 자본주의는 3유형의 성향과 비슷하다. 어떻게 보면 현대 한국의 자본주의가 사람들에게 3유형의 모습을 강요하고 있다고 할 수 있다. 그렇지 않으면 이 사회에서 살아 낼 수 없을 것이라고 한다. 경쟁에서 살아남지 않으면 내 자녀에게 '흙수저'를 물려줄 수밖에 없다고.

2. 현실 속 3유형 모습 들여다보기

🧑 기업인, 요리연구가 백종원

나무위키에서 밝힌 그의 생애를 보면 3유형의 모습을 많이 갖고 있음을 알 수 있다.

1966년 충남 예산군에서 집안의 종손으로 태어났다. 그는 만석꾼이 었던 증조할아버지의 피를 이어받은 영향인지 장사꾼 기질이 어렸을 때부터 있다고 스스로 자각하고 있었다고 한다. 아홉 살 때는 산에 놀러갔다가 본 버섯 농장에서 별다른 투자도 안 한 것 같은데 돈이 된다는 이야기를 듣고 꿈을 버섯 농사로 정한 적도 있었고, 초등학교 4학년 때는 캔이 아닌 병에 음료가 나올 시절에 음료수 병을 보고 저게 돈이 될 것 같다고 생각해 학교 리어카를 빌려 오락 시간과 보물찾기 같은 시간을 다 건너뛰고 리어카 6개 분량의 공병을 모아서 고물상에 팔아 큰 돈을 벌었다고 한다. 그리고 5학년 1학기까지 이렇게 돈을 벌었고 방위성금으로 다 냈다고 한다. 5학년 2학기부터는 공병으로 돈을 벌 수 있다는 소문이 주변에 나서 할 수가 없었다고.

사업을 시작하게 된 계기는 대학 입시가 끝나고 고등학교를 졸업하기 직전에 친구의 형이 중고차 장사를 하는데 거기서 처음으로 아르바이트로 호객 행위를 시작하면서라고 한다. 딜러로 일하기 시작한 지 40분 만에 차를 파는 데 성공하고 며칠 만에 차를 6대나 팔았다고 한다. 그런데 두 번째로 차를 사 간 손님이 미터기 조작과 사고 경력이 있었다는 것을 깨닫고, 이를 모르고 팔았던 백종원의 뺨을 그대로 후려쳤다고 한다. 거기에 충격을 받아서 자동차 공부를 해야 한다는 것을 깨달았지만 거기까지는 의욕이 없어서 더는 하지 않았다고 한다. 이 사건을 계기로 장사에 대한 철학이 필요하다는 것을 깨달았다고. 빨리 그만둔 이유는 다른 구매자들도 따지러 올까 봐 그랬다고 한다.

처음 자신의 가게를 가지고 요식업에 뛰어든 것은 대학생 때로, 연세대학교 1학년 때 아르바이트 삼아 일한 압구정동 호프집을 한 달 만에 인수한다. 이때 상권이라는 개념을 어느 정도 이해하게 된다. 배달이나 포장 판매를 하는 게 좋다고 생각해 핸드메이드 전단지를 만든다. 전단지를 돌리고 싶었는데 당시 아파트의 경비가 삼엄해서 경비원에게 치킨을 주면서 전단지를 돌릴 수 있게 허락을 받아 아파트에 전단지를 돌렸고 돌아오자마자 전화가 많이 와서 이때 장사의 맛을 느꼈다고 한다. 그러다 얼마 안 가서 배달 주문이 폭증해서 치킨 튀기는 기계도 5대까지 늘렸다. 하지만 주인 할머니는 병중도 있는 데다 오히려 폭증한 주문을 다 소화하지 못할 만큼 가게가 잘되니 힘들다는 이유로 가게를 직접 운영하지 않겠냐고 할머니가 먼저 제안을 했다고 한다. 심지어 가게를 인수할 돈이 없는 백종원에게 "지금 가진 것만이라도 가져오면 내주겠다. 너는 갚을 수 있을 것 같다."며 가게를 넘긴다. 그렇게 가게를 인수하고 머지 않아 잔금까지 모두 갚으면서 가게를 완전히 인수하고 이후 가게 3개를 더 운영하여 3년 만에 15억 원대의 자산가가 된다. 그 돈으로 나이트클럽을 인수하려던 것을 알게 된 가족이 기겁을 하고 반대하는 바람에 청년 억대 자산가는 대한민국 육군 학사

장교로 지원하게 된다. 어머니는 첫 면회 때 "그간 행적을 모두 알고 있으니 꼼짝 말고 군 복무나 열심히 하라."고. 결국 인수한 나이트클럽을 헐값에 넘기고 그 돈을 주식에 투자했으나, 부도가 나 버렸다고 한다.

1989년, 가족에게 쫓기듯 육군 학사 14기로 들어가 육군 포병 소위로 임관하고 난 이후에 육군 제7포병여단에서 포병장교로 복무했지만 중간에 취사장교라는 전무후무한 직책을 만드는 업적을 달성했다. 포병 관측장교로 복무하던 시절 부대 BOQ에 올라오는 짬밥이 하도 입에 안 맞아 내가 해도 이것보단 잘하겠다고 판단하고 취사반 일을 했다고 한다. 장교가 자기 임무를 팽개치고 취사반이나 기웃거린다고 참모 장교한테 불려 가서 조인트를 맞기도 했지만, 식당을 기습 시찰한 여단장님께서 밥맛을 보고는 백 중위의 보직을 정식으로 인정하면서 취사장교가 돼 버렸다. 백종원은 장교 출신자 중에서는 대한민국 국군 역사상 최초, 전무후무, 그리고 유일무이한 '급양과장'으로 근무한 유일한 군인이다. 전역이 약 1년밖에 남지 않은 시점에서 시작한 일인데도 상당한 애정을 가지고 임한 듯하며, 오히려 이 일이 재밌어서 외박도 안 나갔고, 그 장군에게 1년만 더 하지 않겠냐고 제안도 받았다고 한다.

전역 후 1993년에 원조 쌈밥집을 내놓으며 본격적으로 요식업에 뛰어들었고, 1994년에 더본 코리아를 설립하기도 했지만 요식업(지금의 원조 쌈밥집)은 요리 좋아하는 취미로 돈 좀 버는 아르바이트 수준으로 가볍게 하는 수준이었다고 한다. 원래

꿈은 세계를 누비는 무역업자로 목조 주택 사업이 실제로 신경 썼던 분야였다고. 그러나 여기에서 백종원 인생 최대의 굴곡이 시작되었는데 IMF로 주택 사업이 망하고 자신의 수중에는 17억 원의 빚과 원조 쌈밥집 가게가 전부였다고 한다. 상황을 타개할 방법이 없자 결국 인생을 마무리하기로 결심했는데, 그 장소로 홍콩을 선택했다. 막상 출국해서는 일단 좀 먹고 봐야겠다는 생각으로 눈에 들어오는 식당들에 가서 식사를 했는데, 이때 여러 가지 사업 아이템이 떠오르면서 결국 마음을 고쳐먹고 귀국하게 된다. 귀국 이후 채권자들을 모두 모은 뒤 그 앞에서 "기회를 주신다면 식당을 해서 모두 갚겠다."라고 말했고, 채권자들은 그의 마음이 통했는지 전원 기회를 주기로 했다고 한다. 이후 백종원은 사업에 전력으로 덤벼들어 망해가고 있던 원조 쌈밥집 가게부터 시작해서 그 진가를 발휘하기 시작한다. 1998년 한신포차를 시작으로 2002년 본가, 2004년 해물떡찜0410, 2005년 새마을식당, 2006년 빽다방, 홍콩반점 등 내놓는 아이템마다 대박을 치며 17억이나 하던 빚을 모조리 청산했고 지금의 자리까지 오르게 된다.

출처: 나무위키

지금까지는 요리로 성공하기까지의 이야기이고, 방송에 출연하여 본격적으로 전 국민에게 백종원의 이름을 알리게 된다. 그 과정은 독자들께서 이미 다 알고 있으니 생략한다.

한마디로 백종원의 핵심은 요리 실력이 아니라, '요리에 대한 실용적인 지식'이다. 한식은 물론이고 아시아에서 아메리카, 유럽에 이르기까지 방대하고도 해박한 지식을 가지고 있어 단순히 '맛에 대한 정보'에 대해서는 전 세계를 기준으로 놓아도 일류급이라고 부르기에 모자람이 없는 인물이다. 이러한 능력을 바탕으로 음식 사업도 성공하였고, 동시에 방송인으로서도 성공한 인물이 되었다.

tip

필자는 백종원이 3유형이라는 사실을 그의 대표적인 방송 프로그램 〈골목식당〉에서 발견했다. 우연히 보게된 경희대 상권 살리기에 '컵밥집'이 등장한다. 유심히 살펴보는 중에 재미있는 사실을 알게 된다. 누구 눈에는 무엇만 보인다고 필자 눈에는 등장하는 인물, 대화 과정이 다 성격과 연관지어 보였다. 젊은 부부가 '컵밥집'을 하면서 골목식당에 출연하게 된다. 그 부부는 나름 자신의 식당과 메뉴에 자부심이 많았다. 하지만 처음 방문에서 백대표가 맛을 보고 내린 솔루션은 노량진 고시촌의 컵밥집에 가 보라는 것이었다. 이 부부는 백종원 컨설팅을 바탕으로 노량진 고시촌을 탐문하여 각고의 노력 끝에 결국 업그레이드된 맛과 가성비 높은 가격으로 대박을 낳는 컵밥집으로 변신한다.

이 과정을 보면 3유형의 특징이 고스란히 드러난다. 성공을 하기 위해서는 선택/집중, 그리고 비교/경쟁의 카드를 사용한다. 백종원 대표가 사용하는 골목식당을 일으켜 세우는 키워드이다. 이 방법은 자본주의의 효율성을 닮아 있다. 기가 막히게 3유형은 이 방법을 유연하게 사용한다. '컵밥집'이 살아나려면 다른 '컵밥집'과 경쟁해야 한다. 그 대상은 노량진 고시촌이다. 고시생이 있는 노량진과 대학생이 있는 경희대는 상권이 비슷하다. 그들의 특징은 돈이 적다. 그러나 입맛은 쌩쌩하다. 배가 고파 양이 많아야 한다. 따라서 노량진보다 '양은 많게, 값은 싸게, 맛은 더 있게'가 솔루션이 된다. 그렇게 해서 다른 집에 비해 가성비가 뛰어나고 맛은 있는 맛집이 완성이 된다.

맛집만 그런 것이 아니라 경쟁에서는 모든 것이 비교 대상이 필요하다. 애플보다 삼성이 더 뛰어나려면 이런 주제도 똑같은 답이 온다. 결국 자본부의의 세상에서는 뛰어난 가성비가 필요하다. 즉, 효율성이다. 이 효율성의 대가가 3유형이다. 3유형을 성공자라고 부르는 데에는 다 이유가 있다. 따라서 3유형은 태어날 때부터 성공할 수밖에 없는 운명이라고 말해 주고 싶다. 그러나 이 말을 잘 이해할 필요가 있다. 성공하고 나서 나중에 더 큰 실패를 할 수 있는 것이 인생이기 때문이다. 김우중 회장도 성공한 인물임에 틀림이 없다. 하지만 지금의 평가는 꼭 그렇지도 않다. 정반대의 평가가 더 많기도 하다. 따라서 진정한 성공이 무엇보다 중요하다. 이런 평가는 다른 유형도 마찬가지이다. 8유형은 진정한 용기가 무엇인지 확인해 보아야 한다. 각 유형이 가지고 있는 강한 점과 약한 점을 잘 파악하여 자신의 성격의 수준을 높이고 인간관계 또는 강의나 상담 시 사용하여야 할 것이다.

3. 영화 속 3유형 모습 들여다보기

🎥 〈캐치 미, 이프 유 캔(Catch me, If you can)〉
2003년 개봉, 스티븐 스필버그 감독, 레오나르도 디카프리오 주연

주인공인 프랭크 W. 에버그네일(레오나르도 디카프리오 분)의 비극은 그가 우상처럼 섬기는 아버지의 사업 실패로부터 시작한다. 어린 시절, 그의 아버지는 그에게 이렇게 가르쳤다.

> 아버지: '양키즈만(야구 팀)'이 이기는 이유를 아니?
> 주인공: '미키 멘틀' 타자 때문에?
> 아버지: 양키즈 타자의 유니폼 때문이야!

어린 시절, 아버지의 이런 가르침은 주인공에게 강렬하게 박히게 된다. 로터리 클럽에서 뉴욕 시장으로부터 명예 훈장을 받았던 아버지. 프랑스에서 제일 예쁜 미녀를 아내로 데려와 단란한 가정을 갖게 된 아버지는 그에게 영웅이었다. 양키즈 유니폼을 성공의 상징으로 받아들이면서 꾸미는 이미지에 의해 성공할 수 있다는 생각이 각인된다.

그런 아버지가 사업 실패로 어머니에게 버림을 받게 되었을 때, 프랭크는 모든 것을 잃은 느낌이었다. 그때 프랭크의 나이는 16세였다. 행복의 상징인 엄마에게 잘 보이기 위해 자신의 현실을 외면한 아버지의 허상을 볼 수 있기엔 나이가 너무 어렸다. 그에겐 붕괴 이전 행복을 다시 찾는 것만이 그의 존재 이유가 되었다. 허영심이 많은 엄마와 성공 이미지에 심취한 아버지를 되찾기 위해 그는 성공이라는 집착의 길을 걸어 간다. 그것은 곧 무슨 수를 사용하더라도 성공해야 된다는 집착을 만들어 냈다. 그에게 성공이란 돈이 있고, 남들이 우러러보며, 온갖 세상의 것들을 마음대로 요리하는 것이다.

이때부터 거짓말의 자아로 인생을 새로 시작한다. 먼저 그는 기발한 속임수로 팬암 여객기의 부조종사가 되었다. 조종사의 유니폼만 보면 모든 사람이 그의 정체를 의심하지 않았다. 그는 26세의 부조종사로서 2백만 마일을 공짜로 날아다니는 등 젊은 나이에 성공한 모습을 갖추고 기고만장한다. 뿐만 아니라 수표에 일런 계좌 번호를 찍는 은행 타자기를 경매로 사서 번호를 바꿔 가며 3백 불짜리 위조 수표를 전국에 뿌린다. 이렇게 해서 번 돈을 가지고 아버지를 찾아간다. 뉴욕의 최고급 호텔에서 아버지를 만난 주인공은 의기양양한 표정으로 말한다.

주인공: 선물 샀어요.

아버지: 뭔데?

주인공: 열어 봐요. 그게 뭔지 알죠? 65년형 캐딜락 컨버터블

이에요. 빨간색과 흰색 인테리어의 신형, 분리된 앞좌
석, 에어컨과 풀옵션

아버지: 캐딜락을 선물한다고?

주인공: 맞아요. 캐딜락이에요. 식사 끝나면 어머니에게 가셔
서 차로 모셔가지고 드라이브 하세요.

하지만 자신의 결혼식을 알리기 위해서 아버지를 만났을 때는
청천벽력과 같은 이야기를 듣는다.

주인공: 제 약혼식 초대장이에요. 저 결혼해요. 이젠 아무런 걱
정하지 마세요. 새 캐딜락도 생기고, 6만 불짜리 집도
생겨요. 잃은 것 다 되찾을게요. 보석이며, 모피이며,
빼앗긴 것 다 다시 찾아 줄게요.

아버지: 옷 상자 챙기러 왔더구나.

주인공: 괜찮아요. 엄마도 결혼식에 올 거예요. 아버지한테 정
장 새로 뽑아 드릴게요. 쓰리버튼 검은색을 입으시면
끝내줄 거예요.

아버지: 멋있겠지만 엄마는 못 올 거야. '잭 반스'와 결혼해서
롱 아일랜드에서 산다.

엄마가 아버지가 아닌 다른 남자와 결혼했다는 사실에 절망한
다. 잃었던 가정을 되찾을 수 없게 된 사실을 알게 된 프랭크는
낙담한다. 그는 아버지에게 절망적으로 외친다.

주인공: 모든 게 끝났어요. 이젠 제가 사기를 그만 하라고 얘기
　　　해 주세요!
아버지: 너는 이제 멈출 수 없어.

허황된 삶에 발을 디딘 사람은 보잘 것 없는 현실의 자신을 받아들일 수 없다는 것을 3유형인 아버지 역시 이미 알고 있었는지도 모른다. 허위로 이루어진 결혼식의 행복은 무지개처럼 사라져 버린다. 칼 핸러티와 수사요원들이 들이닥쳐 결혼식은 엉망이 되고, 프랭크는 다시 도망을 간다. 백여 명의 요원과 경찰이 배치된 마이애미 공항을 각 대학에서 선출한 8명의 미인 스튜어디스 지망생을 옆에 끼고 그는 교묘히 빠져나간다.

자신의 이익을 위해 타인을 이용하면서도 그는 별다른 죄의식도 느끼지 않는다. 3유형의 부정적인 자아 이미지에서 볼 수 있는 자신의 영리함에 대한 도취와 수사요원들과의 싸움에서 이겼다는 승리감만이 그의 가슴을 충만케 해 줄 뿐이다. 그때까지 그가 발행한 위조지폐는 4백만 불이 넘는다.

실화를 바탕으로 한 이 영화는 어린 시절에 잃어버린 행복을 찾아 헤매는 3유형의 헛된 욕망의 길을 보여 준다. 그리고 그것을 통해서 진정한 행복은 고통스러운 자기 직시와 현실을 받아들임, 그리고 다른 사람의 따뜻한 믿음 위에 바탕을 두고 있다는 것을 여실히 보여 주고 있다.

3유형의 별명은 '성공주의자'이다. 성공주의자는 당연하게도 성공을 해야만 한다. 그래서 워낙 왕성하다. 일에 한 번 발동이 걸리면 걷잡을 수 없게 덤벼든다. 후퇴는 없을 정도이다. 그러나 후퇴할 상황이 발생하면 후퇴할 수도 있다. 즉, 융통성이 있다. 후퇴하는 것이 최종 성공과 연관이 된다면 후퇴를 두려워하지 않는다. 거기에 감정 조절을 잘 할 수 있다. 감정 때문에 여러 가지 실패를 경험하는 사람들도 많다. 하지만 3유형은 감정을 감추거나 잘라 낼 수 있다. 즉, 성공을 방해하는 감정이라면 그 감정은 중요하지 않다. 추진력과 월등한 일의 강도, 거기에다가 이런 융통성을 겸비했다면 가히 천하무적이다.

앞서 두 인물을 말했지만 모두 안 된다고 하고, 못한다고 했을 때 된다고 믿고 되도록 만들었다. 이런 탁월성은 3유형의 기본적인 능력과 시대의 환경과 궁합이 잘 맞을 때 더욱 큰 성공의 모습을 가질 수 있다. 3유형에게는 거친 추진력만 있는 것이 아니다. 자신이 감정형(힘의 중심 - 본능형, 감정형, 사고형 중)이면서도 그 감정을 잘 조절하고 감정에 끌려 가지 않는 힘도 지니고 있다. 모든 것이 그렇지만 감정을 잘 사용하면 아름답고, 감정을 잘 사용하지 못하면 인간답지 못하게 된다. 3유형은 자신도 모르게 감정을 숨길 때도 많다. 카메라의 렌즈가 밝을 때와 어두울 때 열리는 넓이가 다르듯이 3유형의 감정도 긍정적으로 넓이를 조절할 수 있다면 큰 강점이 된다. 워낙 성숙한 3유형은 관리를 잘하고 감정 조절에도 능한 편이다.

3유형을 일 중독자라고 말한다. 김우중 전 대우그룹 회장 같은 경우를 보면 더욱 그러하다. 지독하게 일 중심의 사람임을 알 수 있다. 산업 사회 시절의 대표적인 리더들은 오직 일을 중심으로 살아 왔다. 그래서 한강의 기적을 이루는 초석을 쌓았는지도 모른다. 아무것도 없었던 사회에서 가진 것이라고는 '오직 맨 주먹 붉은 피' 뿐이었으니 말이다. 성공만이 생존하는 것이고 가치 있는 일이었을 것이다. 그런 한국적인 현상이 3유형의 성공하고픈 마음을 자극하였을 것이다.

4. 노래 가사 속 3유형 모습 들여다보기

🎤 도시인
(작곡 · 작사 · 노래: 신해철)

지금은 고인이 된 신해철의 노래 중에 〈도시인〉이라는 노래가 있다. 노래 가사에서 3유형의 모습을 살펴보자.

어깨를 늘어뜨린 학생들 THIS IS THE CITY LIFE!

모두가 똑같은 얼굴을 하고 손을 내밀어 악수하지만 가슴 속에는 모두 다른 마음 각자 걸어가고 있는 거야 아무런 말없이 어디로 가는가 함께 있지만 외로운 사람들
어젯밤 술이 덜 깬 흐릿한 두 눈으로 자판기 커피 한 잔 구겨진 셔츠 샐러리맨 기계 부속품처럼 큰 빌딩 속에 앉아 점점 빨리 가는 세월들 THIS IS THE CITY LIFE! THIS IS THE CITY LIFE!

한 손엔 휴대전화 허리엔 삐삐 차고 집이란 잠자는 곳 직장이란
전쟁터 회색빛의 빌딩들 회색빛의 하늘과 회색 얼굴의 사람들
THIS IS THE CITY LIFE!

모두가 바쁜 도시인, 그들은 어떤 일을 하기 위해 열심히 살아
간다. 그러나 외롭다. 회색빛으로 대표되는 현대인은 외롭고 목
표를 잃고 전쟁터 속에서 살아가는 외로운 사람들이다. 성공을
위해 열심히 살아가지만 힘들고 지치고 외로운 현대인의 모습이
3유형의 부정적인 모습을 많이 닮아 있다. 경쟁을 하지만 성공할
수 없는 스토리는 우리가 극복해야 할 과제임은 틀림없다. 비교
와 경쟁 너머에 다른 사람들과 함께 존재하는 의미를 깨닫는 건
강한 3유형의 성격을 닮은 미래의 우리의 모습을 그려 본다. 비
교와 경쟁이 지나치거나 이기기 위한 무한 다툼을 벌인다면 상처
뿐인 성공자가 될 수밖에 없다. 항상 이 점을 의식하고 경쟁해야
한다. 신해철의 노래 〈도시인〉은 무엇을 위해 어떻게 살아가는
줄도 모르고 경쟁 사회에 몰린 현대인의 잿빛 모습을 보여 준다.
특히 한국 사회는 승자독식에 패자만을 양산하는 제로섬 게임에
몰두하고 있다. 3유형의 성공 방정식은 뛰어난 동기 부여 능력과
일이 아닌 인간으로서의 자각을 가진 성공의 완성이다.

5. 상징 동물 속 3유형 모습 들여다보기

🦉 독수리와 카멜레온

독수리는 하늘의 왕자이다. 하늘 높은 곳에 살면서 지상의 모든 동물을 지배한다. 찬란하게 날아오른다. 바람을 이용하고 눈을 밝혀서 뾰쪽한 부리로 동물을 사냥한다. 3유형의 모습이다. 사실 독수리의 크기는 생각만큼 크지 않다. 하지만 날개를 펴면 어마어마하게 크게 보인다. 3유형은 자신이 가지고 있는 부족함을 효율성으로 극복한다. 가성비인 것이다. 자신보다 더 크게 보이는 효율성으로 승부를 한다. 화려하게 비상하여 높이 오르는 독수리는 성공자의 모습과 비슷하다. 3유형이 긍정적일 때 독수리의 모습과 다르지 않다.

카멜레온은 자신의 외부의 이미지를 바꾸는 능력이 있다. 자신의 기분에 따라서 몸의 빛깔을 바꾸는 능력을 말한다. 3유형은 성공에 집착한다. 성공을 위해서라면 자신의 색깔을 바꿀 수 있다. 이것이 카멜레온을 3유형의 상징 동물로 비교하는 까닭이다. 일반적으로 카멜레온은 기분이 좋을 때 밝은 색으로 변하고, 힘들 때는 조금 어두운 색으로 변한다. 환경에 따라서 자신의 모습을 조금 달리하는 이유는 성공에 대한 집착 때문이다. 이것은 3유형의 부정적인 모습을 말한다. 그러므로 3유형이 부정적일 때 카멜레온을 떠올리는 것은 이상한 일이 아니다.

3유형의 성공 방정식

1. 유형 3 자신의 발전 방안

① 당신의 모든 에너지를 자신의 이미지나 프로젝트에 쏟아붓지 않고 자신의 개발을 위해서 남겨 둔다.

② 타인을 조종하기 위한 목적으로 마스크를 쓰는 것을 거부하게 된다.

③ 당신은 더욱 솔직해진다. 스스로 진정한 감정을 발견하고 당신의 역할에서 느껴야 한다고 생각하는 감정을 표출하는 것이 아니라 진정한 감정을 표출한다. 당신은 모든 종류의 거짓말은 중독의 한 형태라고 생각한다.

④ 당신은 실패에 대해서 남의 탓으로 돌리거나 다른 말로 꾸미기(예를 들어, 배워 가는 경험, 부분적인 성공)보다는 인생의 한 부분으로 받아들인다.

⑤ 당신은 더 이상 너무 기계적이거나 효율적으로 행동하려고 하지 않는다. 경쟁에서 벗어날 수 있다.

⑥ 세상이 원활하게 스케줄에 맞추어 움직이고 있다고, 그리고 때때로 당신 없이도 원활하게 돌아갈 수 있다고 믿게 된다.

⑦ 당신은 사회에서 치하하는 이미지가 아닌 진실하고 가치 있는 것을 표출하고 실현화하고 싶어 한다.

⑧ 당신은 내면의 어린이를 발견하고 진정한 자신을 개발하게 된다. 이미지로부터 당신을 분리할 수 있게 된다.

⑨ 당신은 사회와 공익을 위해 일하고 싶어 한다. 단지 성공적이기 위해서 일하는 것이 아니라 타인의 이익을 위해서 일한다.

⑩ 당신은 스스로 신체적 감각을 인식하게 된다(예를 들어, 육체의 피로).

2. 유형 6의 상위 개념으로의 발전 방안

① 당신은 자신의 결과물이 아닌 스스로와 타인에게 충실하게 된다. '스스로 진실한 모습을 가져야 한다.'라고 생각한다.

② 당신은 경쟁력이 있는 동시에 의지가 된다. 이 조합은 당신을 좋은 지도자로 만들어 준다.

③ 당신이 어떤 것에 대해 신념을 가지고 있다면, 그것이 사회적으로 치하되거나 인기가 많지 않더라도 고수한다. 가치가 있는 행동이라면, 실패할 확률이 있더라도 실천에 옮긴다.

④ 당신은 의심을 표출할 수 있게 된다. 당신은 더 이상 모든 면에서 경쟁력을 갖고 있지 않아도 된다.

⑤ 당신은 타인과 경쟁하기보다는 협력한다. 타인도 일을 완수할 수 있다는 믿음을 가지게 된다.

4
유형

특별한
독창주의자

1. 역사적 인물 속 4유형 모습 들여다보기

👤 스티브 잡스

다음은 스티브 잡스가 남긴 말이다.

1. "자신이 세상을 바꿀 수 있다고 생각하는 <u>미친 사람들이 진짜 세</u>
   <u>상을 바꾼다.</u> 훌륭한 일을 하는 단 하나의 방법은 자신이 사랑하
   는 일을 하는 것이다. 당신의 마음을 따르지 않을 이유는 조금
   <u>도 없다.</u> 가끔은 인생이 너의 뒷통수를 친다. 그래도 신념을 잃
   지 마라. <u>너의 주변을 둘러싸고 있는 생각들이나 규칙들이나 그</u>
   <u>모든 것은 너보다 덜 똑똑한 사람들이 만든 것이다.</u> 그러니 네가
   바꿀 수 있고, 영향을 미칠 수 있다."

2. 항상 배고프고, 항상 갈망하십시오.

3. 혁신은 리더와 추종자를 구분하는 잣대입니다.

4. 품질이 물량보다 더 중요합니다. 한 번의 홈런이 두 번의 2루타보다 나아요.

5. 혁신은 1,000번 '아니오'라고 말하는 것에서 시작된다.

6. 가끔 혁신을 추구하다가 실수할 때도 있습니다. 하지만 빨리 인정하고 다른 혁신을 개선해 나가는 것이 최선입니다.

7. 시간이 없습니다. 누군가를 위해 당신의 삶을 버리지 마세요.

8. 디자인은 어떻게 보이느냐가 아니라 어떻게 작용하느냐의 문제입니다.

9. 우리가 이룬 것만큼 이루지 못한 것도 자랑스럽습니다. 대부분의 사람에게 디자인이란 겉지창이다, 인테리어 장식이다, 커튼과 소파의 소재이다 하지만 내겐 디자인이란 그것들과 거리가 멀다.

10. 곧 죽게 된다는 생각은 인생에서 중요한 선택을 할 때마다 큰 도움이 된다. 사람들의 기대, 자존심, 실패에 대한 두려움 등 거의 모든 것은 죽음 앞에서 무의해지고 정말 중요한 것만 남기 때문이다. 죽을 것이란 사실을 기억한다면 무언가 잃은 게 있다는 생각의 함정을 피할 수 있다. 당신은 잃을 게 없으니 가슴이 시키는 대로 따르지 않을 이유도 없다.

11. 나머지 인생을 설탕물이나 팔면서 보내고 싶습니까? 아니면 세상을 바꿔 놓을 기회를 갖고 싶습니까?

12. 디자인은 인간이 만들어 낸 창조물의 본질적 영혼으로, 제품과 서비스를 겹겹이 포장하며 드러나는 것이다.

13. 내가 계속할 수 있었던 유일한 이유는 내가 하는 일을 사랑했기 때문이라고 확신합니다.

스티브 잡스

4유형의 대표적인 사람으로 스티브 잡스가 꼽힌다. 잡스는 일찍이 대학을 자퇴하고 애플(사)를 설립했으나 자신이 설립한 회사로부터 해고를 당한다. 이후 거의 죽을 정도의 공항 상태에 빠졌다가 넥스트라는 회사를 설립하여 '토이 스토리'로 재기에 성공한다. 결혼 전에 여자 친구와의 관계에서 딸 리사를 얻었으나 인정하지 않다가 나중에 인정한다. 그리고 그 딸의 이름을 붙여 첫 마우스 기반 컴퓨터 '리사 컴퓨터'를 출시한다. 후에 애플이 넥스트를 인수하고 다시 애플 최고경영자로 복귀한다. 그리고 천지가 개벽할 만큼 지구의 IT 생태계를 바꾼 아이맥, 아이팟, 아이폰, 아이패드 등을 세상에 내놓는다. 그가 내놓은 제품 모두는 IT 세계에 어마어마한 지각 변동을 가져왔다. 하지만 사업적인 성공과 더불어 병마가 찾아왔다. 잡스는 2004년에 췌장암 진단을 받고 대수술을 했다. 2009년에는 간이식 수술도 받았다. 점차 건강이 악화되자 2011년에 결국 최고경영자 자리에서 물러났고, 같은 해 10월 5일에 56세의 나이로 세상을 떠났다.

가슴 시리도록 아픈 잡스의 일대기는 4유형과 많이 닮아 있다. 어떻게 잡스가 4유형이냐는 질문에 대한 답변은 생략하겠다. 대신 그가 남긴 많은 말을 음미하면서 4유형을 이해하는 데 도움이 되기를 바란다. 보통 특별함이란 '상식과 다른' 또는 '거꾸로 주행'을 뜻할 때가 많다. 오히려 그것이 '정주행'임을 증명해 내는 것이다. 잡스의 말에는 그런 4유형의 고집과 소신, 그리고 열정과 자기 사랑이 진하게 배어 있다.

👤 프레디 머큐리

다른 방법으로 잡스와도 같은 인생을 살았던 음악 뮤지션이 있다. 그는 〈보헤미안 랩소디〉라는 영화로 우리에게 잘 알려진 '프레디 머큐리'이다. 〈보헤미안 랩소디〉를 들여다보라. 영화를 보신 분들은 다 아시겠지만 특별한 환경, 특별한 편집, 특별한 장르, 7분이나 되는 특별하게 긴 시간 등 모든 요소들이 4유형을 설명하기에 충분하다.

강남스타일의 가수 싸이가 옥스퍼드대학에서 강의할 때, 〈보헤미안 랩소디〉에 대한 소감을 다음과 같이 이야기한다. "제가 15살 때 퀸의 웸블리 스타디움 공연 영상을 보았어요. 그들은 〈보헤미안 랩소디〉를 불렀지요. 전 글자 그대로 충격을 받았습니다. 무엇보다 노래 자체가 충격이었는데요. 왜냐하면 노래가 너무 길었거든요. 그리고 변화가 너무 많았어요. 저는 한국인이라서 가사가 무슨 뜻인지는 잘 몰랐어요. 또 오페라도 익숙하지 않았습니다. 느리게 진행되다가 갑자기 오페라로 바뀝니다. 그러더니 갈릴레오… 어쩌고… 말합니다. 그러고 나서 록으로 진행되다 다시 느려지고 노래가 끝납니다. 저는 이랬습니다. '이게 뭐지?' (웃음) 그것을 본 뒤 저는 1년 동안 음악을 듣지 않았습니다. 왜냐하면 그게 너무 충격적이었고 또 조금 무서웠거든요."

싸이의 이야기를 듣고 있으면 그가 얼마나 큰 충격을 받았는지를 이해할 수 있다. 과거에 없었던 노래와 충격적인 가사 등이 그렇다. 록과 오페라, 헤비메탈이 이루는 7분간의 광란의 축제, 〈보헤미안 랩소디〉가 가진 끝없는 이분성은 이루 말할 수 없다. 이 곡은 꽤 정기적으로 대중에 의해 역대 최고의 노래로 꼽힌다. 펭귄 대중음악 백과사전에는 거만한 한마디가 다음과 같이 적혀 있다. "세월이 가도 여전히 'Rhapsody'가 누리고 있는 인기는 음악 애호가들에게 하나의 수수께끼이다. 신문 중에 타블로이드 신문이 있다면, 음악에는 바로 이 곡이 있다고 할 수 있다."

프레디 머큐리는 이 곡의 홍보용 음반을 영국 라디오에 내보냈고, 대중은 〈보헤미안 랩소디〉가 전하는 환희에 찬 광기와 뒤죽박죽된 상상력에 매우 즐거워했다. 프로모 클립에 한층 더 힘입은(이 비디오 덕에 밴드는 BBC 텔레비전 프로그램 〈톱 오브 더 팝스〉에서 립싱크를 면하게 되었다)이 트랙은 영국에서는 크리스마스 시즌 1위로 등극했고, 미국에서는 톱 10에 진입한다. 이미 철든 평론가들은 이 결과에 실망을 금치 못했다. 잘 알려져 있듯 곡의 가사는 너무나 터무니없다("Scaramouche, scaramouche, will you do the fandango?" 스카라무쉬 스카라무쉬 판당고를 추겠는가?).

그러나 권태감이 곁들여진 방종한 살인과 그 살인자에 관한 이야기에서 무언가가 느껴지는 것만은 사실이다. 주제로 보았을 때, 큐어의 〈Killing an Arab〉이나 조니 캐쉬의 〈Folsom Prison Blues〉에서 그 연관성을 찾아볼 수 있는 듯. 〈Bohemian Rhapsody〉는 1991년 머큐리의 사망 이후 새로운 청중을 맞아들이며 영국에서 다시 한 번 차트를 석권한다. 미국에서는 1992년 마이크 마이어스의 헤비메탈 광 영화 〈웨인즈 월드〉에서 귀여운 느낌의 삽입을 통해 1992년 차트 2위까지 오른다.

출처: 네이버 지식백과; 이문희 역(2013).

죽기 전에 꼭 들어야 할 팝송 1001.

프레디 머큐리

새로운 장르로 만들어진 노래는 해석에서 의견이 분분하다. 하지만 모든 것을 뒤로 하고 그의 가사나 노래 형식 등은 분명 평범한 그 어떤 음악과도 궤를 달리한다고 하겠다. 그는 노래를 만드는 데 있어서 매우 실험적이고 창조적이다. 아카펠라, 오페라, 하드 록이라는 전혀 다른 장르들을 모조리 끌어다가 사용했다. 남들과 차별되는 음악을 만들기도 하고, 공공연히 받아들이고 있는 3분 법칙을 깨기도 했다. 무려 두 배 이상으로 길어졌으니 말이다. 법칙을 지키는 것도 쉽지는 않은 일이지만 깨는 것은 그보다 10배는 더 힘들고 용기가 필요한 일이다. 너무 긴 노래에 대해서 프로듀서가 "노래가 영원히 끝나지 않는군! 7분이나 걸리다니."라고 말하자 "7분이 영원이라니. 훗, 당신 아내가 불쌍하군."이라고 조롱했다. 영화에서 그는 모든 사람에게 "내가 누구인지는 내가 결정해. 난 내 삶의 마지막 순간까지 사람들에게 그들이 원하는 것을 주는 뮤지션이야."라고 항변한다.

저녁마다 클럽을 찾아다니는 아들을 못마땅하게 여겼던 아버지는 프레디에게 꼰대의 잔소리를 늘어놓는다. 그는 조르아스터교인이었고, 모든 종교에는 규범이 있다. 그 규범을 가지고 아들에게 설교를 한다. "좋은 말, 좋은 생각, 좋은 행동하고 다니냐? 네가 추구할 것이 그런 것이야?"라고 묻자 프레디는 아버지의 눈을 똑바로 보면서 "아버지는 그렇게 살아서 성공하셨어요?"라고 되묻는다. 그러고는 나가서 '퀸'이라는 밴드를 만든다. 퀸은 음악으로서는 대성공을 거두게 된다. 모든 규범을 뚫고 스쳐지나가는 자유로운 영혼이었던 프레디는 자신의 인생을 살다 죽었다. 어쩌면 이것은 프레디의 꿈인 동시에 모든 4유형 성격 소유자들의 꿈일지도 모른다. 어떤 규범에 얽매여서는 감정의 절정을 느끼지 못하고 평범한 감옥에 갇힌다는 4유형의 '평범함'에 대한 기피는 자유를 향한 갈망을 키워 주는 자양분과도 같다. 음악은 프레디의 자유로운 공간이었으면서 영혼을 불태울 적합한 장소였다.

그가 남긴 말을 살펴보자.

- "나는 락 스타가 아니라 전설이 될 것이다."
- "내가 누군지는 내가 결정해."
- "자신을 버리지 않으면 성공할 수 없다."
- "돈으로 행복을 살 수는 없어도 나눠 줄 수는 있다."
- "나에겐 너희가 필요해. 그리고 너희에게 내가 필요해."
- "나에게 관심이 집중되면 틀리고 싶어도 틀릴 수가 없어."

그는 자신이 4유형이라고 외치고 있다.

2. 현실 속 4유형 모습 들여다보기

👤 배우 최민수

아마도 다양한 직업 중에 에니어그램 4유형의 비율이 가장 높은 곳이 바로 연예인 그룹일 것이다. 감독이나 PD가 가장 상대하기 어렵다는 배우 최민수도 예외일 수 없을 것이다. 그에 대한 기사를 잠시 살펴보자.

> **"동반 촬영 힘든 셋, 아이 · 동물 · 최민수"**
>
> 배우 최민수가 고동선 PD와 출연 배우들에게 돌발 질문을 던

져 현장을 웃음바다로 만 들었다. 최민수는 서울 마포구 성암로 MBC 골 든마우스홀에서 열린 MBC 새 수목드라마 〈죽 어야 사는 남자〉 제작발 표회에서 고 PD, 강예원,

드라마 제작발표회에서의 배우 최민수

신성록, 이소연에게 돌발 질문을 건넸다. 먼저 최민수는 "제작 발표회 특성상 드라마에 대해 좋은 쪽으로만 말씀하시는 것 같 아서 확인해 보려고 한다. 드라마 현장에서 함께 촬영하기 어려 운 셋이 있다고 한다"며 운을 뗄 때 궁금증을 유발했다.

이어 그는 "바로 어린아이, 동물, 그리고 최민수!"라고 자문자답 했고, 고 PD에게 "최민수와 함께하는 것 괜찮으셨냐?"고 물었다. 최민수에게 질문을 받은 고 PD는 잠시 머뭇거리더니 "사실 솔직 히 '쉽지 않겠다'는 말을 많이 들었다."고 웃음지었고, 현장은 웃 음소리로 아수라장이 됐다. 이어 "저는 어려운 부분을 느낀 것이 없고 든든한 배우를 만난 것 같아서 힘이 되고 있다."며 "왜 그렇 게 (최민수를) 어렵게 생각할까 싶다. 아직도 가끔씩 '어려운 부분 이 없냐?'고 묻는 사람들이 있는데 다른 배우들보다 오히려 쉽고 편하고, 워낙 철저히 준비해 와서 촬영하기도 쉽다."고 설명했다.

고 PD의 말이 끝나자 최민수는 "PD님도 최민수 버금가는 '엉 뚱한 사람'인 것으로."라고 정리했다.

출처: 더팩트(2017. 7. 17.).

4유형은 연예계에 다수 분포되어 있다. 4유형의 독창성을 가장 많이 표현할 수 있는 놀이터가 연예계와 예술계가 아닐까 싶다. 이곳이야말로 독창성의 반대인 표절을 하면 안 되는 세상이 아니던가? 표절이 안 되는 것은 모든 세계가 다 그렇지만 예술계가 가장 엄격하다고 할 수 있다. 예술적인 가치를 따르고 숭배하고 시도하는 4유형의 특징이 아름다운 문화를 만드는 원동력이다. 4유형이 회피하는 지점은 '평범'이다. 다른 사람들과 비슷하거나 어디서 들어본 노래나 작품은 허용할 수 없다. 그렇다고 해서 4유형이 모두 연예인은 아니다. 하지만 연예인과 같은 감수성이 내재되어 있다. 직업으로 연예인이 된다는 것은 낙타가 바늘귀를 통과하는 것만큼 어렵다. 어쩌다 된다고 해도 평생을 무명으로 지내는 뮤지션, 배우, 작가 등이 허다하다. 예민한 감성, 다른 사람들이 볼 수 없고 들을 수 없는 세계에 대한 갈망은 그들로 하여금 삶을 힘들게 살아간다. 최민수의 경우 어느 하나 빠질 것이 없는 배우이다. 배우의 유전자는 아버지(최무룡), 어머니(강효실)에게로부터 전수되었다. 비주얼은 탁월하다. 연기도 잘한다. 하지만 남들 다 가지고 있는 건물은 없다. 오히려 가난하다. 아내의 내조가 없었더라면 더욱 가난했을 것이다. 톱스타이지만 그 자리에서 한사코 내려오려는 듯한 그의 삶에서 고단함이 느껴진다. 그는 어떤 다름을 찾고 있는 것일까? 그래도 필자는 최민수라는 배우가 좋다. 톱스타 중에서 건물 없는 배우가 있다는 것은 신선하다.

3. 시 속 4유형 모습 들여다보기

📖 〈어느 날의 커피〉

어느 날의 커피
(글: 이해인)

어느 날 혼자 가만히 있다가
갑자기 허무해지고 아무 말도 할 수 없고
가슴이 터질 것만 같고 눈물이 쏟아지는데
누군가를 만나고 싶은데 만날 사람이 없다.

주위에 항상 친구들이 있다고 생각했는데
이런 날 이런 마음을 들어줄 사람을 생각하니
수첩에 적힌 이름과 전화번호를
읽어 내려가 보아도 모두가 아니었다.

혼자 바람 맞고 사는 세상
거리를 걷다 가슴을 식히고
마시는 뜨거운 한 잔의 커피
아, 사람이란 때론 이렇게 외롭구나.

4유형은 감수성이 강하다. 이해인 시인이 4유형이라는 말은
아니다. 어느 날 커피를 마시다 보면 4유형이 아니더라도 그 감
수성을 모든 유형이 느낄 수 있을 것이다. 특히 그의 시 첫 번째
행 '혼자 가만히 있다가' '갑자기 허무해지고' '아무 말도 할 수 없

고' 부분은 4유형이 평소에도 많이 느끼는 감정이다. 4유형의 예민한 감수성은 다른 말로 표현하면 '감정 기복이 심하다'고 할 수 있다. 다른 유형들이 아주 가끔 느끼는 감정을 4유형은 자주 느낀다는 뜻이다. 누구나 느낄 수 있는 감정이다. 다만 4유형은 그 느낌을 가장 자주 느낀다는 점을 말하고 싶다.

이와 비슷한 감정은 화가 고흐에게서도 느낄 수 있다. 그는 그의 동업자이자 후원자였던 동생 테오에게 보낸 편지에서 이렇게 쓰고 있다.

> "열심히 노력하다가 갑자기 나태해지고, 잘 참다가 조급해지고 희망에 부풀었다가 절망에 빠지는 일을 또 다시 반복하고 있다. 그래도 계속해서 노력하면 수채화를 더 잘 이해할 수 있겠지. 그게 쉬운 일이었다면, 그 속에서 아무런 즐거움을 얻을 수 없었을 것이다. 그러니 계속해서 그림을 그려야겠다."

📖 〈세월이 가면〉

세월이 가면
(글: 박인환)

지금 그 사람 이름은 잊었지만 그 눈동자 입술은 내 가슴에 있네.

바람이 불고 비가 올 때면 나는 저 유리창 밖 가로등 그늘의 밤을 잊지 못하지.

사랑은 가고 과거는 남는 것 여름날의 호숫가 가을의 공원
그 벤치 위에 나뭇잎은 떨어지고
나뭇잎은 흙이 되고
나뭇잎에 덮여서
우리들 사랑이 사라진다 해도

지금 그 사람 이름은 잊었지만 그 눈동자 입술은 내 가슴에 있네
내 서늘한 가슴에 있네.

이 시에 대한 내용은 다음의 설명으로 대신하고자 한다. 시 속에 4유형의 모습이 보이기도 하지만 박인환의 삶 속에서도 4유형의 모습이 보인다.

〈세월이 가면〉은 '신시론'과 '후반기' 등 1950년대 문단의 모더니스트 그룹을 이끌었던 박인환(朴寅煥, 1926~1956)이 쓴 시이다. 이 시는 해설이 필요 없는 시이다. 읽는 대로 가슴에 그대로 들어와 박히는 시이다.

진실로 사랑했던 연인의 이름을 잊을 수 있을까? 그럼에도 이름을 잊었다고 하는 것은 그보다 더 진하고 강한 '그 눈동자, 입술'이 가슴에 낙인처럼 찍혀 있기 때문이다. '사랑은 가고 과거는 남는 것'이라고 했다. 참으로 명언이다. 그 과거는 '저 유리창 밖 가로등 그늘의 밤' '여름날의 호숫가 가을의 공원 그 벤치'에 남아 있고, '그 눈동자 입술'은 서늘한 시인의 가슴에 남아 있다. 이

루지 못한 사랑에 대한 애절한 정한(情恨)을 읊은 시이다.

이 시에는 소설 같은 사연이 전해 내려오고 있다. 동족상잔의 비극인 6·25전쟁이 끝나고 3년쯤 지난 1956년 3월 하순의 어느 날이었다. 박인환과 벗들은 은성, 경상도집 외에도 시인 김수영의 어머니가 운영하던 빈대떡집 유명옥, 해방 이후 명동 인근에 최초로 문을 연 고전음악 전문 봉선화다방, 한국전쟁 이후 명동에 최초로 문을 연 모나리자다방을 즐겨 찾았다.

막걸리가 몇 순배 돌고 술이 거나해지자 이진섭은 나애심에게 노래 한 곡을 청했다. 하지만 나애심은 딴청만 부리면서 노래를 하려고 하지 않았다. 당시 나애심은 삶의 고달픔에서 헤어나지 못하고 있었다. 노래를 부를 마음의 여유가 없었던 것이다.

박인환은 티격태격하는 두 사람은 안중에도 없이 생각에 잠겨 있었다. 박인환은 주모에게 종이 한 장을 갖다 달라고 했다. 주모에게서 누런 종이를 받아든 그는 무언가를 끄적거리기 시작했다. 취기가 오른 눈으로 박인환이 끄적이는 모습을 물끄러미 바라보던 이진섭은 갑자기 정신이라도 든 듯 그의 손에서 종이를 낚아챘다. 그러고는 마치 무엇에라도 홀린 사람처럼 '지금 그 사람 이름은 잊었지만 그 눈동자 입술은 내 가슴에 있네……'로 시작되는 시를 몇 번이나 읽고 또 읽었다. 박인환의 명시 〈세월이 가면〉이 탄생한 순간이다.

시를 읽고 있던 이진섭의 머리에 불현듯 곡조 하나가 떠올랐다. 그는 그 자리에서 악보를 그려 박인환의 시를 가사로 붙였다. 그러고는 나애심에게 한번 불러 보기를 청했다. 나애심은 악보를 보며 건성으로 노래를 부르고는 송지영과 함께 자리를 떴다. 불멸의 대표곡을 남길 수 있는 기회를 스스로 차버리고 만 셈이었다.

잠시 뒤 성악가로 배우가 된 임만섭(林萬燮)과 소설가 이봉구(李鳳九)가 주점으로 들어섰다. 이봉구는 당시 '명동백작'으로 이름을 날렸다. 박인환과 이진섭은 늦게 온 두 사람과 인사를 나누자마자 후래자삼배(後來者三杯) 벌칙으로 찌그러진 양은 술잔에 연거푸 막걸리 대포 석 잔씩을 권했다. 이진섭이 술잔을 비운 임만섭에게 악보를 건네주었다.

몇 번이나 악보를 찬찬히 읽어 보던 임만섭은 자리에서 일어나더니 가슴을 울리는 그윽한 테너로 〈세월이 가면〉을 열창했다. 그 노래에 끌려 명동거리를 지나던 사람들이 '은성' 앞으로 하나 둘씩 모여들기 시작했다. 사람들이 앵콜을 연호하자 임만섭은 막걸리 한 사발을 쭉 들이켠 다음 〈세월이 가면〉을 다시 한 번 열창했다.

명곡 〈세월이 가면〉은 또 그렇게 탄생했다. 노래는 입소문을 타고 금세 삼천리 방방곡곡으로 퍼져 나갔다. 〈세월이 가면〉은 세상 사람들에게 '명동 엘레지'로 알려졌다.

출처: 박인환 문학관, 박인환 시인을 엿보다.

tip

슬픔, 탄식, 후회, 연민 등의 단어는 4유형을 상징한다. 4유형은 자신의 내면을 아주 깊숙이 들여다본다. 자신을 들여다보면 볼수록 알 수 없는 것들로 가득차 있다. 다른 사람들도 마찬가지이다. 4유형은 감정적 수치심을 통해 자기애가 발달해 있다. 상처를 처리하는 방법 역시 마찬가지이다. 오래 깊숙이 들여다본다. 다른 사람들에게는 그저 지나가는 바람이라고 해도 4유형은 그렇지 않다. 따라서 4유형은 고독하다. 이별, 과거, 사랑의 아픔, 후회의 감정 등을 오래 간직한다. 이런 감정 등은 예술로 나타난다. 절절한, 애절한, 통한의, 그리움 등 등을 노래로, 영화로, 시로, 그림으로 그려 낸다. 〈세월이 가면〉도 그런 관점에서 보아야 하겠다. 6.25 전쟁 후의 예술가들이 어떻게 행동하고 어떤 시와 노래를 만들고 불렀는지……. 이런 현상 등은 4유형의 일반적인 모습은 아니다. 생활 속에서 나타나는 이런 감정들을 잘 조절하고 절제하면서 살아가고 있다. 그러나 역시 4유형이 빛을 발하는 곳은 예술의 분야이다. 그 길고 험난한 창작의 길을 걸어가려고 한다. 잘 안 되면 비탄에, 잘되면 환의에 빠진다. 이 양쪽의 끝을 빠져나와 적응의 아름다움을 찾는 4유형은 건강하다.

즉, 특별하다는 집착을 내려놓고 평범한 일상에서 자신을 만들어 가는 연습이다. 이것은 그저 평범한 것이다. 그러나 4유형이 이런 평범한 연습을 게을리 하지 않고 꾸준히 하면 곧 비범하고 특별한 것이 될 것이다.

4. 노래 가사 속 4유형 모습 들여다보기

🎤 바람이 분다

(작곡: 이승환 / 작사: 이소라 / 노래: 이소라)

바람이 분다 서러운 마음에 텅 빈 풍경이 불어온다
머리를 자르고 돌아오는 길에 내내 글썽이던 눈물을 쏟는다

하늘이 젖는다
어두운 거리에 찬 빗방울이 떨어진다
무리를 지으며 따라오는 비는 내게서 먼 것 같아 이미 그친 것 같아

세상은 어제와 같고 시간은 흐르고 있고 나만 혼자 이렇게 달라져
있다
바람에 흩어져 버린 허무한 내 소원들은 애타게 사라져 간다
바람이 분다
시린 한기 속에 지난 시간을 되돌린다

여름 끝에 선 너의 뒷모습이 차가웠던 것 같아 다 알 것 같아
내게는 소중했던 잠 못 이루던 날들이 너에겐 지금과 다르지 않았다
사랑은 비극이어라 그대는 내가 아니다
추억은 다르게 적힌다

나의 이별은 잘 가라는 인사도 없이 치러진다

세상은 어제와 같고 시간은 흐르고 있고 나만 혼자 이렇게 달라져

있다
내게는 천금 같았던 추억이 담겨져 있던 머리 위로 바람이 분다
눈물이 흐른다

혹시 아직 이 노래를 들어본 적이 없는 독자라면 꼭 한 번 들어
볼 것을 권한다. 연인과 방금 헤어져 슬픔을 가득 안고 있는 사
람의 슬픈 이별가이다. 사랑을 회상하는 장면에서 그는 사랑은
비극이라고 말한다. 더욱이 그대는 내가 아니라고 한다. 그와 나
는 분명히 사랑했으나 사랑의 방법은 너무 달랐고, 느낌은 더욱
더 달랐다. 나에게는 너무 소중했으나 그는 그렇지 않았기에 비
극이라고 한다. 그리고 머리 위로 바람이 불고 눈물이 흐른다.
모든 것은 같지만 나는 달라져 있다. 이런 가사와 멜로디로 되어
있는 이 노래는 전체적인 분위기가 슬프고 애잔하다. 4유형의
특징은 특별함이다. 특별한 사랑을 꿈꾸었던 한 사람이 그 특별
함이 무너진 후 탄식과 아픔을 노래한 것으로 읽힌다. 노래의 주
인공은 전 우주에 하나밖에 없는 사랑을 꿈꾼 것인가? 그와 나의
사랑 이야기는 서로가 달랐다.

🎤 너를 사랑하고도

(작곡 · 작사: 김진룡 / 노래: 전유나)

너를 사랑하고도 늘 외로운 나는 가눌 수 없는 슬픔에 목이 메이고
어두운 방구석에 꼬마 인형처럼 멍한 눈들어 창밖을 바라만 보네

너를 처음 보았던 그 느낌 그대로 내 가슴 속에 머물길 원했었지만
서로 다른 사랑을 꿈꾸었었기에 난 너의 마음 가까이 갈 수 없었네

저 산 하늘 노을은 항상 나의 창에 붉은 입술을 부딪쳐서 검게 멍
들고
멀어지는 그대와 나의 슬픈 사랑을 초라한 모습 감추며 돌아서는데

이젠 더 이상 슬픔은 없어 너의 마음을 이젠 알아
사랑했다는 그 말 난 싫어 마지막까지 웃음을 보여줘

저 산 하늘 노을은 항상 나의 창에 붉은 입술을 부딪쳐서 검게 멍
들고
멀어지는 그대와 나의 슬픈 사랑을 초라한 모습 감추며 돌아서는데

이 가사를 읽으면서 어떤 생각이 들었는지 묻고 싶다. 특히나
밑줄 친 부분을 읽어 보고 토론하는 것도 재미있는 에니어그램
학습이 될 수 있을 것이다.

🎤 찬란하게 빛나는 예술의 혼 4유형 〈싱어게인〉
– 이승윤 그리고 이효리

　JTBC 방송에서 진행했던 〈싱어게인〉이라는 오디션 프로그램을 보았다. 세상이 미처 알아보지 못한 재야의 실력자, 한땐 잘 나갔지만 지금은 잊힌 비운의 가수 등 '한 번 더' 기회가 필요한 가수들이 대중 앞에 설 수 있도록 돕는 신개념 리부팅 오디션 프로그램을 그리고 있다. 그런데 눈에 들어온 참가자가 있어서 눈여겨 보았다. 그는 30호라고 불리는 이승윤이다. 그에 대한 검색을 해 보았다. 특히 이효리의 〈Chitty Chitty Bang Bang〉을 불렀는데, 가사가 4유형과 같다는 생각을 했다. 가사 자체도 4유형의 색깔이 많이 들어갔지만 이승윤이라는 가수가 걸어온 길이 매우 자유롭고 독특하게 보였다. 자신의 길을 가려고 하는 개성이 진하게 묻어 있다. 특히 뮤지션이고, 음악을 하는 예술 분야이기에 더욱 그렇게 짐작할 수 있다. 다음은 그에 대한 기사 내용이다.

'싱어게인' 30호 이승윤, '서태지처럼' 파격적으로

　21일 오후에 방송된 JTBC 예능 프로그램 '싱어게인 무명가수전'은 3라운드 라이벌전으로 꾸며졌다. 30호 이승윤은 63호 이무진과 날선 경연을 펼치며 이날 방송의 하이라이트를 장식했다.
　이날 두 사람은 돈독한 친분을 바탕으로 서로를 디스하며 웃음을 유발했다. 하지만 무대가 시작되자 한 치의 양보 없이 제 실력을 뽐냈다. 63호는 그동안 재기발랄한 매력을 보여 줬던 것과 달리 이문세의 〈휘파람〉을 선곡해 특별한 편곡 없이 발라드 정공법으로 승부했다. 규현은 '후광이 느껴질 정도로 감동적인 무대'라며 감탄했다.

30호는 이효리의 〈Chitty Chitty Bang Bang〉이라는 파격적인 선곡으로 특별한 무대를 펼쳤다. 선미와 이해리는 생소함을 표했지만 김이나(심사위원)는 '스케일이 훨씬 더 큰 뮤지션'이라며 가능성을 엿봤다.

싱어게인 30호 가수의 〈Chitty Chitty Bang Bang〉 무대가 끝나고 심사위원들은 혼란 상태에 빠졌다. 김이나 심사위원은 "나 안 해."라며 혼란스러운 감정을 내비쳤고, 김종진 심사위원은 말도 안 된다며 감탄을 금치 못했다. 싱어게인 심사위원들 중 수장격인 유희열은 "쟤 뭐야?"라며 새로운 음악 형태에 대해 감탄했다.

싱어게인 30호 가수의 무대를 본 규현 심사위원은 전주가 나올 때부터 이상했다고 했다. '30호 가수가 노래를 표현해 내는 방식이 왜 좋지?'라는 의문이 들면서 무대 자체가 좋았다고 했다. 특히 유희열은 "족보가 어디 있는 음악인지 모르겠다. 너무 낯설다. 무슨 음악을 하는지 모르겠다."면서도 "한 끗만 더 올라가면 독보적인 존재가 되는 것이다. 국카스텐과 서태지처럼"이라고 평가했다. 다른 참가자들도 30호의 무대를 보며 서태지를 떠올렸다.

결과는 5개의 어게인을 받은 63호의 승리였다. 30호는 3표에 그쳐 탈락 후보가 됐다. 하지만 30호는 "불호를 감수하자."가 제 모토라며 음악적 소신을 내비쳤다.

출처: 더팩트(2020. 12. 22.).

이승윤이 예능프로그램 〈싱어게인〉에서 부른 노래는 이효리의 〈Chitty Chitty Bang Bang〉이라는 노래인데, 이 노래 가사의 일부를 살펴보자.

너의 말이 그냥 나는 웃긴다 너의 말이 그냥 나는 웃긴다
너의 말이 그냥 나는 웃긴다 그냥 그냥
그 누구도 내게 간섭 마 다 똑같은 말도 하지 마
여긴 나만의 것 It's my world

여기까지 혼자 왔어 나 손 내밀 땐 어디 있었나
여긴 나만의 것 It's my world 쉿 그냥 나를 지켜봐
사실 너도 나를 알잖아 나의 무대가 두렵잖아
퍽이나 위하는 척 내 걱정 해 주는 척 차라리 그냥 지나가 줘

넌 상대가 안 돼 쓸데없는 참견 말고 가던 길 갈래
내 무대는 폭발해 널 미치게 만들어 더 큰일이 나기 전에 그냥 내 말 들어
너의 말이 그냥 나는 웃긴다 어디서 감히 그러다가 맞는다
내가 등장하면 All my ladies going down Better know my name

너만 모르고 있잖아 나를 조종하길 바라니 원하는 걸 또, 또
Telling me

I can make you want me so I can make you want me so what
Blah blah 누구보다 나를 더 믿는 걸 Blah blah 못 이기는 척 나를
따라와
Blah blah Gonna be the one that I want Chitty chitty bang bang
Chitty chitty bang bang

너의 말이 그냥 나는 웃긴다 너의 말이 그냥 나는 웃긴다
너의 말이 그냥 나는 웃긴다 그냥 그냥 나는 나는 웃긴다

미국 가수 케이티 페리는 이 노래가 가장 자기애적인 노래라고
하면서 이효리를 비난했다고 한다. 2008년에 발매된 〈천하무적
이효리〉의 가사도 만만치 않다. 'Hot like me 그건 다 착각일 뿐
Dance like me 어딜 넘보려 하니 누구나 할 수가 있었다면 그건
내가 아닌 걸 쉬워 보였겠지 잠깐은 내가 없는 무대였으니 다시
나를 보니 어떤지' '얼마나 내가 눈물 흘린 건지 넘어졌었는지 상
처 숨겼는지 얼마나 내가 많은 걸 버리고 이 자리에 섰는지 아무
도 모르지 어떤 길을 나 걸어 왔었는지 많은 순간들을 견뎌 왔었
는지 그게 바로 날 있게 해 준 거지' 등의 가사 역시 이효리의 '자
기애'를 표현해 준다.

자기애는 4유형의 전형적인 성격 유형 특징이라고 할 수 있다. 가슴형이 가진 중심 정서인 수치심이 내면화된 결과이다. 거기에다가 독특함에 집착하기 때문에 자기애는 필수적인 요소라고 할 수 있다. 이런 성향은 표절이 금지되고 예술적인 집념이 강한 예술가, 연예인 등에서 쉽게 발견되는 코드이다. 이효리의 노래 가사말이 그렇기에 케이티 페리의 평이 나오지 않았나 싶다. 이효리가 4유형이냐는 별개의 질문은 여기서는 다루지 않겠다. 다만 이효리가 부른 두 노래의 가사가 그렇다는 뜻이다. 그리고 〈싱어게인〉에 출연한 30호 가수 이승윤이 이 노래를 선곡한 이유가 다르지 않았을 것이라는 추측을 가능하게 한다. 특히 30호 가수가 이효리의 노래를 불렀을 때 심사위원들은 '생소함' '자유롭고 독특' '서태지처럼' '파격적' '말도 안 된다' '족보가 어디 있는 음악인지 모르겠다' '너무 낯설다' '무슨 음악을 하는지 모르겠다' '스케일이 훨씬 더 큰 뮤지션'이라는 평가가 나왔다.

4유형을 가르쳐 독창성을 말한다. 과거에는 없던 것을 만들어 내는 능력이다. 독특한 것은 창조성이 있다. 과거에는 없었던 창법, 기교, 음색 등의 평가가 그것이다. 관객들을 대변하는 심사위원들은 이것이 낯설다. 따라서 이런 평가가 주를 이루지 않았나 상상해 본다. 4유형의 낯설음은 그것이 가져다주는 다름에 대한 평가인데, 곧 적응을 하면 새로운 유행의 코드가 되기도 한다. 4유형이 인생을 살아갈 때 느끼는 감정은 다른 사람들로부터 이해를 받지 못한다는 것이다. 다른 것은 평가 받아야 하는데, 어린 시절의 평가는 이루어지기가 힘이 든다. 따라서 다름을 틀림으로 이해한 교사나 친구들을 통해서 이상하다는 말을 듣고 살 수 있다. 필자와 같이 공부를 하던 많은 4유형이 이런 내면의 고통이 있었다고 고백해 오고는 한다. "저는 제가 좀 이상한 사람인줄 알았어요. 그래서 고치려고 하고 적응하려고 노력하였습니다. 아니면 숨기고 있었고요. 그러나 에니어그램을 만나고 나니 내가 이상한 것이 아니라는 것을 알게 되었습니다. 이제는 나를 사랑할 수 있을 것 같습니다. 나를 사랑하고 아끼고 소중하게 다루어야 할 것 같습니다."라고 말하는 사람들이 많았다.

앞의 사례로 든 30호 가수의 노래 스타일이나 이효리가 부른 노래의 가사가 바로 이런 4유형의 독창성이 발현되었기에 나타난 모습이라고 생각이 든다. 마치 조개가 진주를 만드는 과정처럼 생소함과 낯설음을 극복하고 나타난 찬란함이 그것이다. 그러기 위해 때로는 모든 것이 질서가 있고 같아야 한다는 기존의 윤리 규범에 맞서서 싸워야 하는 어려움을 느낄 수 있다. 알아 주지 않는다고 절망할 수도 있다. 이제는 바야흐로 개성의 시대, 자아의 시대이다. 자신이 곧 주인공이고, 자신의 몸값은 자신이 결정하는 시대인 것이다. 똑같은 것을 가지고는 가치를 증명하기 어렵다. 자신만이 가진 것이 바로 자신의 가치이다. 과거처럼 숨기고 맞추려고 하기보다는 드러내고 이효리의 노래 가사 같이 당당하게 나아가면 된다. 타인을 방해하지 않는다면 자신이 하고 싶은 것을 하는 것이 경쟁력 있는 세상이 된 것이다.

이효리가 4유형인지 아닌지 필자는 모른다. 하지만 그의 노래 가사에는 자기애라고 평가 받는 자유로운 세계가 있다. 다른 사람들이 자신의 삶을 특정하지 못하도록 해야 한다고 믿는다. 너는 너이고 나는 나이기에 이런 구별을 통한 자기애를 쌓아 두어야 한다. 에니어그램을 공부하

5. 상징 동물 속 4유형 모습 들여다보기

🦉 진주조개와 고양이

진주는 처음부터 조개에 있는 것이 아니다. 이물질이 들어오면 조개의 속살이 상처를 받는다. 하지만 상처를 적으로 알고 싸우지 않는다. 오히려 그 상처를 매일 품고 살아간다. 어루만지며 자신의 인생 여정의 동반자로 여긴다. 긴 세월이 지나면 진주에게서 나온 액이 상처를 싸매어 그 결정체가 생겨나는데, 그것이 바로 진주이다. 4유형은 고독하다. 특별한 자신을 이해해 주는 사람도 많지 않고 오히려 이상한 눈으로 바라볼 때가 많기 때문이다. 하지만 그 고통을 참고 이겨 내면서 특별한 것들을 창조해 낸다.

4유형이 이런 심리적인 괴로움에도 불구하고 잘 견딘다면 그것은 진주와 같은 독특함을 쟁취할 수 있을 것이다. 즉, 평범한 일에 충성을 하고 중간에 그만두지 않는다면 진주는 만들어질 것이다.

부정적인 상징 동물로는 고양이가 꼽힌다. 하지만 지금은 애완견 못지않은 인기를 누리고 있다. 따라서 꼭 부정적이라고 말하기 어렵다. 어느 글에서 읽은 적이 있는데 내용은 이러하다. 개와 고양이는 인기 있는 애완동물이다. 그러나 고양이가 어떤 면에서 더욱 멋있는 애완동물이다.

- 고양이가 훨씬 청결하다. 그들은 매우 깨끗하게 머물며 집을 더럽히지 않는다.
- 고양이는 개보다 훨씬 조용하다. 그들은 보통 많은 소란을 피우지 않는다.
- 고양이는 또한 더욱 안전하다. 개들은 때때로 사람을 물지만 고양이는 거의 물지 않는다.
- 고양이는 개보다 돌보기가 훨씬 쉽다.
- 당신은 고양이와 함께 많은 시간을 보낼 필요가 없다. 사실은 많은 고양이가 홀로 있기를 좋아한다.

고양이는 개처럼 충성하지 않는다고 한다. 변덕을 부리는 것이다. 그것이 개와는 다른 감수성이다. 4유형은 똑같은 것을 좋아하지 않는다. 따라서 늘 볼 수 있는 것보다는 특별한 것을 원한다. 주인을 배반하는 것이 아니라 떠날 수도 있다는 것을 의미한다.

4유형의 성공 방정식

1. 유형 4 자신의 발전 방안

① 당신은 이미 자신이 독창적이라는 사실을 인지하고 있다. 당신은 별난 행동을 하거나 자신을 특별하게 만들려는 노력을 하지 않아도 된다. 당신은 외면의 자아와 대변되는 내면의 사랑스러움을 모색한다.

② 당신은 자발적이고 너무 침착하려고 하기보다는 앞으로 나아가려고 한다.

③ 당신은 평범한 일상에서 특별한 일상성을 찾아낸다.

④ 자신의 독창적인 재능을 받아들이고 그것을 남의 것과 비교하지 않는다. 당신의 질투는 타인이 가진 가치를 인지하고 인정하며, 자신 안에서도 그 가치를 발견하는 데 이용한다.

⑤ 당신은 들뜬 감정에서 기인한 과장된 감정보다는 자신의 진실한 감정에 집중한다. 당신은 실제 삶에서 낭만에 대한 집중과 행동에 대한 환상으로 움직인다.

⑥ 당신은 현재에 살고 있으며, 자신이 행복하기 위해 필요한 것을 다 가지고 있다고 생각한다.

2. 유형 1의 상위 개념으로의 발전 방안

① 당신은 행동 지향적이고, 문제 중심적인 접근을 취한다. 당신은 자신의 운명을 한탄하는 대신 그 문제에 있어서 자신이 무엇을 할 수 있는지를 생각한다.

② 당신은 수동적인 희생자에서 능동적인 요원으로 자신을 탈바꿈한다. 준비만 계속하는 것이 아니라 직접 실천에 옮긴다.

③ 당신은 한 번에 하나의 감정에 몰두한다. 당신은 지금 어떤 감정을 가지고 있는가? 그리고 그것에 대해 어떻게 하고 싶은가? 당신은 언제나 명확하며 일반화와 극화를 거부한다. 언제나 사실에 집중한다.

④ 당신은 "난 아직 부족해" 라는 말보다는 "난 뛰어나" 또는 "나로서는 만족할 만해"라는 말을 사용한다. 자신의 능력, 선량함, 완벽함을 믿는다.

⑥ 당신은 화가 났을 때 그것을 자신의 탓으로 돌리고 침울해져서 자신이 원하는 것을 이룰 자격이 없다고 생각하기보다는 그것에 더 집중해서 원하는 것을 이루기 위한 촉진제로 사용한다. 당신은 원하는 것을 위해 바로 질문하고 요구한다.

현명한
관찰주의자

1. 역사적 인물 속 5유형 모습 들여다보기

👤 빌 게이츠

빌 게이츠

윌리엄 헨리 게이츠 3세(빌 게이츠의 본명)는 1955년 10월 28일에 워싱턴주 시애틀에서 아버지 윌리엄 H. 게이츠 시니어와 어머니 매리 맥스웰 게이츠의 아들로 태어났다. 그의 부모는 영국계 미국인이자 독일계 미국인이며, 스코틀랜드계 아일랜드 이민자였다. 그의 가정은 상중류층으로, 아버지는 저명한 변호사였으며, 어머니는 교사였다. 또한 외할아버지인 J. W. 맥스웰은 미국 국립은행의 부 은행장이었다. 게이츠에게는 누나 크리스티앤(Kristianne)과 리비(Libby)가 있었다. 그는 그의 가문에서 윌리엄 게이츠라는 이름을 물려받은 네 번째 남자이지만 실제로는 윌리엄 게이츠 3세로 불리는데, 이는 그의 아버지가 자신의 이름에서 '3세'라는 접미어를 사용하지 않았기 때문이다. 빌 게이츠가 어렸을 때, 그의 부모는 그가 법조계에서 일하게 되기를 바랐다.

그가 8학년이 되었을 때, 학교 어머니회에서는 자선 바자회에서의 수익금을 텔레타이프라이터 단말기와 제네럴 일렉트릭(GE) 컴퓨터의 사용 시간을 구매하는 데 사용하기로 결정하였다. 게이츠는 이 GE 시스템에서 베이직(BASIC)으로 프로그래밍하는 것에 흥미를 갖게 되었으며, 이에 프로그래밍을 더 연습하기 위해 수학 수업 시간에 컴퓨터를 상대로 플레이하는 게임 프로그램을 만들었다. 이것이 빌 게이츠가 만든 최초의 프로그램이다. 그리고 이어 또 다른 게임인 달 착륙 게임을 만들기도 했다. 그는 입력된 코드를 언제나 완벽하게 수행하는 이 기계에 매료되었다. 게이츠가 훗날 회고한 바에 따르면, 당시의 기억에 대해 그는 '그때 그 기계는 나에게 정말 굉장한 것이었다.'라고 말했다.

고등학교 졸업 후 하버드 대학교에 진학하여 응용수학을 전공했으나 1975년에 폴 앨런과 함께 마이크로소프트를 설립하면서 학업을 중단했다. 당시에 그는 사업이 안 풀리면 학교로 돌아갈 예정이었으나 마이크로소프트의 성공으로 그럴 일은 없었다. 그래서 빌 게이츠는 컴퓨터의 황제로 불리고 있다.

5유형의 글을 시작하면서 필자는 왜 빌 게이츠를 떠올렸을까? 헤럴드 경제의 김동욱 기자가 쓴 기사에 따르면(오피니언-데스크 칼럼 '빌게이츠의 습관') 빌게이츠는 이미 10세도 되기 전에 백과사전 전체를 독파했던 독서 습관을 갖고 있었다. 집 근처 공립도서관에서 열리는 독서경진대회에서 다른 아이들은 보통 4~5장 정도의 독후감을 써낸 반면, 그는 20~30장을 줄줄이 써내어 언제나 1등을 독차지했다. 그는 언제나 하버드 대학교의 졸업장보다 소중한 것이 독서 습관이라고 말했다. 멀티미디어 시스템은 영상과 사운드를 통해서 많은 정보를 전달해 주지만, 책 속의 글은 매우 디테일한 내용을 쉽게 파악할 수 있는 최선의 방법이라는 것이다. 빌게이츠는 지금도 매일 밤 1시간씩 독서를 하고, 주말에는 4~5시간 동안 책에 푹 빠진다. 신문이나 잡지 이외에도 그는 과학이나 비즈니스 등 자신의 관심 분야의 주간지는 물론 다양한 분야의 책들을 읽는다. 이런 폭넓은 독서 습관이 그의 비즈니스 안목을 높이고 있는 셈이다.

검색해 보니 빌 게이츠가 독서 왕이라는 사실을 어렵지 않게 찾아낼 수 있다. 빌게이츠의 '부자 습관' '성공 비결' 등에 이런 내용이 공통적으로 담겨 있다. 이 책에서 지향하는 점이 에니어그램 성격이니 성격의 이야기로 풀어내자면 무엇이든 정보를 수집하는 데 능한 성격이라고 말할 수 있겠다.

빌게이츠가 마운틴 휘트니(Mt.Whitney) 고등학교에서 학생들에게 들려줬다는 인생 충고 10가지의 내용은 재미있다. 이 내용은 누리꾼들이 가장 많이 찾은 어록의 검색어로, '빌게이츠의 어록'으로 알려져 있다. 내용을 살펴보면 나름대로 현실에 알맞은 뼈가 있는 좋은 말들로 구성되어 있다.

1. 인생이란 원래 공평하지 못하다. 그런 현실에 대해 불평할 생각을 하지 말고 받아들이라.
2. 세상은 네 자신이 어떻게 생각하든 상관하지 않는다.
3. 대학교육을 받지 않은 상태에서 연봉이 4만 달러가 될 것이라고는 상상도 하지 마라.
4. 학교 선생님이 까다롭다고 생각되거든 사회에 나와서 직장 상사의 진짜 까다로운 맛을 한 번 느껴 봐라.
5. 햄버거 가게에서 일하는 것을 수치스럽게 생각하지 마라. 너희 할아버지는 그 일을 기회라고 생각하였다.
6. 네 인생을 네가 망치고 있으면서 부모 탓을 하지 마라. 잘못한 것에서 교훈을 얻으라.
7. 학교는 승자나 패자를 뚜렷이 가리지 않을지 모른다. 일부에서는 낙제제도를 아예 없앴다. 그러나 사회의 현실은 다르다.
8. 인생은 학기처럼 구분되어 있지도 않고, 방학도 없다. 스스로 알아서 하지 않으면 직장에서는 가르쳐 주지 않는다.
9. TV는 현실이 아니다. 현실에서는 커피를 마셨으면 일을 시작하는 것이 옳다.
10. 공부 밖에 할 줄 모르는 '바보'한테 잘 보이라. 사회에 나온 다음에는 아마 그 '바보' 밑에서 일하게 될지 모른다.

역시 배우고 익히는 것에 관심도 많고, 능력도 있고, 노력도 열심히 했던 것이다. 빌게이츠는 5유형의 '관찰가' 성격의 소유자이다. 무엇이든지 알아야 하고, 알기 위해서 읽고(독서), 쓰고(메모) , 보관(저장)하였던 것이다. 10가지 내용 중에서 대부분이 '알아야 한다.'는 것이 가장 중요한 덕목임을 알 수 있다.

5유형을 특정 짓는 단어는 관찰과 지식이다. 관찰하는 이유는 지식을 얻기 위해서이다. 머릿속의 지식도 지식이지만, 빌 게이츠처럼 현장에서 일하면서 습득하는 지식도 지식이다. 이것은 지혜라고 말할 수 있겠다. 이 지혜는 5유형의 성숙도를 결정하는 분기점이라고 할 수 있다. 즉, 머릿속에서 상상만 하는 지식을 추구하는 스타일의 5유형은 실전에서 습득한 지혜를 품은 5유형을 이길 수 없다. 빌게이츠를 알아 가면 그가 현장에서 얼마나 수고하면서 애썼는지를 알 수 있다.

👤 임마누엘 칸트

신문에서 다음과 같은 임마누엘 칸트에 대한 에피소드를 읽은 적이 있다.

칸트는 젊은 시절에 여자들에게 인기가 많았다고 한다. 그중한 여성은 칸트에게 적극적으로 구애를 하며 청혼을 했지만, 칸트는 대답하지 않았다. 답답했던 여인이 칸트에게 다가와 결혼 여부를 분명히 하라고 최후통첩을 내렸다.

칸트는 "생각해 보겠습니다."라고 간단하게 말한 뒤 바로 도서관에 가서 결혼에 관한 책들을 찾아 결혼에 대해 다양한 의견을 모아 연구하며 결혼을 해야 좋을지 안 하는 것이 좋을지를 분석했다. 그리고 결혼을 해야 하는 이유 354가지와 결혼을 하지 말아야 하는 이유 350가지를 찾아내어 면밀히 연구하고 정리했다. 마침내 장점이 단점보다 4가지 더 많으니 결혼을 해야겠다고 결심했다. 드디어 여인의 집에 찾아가 그녀의 아버지에게 "당신의 따님과 결혼하기로 했습니다."라고 말하자 여자의 아버지는 칸트에게 이렇게 말했다. "너무 늦었네. 내 딸은 벌써 결혼해서 두 아이의 어머니가 됐다네. 내 딸이 자네에게 청혼한 것은 벌써 7년 전의 일이 아닌가." 이후에도 칸트는 다른 여성의 청혼을 받았지만 오랫동안 고민을 한 결과 결혼을 할 수 없었고, 평생 독신으로 살았다.

출처: 인천일보(2020. 12. 16.). 아침논단: 완벽주의 그림자, 꾸물거림.

임마누엘 칸트

칸트의 사랑에 관한 에피소드를 말했지만 여기서 5유형의 성격적 특징을 찾을 수 있다. 독일 관념 철학의 기반을 확립한 임마누엘 칸트는 완벽주의자였다고 한다. 자신이 정한 규칙도 철저히 지키는 사람으로, 매일 아침 같은 시간에 아침 식사를 하고, 매일 같은 시간에 같은 곳으로 산책하러 다

넜는데, 주변 사람들은 그가 활동하는 시간을 기준으로 시계를 맞추었다는 이야기도 있다. 여기까지만 보면 에니어그램 1유형이라고 생각된다. 하지만 다음 글을 읽어보면 그는 1유형의 완벽주의자가 아니다. 모든 것을 알고 실천하는 것은 불가능하다. 모든 것을 알 수 없을 뿐만 아니라 알게 된 사실을 모두 실천할 수도 없다.

꽃을 볼 때 우리는 꽃 전체를 보고 향기를 맡고 꽃이 아름답다고 말한다. 그런데 꽃을 꽃잎, 암술, 수술, 줄기, 뿌리 등으로 나누어서 본다면 과연 꽃의 본질을 이해하게 될까? 이것이 5유형이 가질 수 있는 함정이다. 5유형 속에 존재하는 지식에는 현장이 없다. 책상에만 있다. 책상에서만 존재하는 지식으로 두려움이라는 괴물과 상대하려는 것이 5유형의 집착이다. 이 집착은 결국 5유형이 관찰한 바를 쓰레기로 만들 우려를 낳는다. 모든 것을 다 알아야 행동할 수 있는 것은 아니다. 어떤 때는 행동함으로써 아는 것이 훨씬 많을 때도 있다. 책상에서의 이론은 현장이라는 실험실을 통해서 두려움에 맞설 수 있다.

2. 드라마 속 5유형 모습 들여다보기

🎦 장그래(tvN 드라마 〈미생〉의 주인공)

tvN에서 2014년 10월 17일부터 동년 12월 20일까지 20회에

걸쳐 방송된 드라마 〈미생〉의 주인공은 장그래였다. 장그래를 5유형으로 추정해 보자. 그리고 드라마 속 그의 역할과 대사에는 5유형을 추측할 만한 많은 것이 있다. 그중에서도 대표적으로 장백기와의 갈등 상황에서 나타나는 그의 감정과 사실의 분리의 모습이 그러하다. 관찰을 통해 정보를 수집하려는 5유형은 그 존재 자체가 감정과 멀리 떨어져 있다. 커플이 코칭이나 상담을 받으러 왔을 때 파트너 중의 한 사람이 5유형이면, 특히 남자가 5유형이면 파트너인 여성에게 남자 친구에게 '프러포즈'를 받았느냐고 물어본다. 그러면 서로 얼굴을 바라보면서 웃는다. 숫기가 없고 감정 표현에 미숙한 5유형이 사랑의 달콤한 냄새를 풍기는 프러포즈는 실행하기 힘든 일 중의 하나이기 때문이다. 감정을 드러내거나 표현하는 일, 그리고 느끼고 인식하는 일은 매우 어려운 일이다.

주인공 장그래를 연기한 임시완이라는 배우는 5유형의 이미지를 많이 닮아 있다. 호리호리한 체격에 말수가 작고 차분하고 조용한 이미지이기에 그렇다. 드라마 주인공인 장그래는 그래서 힘든 갈등 상황 속에서도 감정을 드러내지 않고 일을 처리할 수 있었다. 본인 스스로 수신제가를 엄청 열심히 하여 도를 닦아서가 아니다. 성격 자체가 그렇다. 감정을 많이 드러내는 유형의 사람들은 차분한 그가 부럽기도 하지만 답답하기도 하다.

15화에는 장백기와의 갈등 상황이 담겨 있다. 입사 동기인 장백기는 매사가 분명하고 일에 능동적이고 효율을 추구하는 사람으로 등장한다. 그는 철강 팀에서 일을 한다. 영업3팀의 장그래는 낙하산으로 들어온 고졸 출신의 사람이다. 엘리트 출신이고, 그만한 능력을 갖추었다고 자부하는 장백기의 입장에서는 비교의 대상이다. 그래서 조금은 무시하고 잘 모를 것이고 능력이 없을 것이라는 생각을 하고 있다. 그런데 어느 날 철강 팀에 문제가 생겼다. 철강을 싣고 가던 배에 구멍이 나는 사고가 생긴 것이다. 상황은 긴급하게 돌아가고 주변은 분주해졌다. 주변에서 비슷한 사고 경험을 찾고 대책회의를 소집하는 등 긴급한 상황이 벌어진다.

장백기: 배를 가져다가 옮겨 싣는 것은 어떤가요?

강 대리: 제품 하나당 20톤짜리입니다. 불가능해요.

장백기: 크레인 같은 것을 이용하면 어떨까요?

강 대리: 베트남 근처는 유속도 빠르고 시야 확보도 어려워요.
그 방법은 생각하지 않기로 하지요.

장백기: 예인선 같은 것은 혹시?

과장: 예인선은 턱 하니 하늘에서 내려오나? 그거 부르려고 섭외하는 순간 다 가라앉아.

(장백기는 무엇인가 창조적인 대안을 제시하고자 의견을 말하지만 말하는 것마다 거부를 당한다. 엘리트 출신에 자부심까지 높은 장

백기로서는 기분이 나쁠 수 있는 상황이다. 그때 김 대리와 함께 가던 장그래가 강 대리와의 말을 듣고 무심코 한마디 하게 된다.)

장그래: 배에 구멍이 났으면 때우면 되지 않나요?

장백기: 장그래 씨 지금 장난해요?

강 대리: 그래, 때우면 되지.

김 대리 : 아니, 뭐? 강 대리, 뭘 그렇게 진지하게 받아?

강 대리: 아냐~ 아냐. 가능성 있는 조언이야.

김 대리: 어~ (더듬으면서 눈치를 보며 장그래에게) 가자. 그러다
　　　　　괜히 독박 쓴다.

강 대리: (과장에게) 배에 땜질을 하면서 가는 것은 어떨까요?

과장: 뭐? 그게 가능해?

강 대리: 구멍이 홀이라면 불가능하지만 크렉 정도라면 가능할
　　　　　겁니다.

과장: 그래?

강 대리: 일단 잠수부 보내 크렉 여부 확인해 보지요. 바로 손쓸
　　　　　수 있게. 항구에 용접공도 대기시키고.

과장: 좋아, 해보자고.

강 대리: 거기 가까운 지사에 연락해. 잠수부 용접공 확보하라
　　　　　고 하고.

　이렇게 해서 철강 팀의 큰 문제는 해결하게 된다. 이 와중에 부각된 사람은 장그래였다. 장그래의 아이디어가 문제 해결에 큰

역할을 한 것이다. 장백기는 철저하게 소외되었다. 그의 아이디어는 일방적으로 거절될 만큼 쓸모가 없는 것이었다. 장백기의 상사인 과장과 특히 직속상관인 사수 강 대리는 장백기의 의견에 짜증을 내거나 무시하였다. 장백기의 마음이 어떨지 짐작이 가는 상황이다. 드라마를 더 따라가 보자.

장백기: 네, 원인터 철강 팀 장백기입니다. 아~ 네, 안 대리님.
  아, 예, (안도의 한숨을 내쉬며) 다행입니다.
강 대리: (과장에게 보고한다.) 선박 준비 되는 대로 다시 알려 준다
  고 했습니다. 정박 가능한 곳과 추가비용 내역입니다.
장백기: 1차 땜질은 끝났다고 합니다. 그리고 말씀하신 대로 잠
  수부들은 계속 대기시켜 놨습니다.
강 대리: 2차 크렉 생기게 되면 그때 다시 정박해서 땜질하기를
  계속하면 될 것 같습니다. 혹시 모르니까 2차 정박할
  곳도 섭외해 놓겠습니다.
과장: (웃으면서 뒷목을 잡는다.) 그래, 10년 감수할 뻔했네. 장그
  래, 그 친구 아니었으면 어떻게 할 뻔했나?

(장백기가 떨떠름한 표정으로 어색한 동작을 하는데 마침 장그래가
서류 전달을 위해 철강 팀에 온다.)

강 대리: 어이, 장그래 씨!
장그래: 천 과장님이 가져다 드리라고 했습니다.

강 대리: 고마워요. 아까도 고마웠어요.

장그래: …….

강 대리: 네, 땜질.

장그래: 아, 제가 쓸데없는 말을 했습니다. 죄송합니다.

강 대리: (웃음을 지으며) 앞으로도 종종 부탁해요.

　이런 장면을 보고 있는 장백기의 표정은 어둡기만 하다. 자리에서 벌떡 일어나 탕비실로 향한다. 거친 숨을 몰아쉬면서 강 대리가 한 말들을 상기한다. "정답은 모르지만 해답을 아는 사람이 있어요. 장그래 씨처럼… 앞으로도 종종 부탁해요." 이런 말을 상기하던 장백기는 찌그러진 얼굴과 분함의 고통을 이기지 못하고 들고 있던 볼펜을 집어던져 버린다. 그리고 거친 숨을 내쉬며 감정을 가라앉히기 위해 서 있다가 돌아서 나가려는 순간 장그래가 볼펜을 들고 서 있는 것을 발견한다.

장그래: 장백기 씨 겁니까?

　(두 사람은 서로 마주 보며 잠시 말이 없다.)

　(그 후 장그래는 서서히 다가와서 볼펜을 전달한다. 잠시 가만히 있
던 장백기는 볼펜을 받아들고는)

장백기: 장그래 씨는 남들 신경 쓸 시간이 있으면 본인 부족한 부
　　　　분이나 메꾸시지요. 오지랖도 도를 넘으면 병입니다.

장그래: (잠시 침묵의 시간이 흐르고 아무런 표정 없이) 네, 충고 고
맙습니다. (인사를 하고 떠난다.)

tip

이 장면은 드라마 〈미생〉을 통해서 필자에게는 가장 인상에 남는 장
면이다. 5유형의 거리 두기, 객관의 주관화, 감정의 분리 등 5유형의 특
징을 가장 잘 나타내는 장면이라고 생각하기 때문이다. 실제로 이 드라
마에서의 장그래는 에니어그램의 이론적인 5유형을 가장 잘 나타내고
있다고 판단한다. 질투에 찌든 장백기에게 아무런 대꾸도 하지 않고 상
황을 객관적으로 바라보는 것이다. 억울할 수도 있는 장면에서도 그의
감정은 극도로 절제되어 있다. 장백기와 장그래의 대면 장면은 두고두
고 잊지 못할 것 같다. 드라마의 마지막에 그가 요르단으로 가서 범인을
추격하는 장면을 보면 과거의 장그래가 맞나 하는 생각이 들 정도이다.
이 점은 그가 개인적인 고립을 극복하고 세상의 넓은 곳으로 나가서 현
장과 마주하는 모습이기에 반갑기만 하다.

5유형이 나아갈 바를 이 드라마에서 배울 수 있을 것이다. 바둑은 1:1의 게임이다. 다른 사람이 필요 없다. 혼자서 객관적인 사실로만 싸워야 하는 감정이 없는 기계와 같은 기능을 훈련시켜야 이길 수 있는 경기이다. 최근에 AI와 바둑을 둔 이세돌의 뉴스가 화제가 된 적이 있다. 바둑 기사들은 사람과 바둑을 둘 때와 AI와 바둑을 둘 때는 다르다고 한다. 아무래도 사람을 직접 보니 얼굴 표정이나 미세한 손의 떨림 그리고 느낌들이 있는데, AI는 그런 것이 전혀 없으니 사람이 불리한 것이 자명하다. 성격 유형으로 치면 그만큼 자신의 감정을 절제하고 계산을 하고 유불리를 따지는 바둑 같은 전문성이 있는 직업은 5유형과 잘 어울린다. 드라마 주인공인 장그래를 바둑기사 출신으로 설정한 것도 맥을 같이하고 있다고 생각이 든다.

감정적 절제 그리고 냉정한 상황 인식과 판단, 최대한 자신의 감정이 들어가지 않은 성격이 5유형의 사람들이다. 하지만 모든 인생의 일들은 이렇게만 진행되지 않는다. 이 세상이 일 중심으로 돌아가는 것 같지만 일을 하는 것은 사람이기에 사람이 중요하다. 사람은 감정의 동물인 동시에 본능에 지배되기도 한다. 따라서 에니어그램에서는 균형 있는 에너지의 활용을 제안하고 있다. 즉, 5유형은 본능형인 8유형의 현장과 활동, 그리고 헌신을 사용하라고 말한다. 그래야만 균형 감각이 생기고 자신이 가진 힘을 지혜화할 수 있는 동력을 제공 받을 수 있다.

앞서 언급했던 빌게이츠에 대한 기사를 하나 더 소개하고자 한다.

'독점 자본가' 빌 게이츠는 어떻게 '백신 요정'이 됐나

코로나19 팬데믹 이후, 자주 언급되는 인물이 있습니다. 문재인 대통령과 통화도 하고, 서신을 보내오기도 해 화제가 됐죠. 바로 마이크로소프트(MS) 창업주 빌 게이츠입니다. 빌 게이츠는 코로나19 백신 개발에 누구보다 깊은 관심을 갖고 많은 지원을 하고 있습니다. 특히 한국의 코로나19 대응을 긍정적으로 평가하며 각종 인터뷰에서 틈만 나면 언급하기도 했죠.

빌 게이츠는 한국 기업 SK바이오사이언스에 코로나19 백신 개발을 위해 360만 달러(약 44억 원)의 연구개발비를 지원하기로 했고요. 문재인 대통령에게 "한국의 코로나19 대응에 감명받았다. 한국이 민간 분야 백신 개발 등에 있어 선두에 있다고 평가한다."고 서한을 보내기도 했습니다.

이뿐만이 아닙니다. 지난 9일 빈곤국에 코로나19 백신이 회당 3달러(약 3500원) 미만에 공급되도록 지원하겠다고 밝혔습니다. 1억 회분에 달하는 백신을 중하위 경제 92개국에 공급하기 위해 1억5000만 달러(약 1,782억 원)를 지원하겠다고 밝혔습니다. 이쯤 되면 '백신 요정'이라 부를 법합니다.

한때 '독점 기업' '악덕 기업주'의 대명사처럼 여겨지던 마이크로소프트의 빌 게이츠는 어떻게 코로나19와 싸우는 데 앞장서는 '백신 요정'이 됐을까요?

코로나19 유행 이후 빌 게이츠가 많은 관심을 받고 있지만,

사실 그 이전부터 그는 전염병 유행 위험을 경고하고, <u>질병에</u> <u>취약한 제3세계에 의료 지원을 하는 데 앞장서 왔습니다.</u> 물론 홀로 한 건 아닙니다. 그의 아내 멀린다 게이츠와 함께입니다. 둘의 이름을 딴 '빌 앤드 멀린다 게이츠 재단'(이하 게이츠 재단) 을 통해 두 사람은 세계에서 가장 활발한 기부 활동과 자선 활동을 하고 있습니다.

출처: 경향 향이네(2020. 8. 19.)

빌게이츠는 에니어그램 5유형의 성숙을 잘 설명해 주는 사례로 꼽힐 만하다. 5유형이 경계해야 할 것은 바로 탐욕이다. 특히 시간, 정보, 돈을 주기를 꺼려 한다. 받지도 주지도 말자는 철학이랄까? 그래서 그는 한때 탐욕의 대명사로 불렸다. 그런데 독점기업의 상징에서 기부하는 기업의 이미지로 변화하였다. 그것은 아내의 역할이 크다고 앞의 기사에서 설명하였다. 탐욕을 버리고 헌신의 길로 들어섰다는 의미이다. 나눌 줄 모르고 자신만의 세계를 추구하는 5유형이다. 그런데 넓은 세상으로 나와 다른 사람들, 특히 사회적 약자를 돕는 일에 나선다는 것은 5유형의 성숙도가 높다는 것을 의미한다. 빌 게이츠는 그렇게 성숙했고, 결국 세계적인 기부천사가 될 수 있었다. 기업가로서의 성공에, 자선사업가의 존경을 두루 받는 인물로 성장한 것이다. 그래서 창조적 자본주의라는 환상적인 영역의 주인공이 되었다. 저

급한 자본주의의 팽배로 빈익빈 부익부가 판치는 기울어진 운동장이 되어버린 세상이다. 어떻게 모든 인류가 공존하면서 평화롭게 지낼 수 있는지에 대한 하나의 대안을 제시한 사례로 볼 수 있을 것 같다. 그러나 그도 아내와 이혼하였다. 역시 부부 문제는 누구도 알 수 없는 것 같다.

3. 노래 가사 속 5유형 모습 들여다보기

삐삐

(작곡: 이종훈 / 작사: 아이유 / 노래: 아이유)

아이유가 부른 〈삐삐〉 노래 가사의 일부분이다.

Hi there 인사해 호들갑 없이 시작해요 서론 없이 스킨십은 사양할게요

back off back off 이대로 좋아요 balance balance

Yellow C A R D 이 선 넘으면 침범이야 beep 매너는 여기까지
it's ma ma ma mine Please keep the la la la line Hello stuP I D

그 선 넘으면 정색이야 beep Stop it 거리 유지해
cause we don't know know know know
Comma we don't owe owe owe owe anything I don't care

당신의 비밀이 뭔지 저마다의 사정 역시 정중히 사양할게요 not my business

이대로 좋아요

talk talkless Still me 또예요 놀랄 거 없이

I'm sure you're gonna say my gosh 바빠지는 눈빛 checki cheking

매일 틀린 그림 찾기 hash tagging

Yellow C A R D 이 선 넘으면 침범이야 beep 매너는 여기까지

it's ma ma ma mine Please keep the la la la line Hello stuP I D

그 선 넘으면 정색이야 beep Stop it 거리 유지해

cause we don't know know know know

Comma we don't owe owe owe owe anything

이 선 넘으면 침범이야 beep 매너는 여기까지

it's ma ma ma mine Please keep the la la la line Hello stuP I D

그 선 넘으면 정색이야 beep Stop it 거리 유지해

cause we don't know know know know

Comma we don't owe owe owe owe anything

이 노래에 대해서 검색을 해 봤다. 그래서 비로소 알게 된 이야기가 있는데, 그 기사를 살펴보자.

아이유 '삐삐'의 가사를 이미지 한 장으로 요약한다면?··· '각도기 부수지 마'

아이유는 지난 10일 오후 6시, 각 온라인 음원사이트를 통해 디지털 싱글 '삐삐'의 음원과 뮤직비디오를 전격 공개하고 음악 팬들과 특별한 데뷔 10주년을 함께 기념했다. 이번 깜짝 디지털싱글 신곡 '삐삐'는 아이유가 새롭게 도전하는 '얼터너티브 R&B' 장르의 곡으로, 관계에 있어 무례하게 '선'을 넘어 오는 사람들에게 던지는 유쾌하고 간결한 경고의 메시지를 담고 있는 곡으로 소개되고 있다. 유니크하면서 현대적인 사운드와 '음색 퀸' 아이유의 독보적 보이스가 조화를 이루며 자유분방하고 중독성 있는 매력을 선사한다.

아이유 '삐삐'의 뮤직비디오에는 <u>경고를 뜻하는 노란색과 가십을 의미하는 종이신문이 많이 등장한다.</u> 이번 아이유의 신곡은 랩과 욕설(!)만 없다 뿐이지, 무수한 래퍼들이 쏟아내는 '헤이터'들을 향해 쏟아내는 랩과 비슷한 결의 가사를 가지고 있으며, '얼터너티브 R&B' 장르의 멜로디는 이런 '힙'함을 잔잔하게 뒷받침해 주고 있다. 아이유 노래 중에선 보기 드문 '힙'한 노래 '삐삐'. 이 노래를 이미지 한 장으로 요약해 본다면 어떨까? 각자 생각은 다를 수 있겠으나 기자는 위의 이미지가 이번 '삐삐'의 가사와 정확히 매치된다고 본다.

Yellow C A R D 이 선 넘으면 침범이야 beep 매너는 여기까지
it's ma ma ma mine Please keep the la la la line

Hello stuP I D 그 선 넘으면 정색이야 beep
Stop it 거리 유지해 cause we don't know know know know
Comma we don't owe owe owe owe anything

특히 위의 가사와 같은 부분이 그러한데, 가사에서 말하는 '선'
은 요즘 말로 '각도기'라 불리기도 한다. '각도기'는 네티즌들 사이
에서 '형사 처벌을 받지 않을 정도의 비난 수위'를 표현할 때 쓰이
곤 한다. 그리고 이 '형사 처벌을 받지 않을 정도의 비난 수위'를
벗어난 표현을 쓸 경우 '각도기를 부수다.'라고 이야기한다.

아이유는 악플러를 상대로 '용서 없는' 형사 고소를 단행하기
로 유명한 아티스트이다. 소속사였던 페이브엔터테인먼트(현
재 아이유는 카카오m 소속)는 "팬들이 제보해 준 악의적이고 상
습적인 악성 게시물 등의 채증 자료와 당사 법무 팀의 모니터
링 자료를 취합해 최근 서울 강남경찰서 사이버수사팀에 모욕
및 명예훼손에 따른 형사 고소장을 1차로 접수했다."라고 지난
5월 밝혔다.

앞서 아이유 측은 지난 4월 악의적 비방과 허위 사실 유포,
성적 희롱 등을 일삼는 온라인 악성 게시물에 대해 법적 대응
을 예고했다. 이후 아이유는 법률 전문가와 논의 끝에 법적 절
차를 밟은 것으로 알려졌다. 아이유는 지난 2013년부터 악플러

를 상대로 강력 대처를 선언하고 법적 대응을 해 왔다. 이와 관련해 수사당국은 피고소인 대부분을 기소 의견으로 검찰에 송치했으며, 재판부는 수십여 명의 피의자를 상대로 벌금형과 사회봉사 등의 징계 처분을 내렸다. 특히 재판부는 아이유를 향한 비방성 발언으로 물의를 빚은 BJ 푸워에 대해서도 1심에서 징역 10개월, 집행유예 2년의 중형을 선고했다.

지난 10일 밤 미국의 유명 음악 매체인 빌보드에서는 아이유 '삐삐' 발매 직후 관련 리뷰와 뮤직비디오를 함께 게시하고 아이유의 이번 신곡에 대한 집중 조명을 전했다. 빌보드의 K팝 전문기자인 타마르 허만(Tamar Herman)은 리뷰를 통해 "아이유는 10주년 기념 곡을 기회 삼아 자신의 삶과 행동이 타인의 논쟁거리가 되지 않는 독립적인 한 인간이라는 것을 재미있게 선언하고 있다"고 신곡 소감을 전했다.

이어 빌보드는 "신곡 '삐삐'는 앞서 지난해 '팔레트'와 2015년 '스물셋'을 통해 비슷한 메시지가 선행된 바 있다."라며 "세 곡 모두에서 아이유는 자신만의 색깔을 가진 아티스트로서의 성장을 보여 주는 것은 물론 그녀만의 정체성을 세상에 선보였다."라며 진화해 온 아이유의 음악적 성장에 대해 극찬했다. 이처럼 하고 싶은 음악 하고, 하고 싶은 메시지 던지면서도 역대급 성공을 해낼 수 있다는 것이 아이유만의 '힙'함이고 '스웨그'라 할 수 있을 듯하다.

출처: 톱스타뉴스(2018. 10. 15.).

이정범 기자의 글을 통해 이 노래가 나오게 된 배경을 알 수 있게 되었다. 다른 아이유의 평가나 음악에 대한 평가는 일절 하지 않으려고 한다. 아이유가 몇 번 유형인지에 대한 호기심도 내려놓으려고 한다. 오직 〈삐삐〉라는 노래 가사에 집중하려고 한다. 이 가사가 5유형의 이론적 내용과 부합하는 면이 많기 때문이다. 흔히 글이나 유튜버 방송에서 호기심으로 유명인의 유형을 알아낸 것처럼 하는 것을 본다. 매우 위험한 일이라고 말하고 싶다. 꼭 그렇게 하고 싶다면 좀 더 객관적인 근거가 필요하다.

즉, 에니어그램 이론과 그 인물이나 드라마 주인공들의 합치점을 말해야 한다. 대사 하나 또는 사건 하나만 가지고 그 캐릭터의 유형을 단정 짓는 것은 매우 조심해야 한다. 전체를 보아야 하며 반복해서 나오는 횟수도 중요하다. 특히 영화나 드라마의 경우에는 시간에 따라 주인공의 유형이 달라질 수 있다. 그런데 점을 찍듯이 어떤 유형을 찍어서 말한다면 자신의 주관적인 주장이 되어 버릴 것이다.

아이유의 〈삐삐〉라는 노래의 가사만을 가지고 이 글을 쓰고 있다. 내용과 과정이야 연예인들의 유명세라고 하자. 가사의 내용은 혼자 있고 싶은 사색가를 혼자 있게 하지 않는 환경에 대해 다루고 있다. 다른 사람들의 일에 관심이 없고 관심을 두려고 하지도 않는 것이 5유형이다. 주변에서 이렇고 저렇고 하는 것을 반기지 않는 것이 5유형이다.

〈삐삐〉의 가사는 그것을 나타내고 있다. 실제 아이유라는 가수는 연예인이라는 사실로 괴롭힘을 당하고 있다. 그래서 가사를 그렇게 썼을 것이라는 것도 납득이 간다. 그렇다고 아이유가 5유형이라고 단정 짓고 싶지는 않다. 다만 가사는 거리를 두고 싶어 하는 5유형을 많이 닮아 있다. 근거는 밑줄을 쳐 놓았다. 그것 뿐이다.

코로나19 사태로 인해 최근에는 비대면 온라인 에니어그램 강의를 하곤 한다. 『비주얼 에니어그램』카드(인싸이트, 2020)를 출시했기에 설명하는 시간을 갖고자 회원들을 초대했다. 그때 5유형의 참가자가 "저는 다른 사람에게 신경을 쓰는 것이 불편합니다. 그래서 자신에게 다가와 하소연하고 알아 달라고 하는 사람이 있으면 마음이 불편합니다. 회사에 그런 동료가 있어서 아주 피곤합니다. 술도 같이 마셔야 하고. 코로나19 사태는 유감이지만 지금과 같은 사회적 거리 두기가 저에게는 안성맞춤입니다."라고 한 말이 생각이 난다.

4. 상징 동물 속 5유형 모습 들여다보기

🦉 올빼미와 여우

올빼미는 긍정적인 동물 모습이다. 올빼미는 소리를 잘 듣고 사냥을 한다. 밤의 사냥꾼이다. 올빼미는 육식동물이기도 하다. 소리로 먹잇감을 탐지하는 능력이 탁월하다. 즉, 경청의 달인인 5유형과 닮아 있다. 관찰가라는 닉네임이 있는 5유형은 관찰을 하기 위해 거리를 두고 듣는 것을 잘한다. 자신이 말을 하고 있으면 상대방을 관찰하기 어렵기 때문이다. 들어야만 상대방에 대해서 관찰하기가 쉬워진다. 올빼미는 270도까지 얼굴을 돌릴 수 있다. 레이더와 같이 관찰이 가능하다. 뒤까지도 말이다. 귀는 좌우가 비대칭이다. 역시 들을 수 있는 감각이 뛰어난 원동력이다. 레이더와 같은 귀로 소리를 탐지하고 그 근원을 탐지한다. 이런 모습이 5유형과 유사하다.

여우는 부정적인 동물 모습이다. 여우는 다른 동물들이 버린 굴을 주거지로 사용한다. 그런데 만약 그런 버려진 동굴을 찾지 못하면 4m에서 8m 정도를 파고 들어가 생활한다. 굴속에서 가족만이 살아가는 모습은 5유형을 연상케 한다. 5유형도 다른 사람들과 많이 어울리기보다는 혼자 방에 틀어박혀 있곤 한다. 여러 환경에 노출되어 관찰한 결과를 정리하는 시간이 필요한 것이다. 머리형 그러면 5유형이 생각나는데, 거리 두기의 전형적인 모습이 홀로 깊숙하게 숨는 것이다. 실제로 여우가 사는 굴은 입구가 굉장히 좁다고 한다. 또한 입구를 여러 군데 만들어 놓아서 도망치면 찾기가 쉽지 않다. 이런 모습들이 5유형과 닮아 있고, 이 점을 극복하는 것이 관건이 된다. 머리로만 이해하지 않고 현장에서 이해하는 방식으로 성장점을 찾는 것이다.

5유형의 성공 방정식

1. 유형 5 자신의 발전 방안

① 당신은 인간관계에 있어서 능력을 가지고 있다. 당신은 자신을 남으로부터 고립시키거나 방어하는 대신에 타인을 향해 나아가고 보호해 주고 향상시키며 확장한다.

② 당신은 분석뿐만 아니라 감정 이입에도 소질이 있다. 당신은 사고뿐만 아니라 감정에도 귀를 기울인다. 당신은 지식을 가지고만 있지 않고 사용하기도 한다.

③ 당신은 자신의 감정, 특히 아픔과 분노를 가까이 한다. 당신은 그 감정들을 통해서 진정한 자신을 표현한다.

④ 당신은 투명해지려고 노력한다. 숨으려고 하는 대신에 자신을 더욱 드러내려고 한다. 당신은 보여지고 알려지는 대로 자신을 그대로 놔둔다. 당신은 고립과 사적 영역에 대한 고집을 거부하려고 한다.

⑤ 당신은 멍청해 보이는 것과 실수를 하는 것에 대한 두려움을 성공적으로 해소할 수 있다. 당신은 그것들이 목적을 달성하는 데 있어서 방해가 되지 못하도록 한다. 당신은 선택하고 행동하는 데 있어서 모든 것을 알 필요는 없다.

⑥ 당신은 각각의 사람이나 상황을 직면함에 있어 선입견, 구분, 구조를 배제한다. 당신은 눈 앞에 있는 것을 있는 그대로 보며 자신의 자발적인 반응을 신뢰한다. 당신은 자기 내면적인 직관, 육감, 감정을 신뢰한다.

⑦ 당신은 공허함을 거부하거나 채우려고 하지 않고 그대로 놔둘 뿐이다. 당신은 그것이 비옥한 공간이자 시간과 장소에 언제나 개방적인 함의라는 사실을 깨닫게 될 것이다.

① 당신은 개인적인 능력과 언제나 연결되어 있다. 당신은 상황을 바꾸거나 영향을 줄 수 있다. 당신에게는 제공할 만한 것이 있다. 당신은 자신의 내면의 권위와 연결되어 있고, 믿는 것을 위해 언제나 다시 일어선다. 당신은 자신에게 "난 강인하다. 난 할 수 있어."라고 말한다.

② 당신에겐 단정적인 능력이 있다. 당신은 어떤 것에 반하여 움직일 수 있다. 당신은 자신이 원하는 것과 원하지 않는 것이 무엇인지 표현할 수 있다. 당신은 원하는 것을 요구할 수 있다. 당신은 생산과 소비의 균형을 맞출 수 있다. 당신은 뒤로 끌어당기는 대신에 앞으로 뻗어나간다.

③ 당신은 자신의 지식뿐만 아니라 육체, 본능, 마음, 감정 역시 고려한다. 당신은 본능적인 힘을 추구한다.

④ 당신은 위로 또는 뒤로 이동하는 대신에 안으로 또는 앞으로 이동한다. 감정이나 직감적인 반응 안으로, 그리고 행동함으로써 앞으로 나아간다. 당신은 자신을 사회 안으로 밀어붙인다.

⑤ 당신은 더욱 넓은 한계를 설립하고 유지하기 위해 자신의 힘과 주장을 사용한다. 당신은 도망가는 대신에 한계점을 찾는다. 당신은 한 번의 고통이나 저항에 굴하지 않고 견디어 낸다.

6
유형

충성하는
안전주의자

1. 역사적 인물 속 6유형 모습 들여다보기

🧑 성웅 이순신

한국 사람들에게 가장 존경하는 인물을 꼽으라고 하면 이순신 장군은 상위 그룹에 속한다. 조선 건국 후 200년 가까이 평안했던 조선 사회의 임진왜란이라는 큰 위기를 모면하는 데 가장 큰 공신인 이순신 장군을 빼놓을 수 없다. 그에 관해 이상국 논설 실장의 이야기를 들어 보자.

이순신이 거북선을 만들 수 있었던 비밀은 어디에 있을까?
거북선은 우연히 나온 아이디어가 아니다. 우선 이순신은 전쟁의 환경을 읽었다. 이 전쟁은 조선이 먼저 시작한 전쟁이 아니기에 방어적인 성격을 띠고 있다. 전쟁을 준비해서 공격해 오는 쪽과 그것을 막아 내야 하는 쪽은 사기(士氣)와 심리적인 부담 측면에서 상당히 차이가 있다. 전력(戰力)에서 상당히 우세하더라도 심리적인 위축과 당황 때문에 판단 착오와 행동 실수를 할 가능성이 크다. 그런데 조선의 경우에는 일본보다 무기와 병력이 훨씬 열세였다.

이순신은 이런 불리한 판세를 극복하기 위한 작전을 짰을 것이다. 우선 이쪽의 병력 열세를 보이지 않게 하는 것이 중요하다. 아군의 상황이 노출되지 않아야 한다. 거북선의 배 위를 뒤덮은 것은 이런 고려이다. 배 위에 몇 명이 타고 있는지 혹은 무기의 상황은 어떤지를 파악할 수 없게 하라. 물론 방어력을 높이기 위해 철판을 사용한 것은 이순신이 기존의 거북선에서 발전시킨 아이디어였다. 적은 화포의 위치를 알지 못하고, 접전에서 승선을 시도하다가 검불 속에 숨겨 놓은 창과 갈고리에 찔려 다시 물속으로 빠지기 일쑤였다. 이 괴물 같은 배는 적진 깊숙이 파고들어 왜의 전열을 교란시켰다.

병선(兵船)의 위를 완전히 덮어라. 이것은 웬만한 무장(武將)들도 낼 수 있는 아이디어이다. 하지만 그것의 형상을 거북 모양으로 하는 것은 다른 문제이다. 이순신은 역사를 충실히 공부한 만큼 거북선이 이미 존재했다는 것을 알고 있었을 것이다. 임진란 당시에는 물론 그런 배는 존재하지 않았다. '구선도설(龜船圖說)'이라는 책 하나가 전할 뿐이었다. 그때 부하 하나가 거북선에 관해 상당히 구체적인 설계도를 그려서 들고 왔다. 부하는 만들기는 까다롭지만 전쟁에서 위력을 떨칠 수 있을 거라고 역설했을 것이다.

이순신은 거북선을 만드는 문제를 놓고 내부 토론을 벌인다. 대부분의 장수들은 코웃음을 쳤다. 부관 김운규는 좌수사가 철없이 우스꽝스런 짓을 한다고 대놓고 씹었다. 그 외에도 "그것은 시간과 전력만 빼앗길 뿐 현실성이 없다."고 말하며 말리는 분위기였다. 이때 이순신의 최측근인 송희립과 녹도의 만호였던 정운이 한 번 해 보자고 말한다. 이순신은 독단으로 결정하지 않고 여러 의견들을 들은 뒤에 전쟁에 이기기 위해서는 무엇인가 특별한 것이 필요하며, 거북선이 사기를 돋울 수 있을 거라는 여론을 만들어 낸다.

이순신은 부하들에게 뭐라고 설득했을까? 우선 아까 말한 '전쟁의 불리한 점'을 설명했을 것이다. 방어전의 불리함과 해전 자체의 숙련도 차이를 거론하며 같은 방식으로 전쟁을 하면 백전백패를 할 것이라고 말한다. 아군의 상황을 숨기면 일단 전쟁의 불리함을 극복할 수 있다.

이순신이 역사적인 기록에서 거북선을 찾아낸 것, 그리고 부하의 모험적인 의견을 과감히 채택한 것, 예상되는 냉소주의를 차분히 설득해 나감으로써 단결력을 재정비한 것, 그리고 무기만의 전쟁이 아니라 '상징'을 활용한 전력의 극대화를 꾀한 것, 이것은 바로 그가 인문학 베이스를 지녔기에 가능했던 일이다. 처음에 거북선은 겨우 세 대였지만, 왜군은 거북선이 곧 이순신이며 그것은 필승의 괴물이라고 믿으면서 공포를 키웠다. 이순신의 이런 창의적 아이디어와 수평적인 리더십은 그가 오랫동안 인문적 수업을 받지 않았다면 불가능했을 수도 있다.

그가 꼼꼼하게 기록한 '난중일기' 또한 단순한 기록을 넘어서서 전쟁의 흐름과 문제적 상황을 성찰하는 철학적이고 인문적인 본능에서 나온 것으로 볼 수 있다. 무과에 합격하면서 인문적 소양은 접어 두었다고 본인조차도 생각했을지 모르지만, 절체절명의 위기 상황과 문제적 포인트에서 직관과 통찰의 본능이 튀어나온 것이다.

요즘 유행어가 된 '문화 콘텐츠'란 말은 거북선에게 잘 어울리는 말이다. 이순신은 거북선으로 다중적인 위기를 극복해 내는 역사적이고 드라마틱한 선행 모델을 우리에게 남겨 놓았다. 동시대 사람들조차도 이순신이 왜 위대한지 제대로 알지 못했을 수도 있다. 그는 탁상공론처럼 인식되기도 하는 유학의 인문학적 사유를 전쟁 리스크에 실용적으로 활용했다.

<u>10여 년의 전투 속에 23번의 싸움을 하고 23번을 멋지게 이긴 이순신의 스타일은 바로 '이기는 싸움만 한다'이다. 바꾸어 말하면 '지는 싸움은 하지 않는다'이다. 안전한 싸움판을 만들어 놓고 이길 확률을 높힌 후에야 싸움을 시작한다는 생각은 6유형의 생각과 다르지 않다.</u>

수비형은 수비만으로 승리한다는 뜻이 아니다. 수비를 견고히 하고 상대의 빈틈을 노려 공격하는 것을 말한다. 거북선 역시 수비형 함선이다. 뚜껑을 씌운 배는 없었다. 하지만 상대의 공격을 무력화시키는 전략을 세우고 거기에 이길 수 있는 여러 가지 장치를 한 후 공격을 감행하였다.

이순신은 죽지 마라!! / 전투는 무조건 바다를 끼고 싸워라!! / 정면 승부는 절대 피하라!!

출처: 아주경제(2020. 5. 29.).
오늘은 '거북선의 날'… 23전 23승 이순신 병법 탄생의 비밀.

이순신의 전술을 요약하면 1) 솔선수범과 공정한 신상필벌을 바탕으로 한 부하들의 신뢰, 2) 규정에 철저한 엄격한 군율, 3) 실전을 가정한 철저한 훈련, 4) 정보 수집과 정찰의 중시, 5) 빠른 기동과 화포를 이용한 근대적 함대 전 사상으로 요약할 수 있다.

이상국 논설 실장의 글 중에 지는 싸움은 하지 않는다는 글이 있다. 이 말이야말로 철저한 검증이 이루어지지 않으면 움직이지 않는 6유형의 스타일과 가깝다. 돌다리도 두드려 보고 건넌다는 6유형은 안전주의자이다. 안전하지 않으면 움직이려고 하지 않는다. 불리한 전쟁, 해군이 지면 조선이 지는 절체절명의 위기 속에서 최대한의 안전을 담보하여야만 했다. 그래서 불리하지만 최선의 공격과 방어 전략이 서야만 움직였다. 수비하면서 틈을 노려 공격한다는 수비치중형이다. 싸워서 피해를 최소한으로 하고, 이길 수 있는 작전과 전장만을 택해 아군의 피해를 최대한 줄이고 적의 피해를 높이는 전술을 썼다. 그 난리 중에도 일기를 기록한 것도, 거북선을 만들고 부하와 토론을 했던 것도 모두 안전과 연결되어 있다. 이순신 장군의 기록은 이렇게 안전의 틀 위에 서 있다.

강의를 하면서 이순신에 대해서 이야기를 많이 한다. 조선의 역사에 길이 남을 인물은 세종대왕, 정조대왕 그리고 이순신이 있다. 그들은 나라가 위태롭고 위험에 처했을 때 유비무환의 정신으로 무장하여 싸웠다. 현재 한국의 위상은 코로나 이후로 많이 높아졌다. 하지만 우리 주변에는 강대국들이 존재한다. 무엇을 어찌해 볼 수 없는 상대이다. 하지만 우리는 반만년의 역사를 이어 왔다. 그것은 혼란을 겪고 고생을 많이 하였지만 결국 생존했고 발전했다는 뜻이다. 현대의 조직에서 이순신과 같은 유비무환의 정신이 필요한 조직은 어디일까? 재미있게도 6유형이 가장 많은 곳은 병원이다. 그중에서도 간호사는 단연 6유형이 가장 많이 있다. 보통 생각할 때는 다른 사람을 잘 돕는 2유형을 생각할 것이다. 하지만 2유형은 생각처럼 잘 없다. 종합병원으로 강의를 많이 다니면서 많은 간호사를 만나 보았는데, 6유형이 압도적으로 많았다. 그것은 환자들의 생명을 안전하게 지켜야 하는 조직이기 때문이다. 보통 6유형은 유니폼에 끌린다. 유니폼을 보면 안전함을 느낀다. 유니폼 조직으로는 법원(검사, 판사, 변호사), 경찰, 군대가 있다. 이곳에 종사하던 사람들이 정치에 입문하는 경우가 많다. 우리나라 국회는 6유형이 많은 보수주의의 성격이 강하다. 나라가 아직 남북으로 나누어져 있고, 강대국들에 둘러싸여 있다. 안전을 담보함이 필요하다. 6유형의 기능이 중요하다는 뜻이다. 그럼에도 불구하고, 문화 강국, 혁신 제품, IT 강국의 이미지가 강한 것은 대한민국이 생각보다 많이 훌륭하다는 것이 아닐까?

🧑 협객 관우(『삼국지』)

대표적인 6유형 인물로는 『삼국지』에 등장하는 관우가 있다. 관우(關羽, ? ~ 219년)는 중국 삼국시대의 촉한의 무장이다. 수장 또는 장생이라는 자를 썼으나 나중에 운장(雲長)으로 바꿨다. 유비를 오랫동안 섬기며 촉한 건국에 많은 공로를 세웠다.

관우의 충성심과 의리, 당당한 성품으로 인해 동아시아에서는 가장 잘 알려진 장수로 손꼽힌다. 의리의 화신으로 민담이나 전

관우의 초상화

승에서 널리 이야기되었고, 나중에는 신격화되어 관제묘까지 세워졌다. 오늘날에도 관우는 중국인들이 숭배하는 대상 가운데 하나이다.

나라가 위급 상황에 놓이면 때 백성들은 자신과 국가의 안전을 위해 싸워줄 인물의 출현을 고대한다. 이때 8유형만큼이나 중요한 인물이 바로 6유형 인물이다. 그들에게 안전보다 더 중요하고 소중한 가치는 없다. 제일 먼저는 자신의 안전이다. 그러나 이를 위해서 국가의 안전을 지켜 내야 한다. 국가가 지켜져야 비로소 자신의 안전이 지켜지기 때문이다. 조직에 충성하고 팀플레이를 중요시하는 6유형이 그렇게 하는 이유는 조직의 안전이 지켜져야 자신의 안전을 지킬 수 있다는 특징 때문이다. 대부분 가정에 충성하고 조직과 나라에 충성하려고 한다. 하지만 그 최종 목적은 자신의 안전 때문이다.

『삼국지』에 등장하는 인물 중에서도 관우가 가장 많은 사랑을 받는 것은 중국의 협객 이미지가 강하기 때문이다. 협객은 더 큰 안전을 위해 자신의 안전을 희생시키기 때문이다. 그렇지만 그 희생의 밑바닥에는 자신의 안전이라는 집착이 숨어 있다. 가끔 소심한 것 같고, 걱정, 근심을 달고 다니는 것 같은 6유형이 갑자기 과감해지는 경우를 본다. 남녀 간에 사랑이 무르익으면 결혼을 생각하게 된다. 즉, 남자가 여자에게 프러포즈를 한다. 보통은 남자가 하지만 가끔은 여자가 하는 경우도 있다. 6유형은 2유형으로 착각할 만큼 비슷한 모습을 보인다. 자신을 안전하게 지켜 주고 가정을 확실하게 보호할 안전한 파트너를 찾는다. 교제 중에 이 남자가 자신과 가정을 확실하게 지켜 줄 것이라는 확신이 들면 6유형의 여자는 자신이 프러포즈를 먼저 한다. 즉, 사랑하니까 우리 결혼할까와 같이 결혼에 관해 먼저 언급한 후 자신은 결혼할 의사가 있다고 말한다. 용기를 얻은 남자는 프러포즈를 한다. 이런 스토리는 상담의 현장에서 어렵지 않게 발견할 수 있다.

6유형은 양가의 감정을 가지고 있다. 안전을 추구하는 과정에서 어떤 것이 더 안전할까를 늘 고민한다. 대부분은 순응하고 따르지만 상황이 안전을 보장하지 못한다고 느낄 때에는 더 큰 안전을 위해 그동안의 행동과 반대되는 행동을 하게 된다. 궁극적으로 그것이 자신의 안전에 더 유리하기 때문이다.

2. 현실 속 6유형 모습 들여다보기

🧑 안철수

그의 책 『영혼이 있는 승부』(김영사, 2001)에서 6유형에 해당되는 글을 몇 군데 발췌해 본다. 책에서 주장하는 내용 중에 유독 필자의 눈에 띄는 것들이다.

그는 의사의 길을 포기하고 최고의 경영자가 된 사람이다. 그는 경영을 "느리지만 긴 호흡"이라는 거북이 전진을 경영 철학으로 내세웠다. 그 이유는 기초가 부실한 기업은 언젠가는 반드시 그 기업의 불투명성으로 인해 무너진다는 것이었다.

끝으로, 그는 자신의 연구 개발에 있어 다른 기업이 투자했던 기업보다 훨씬 많았다고 한다. 그 이유는 자신의 신념이었다. 즉, "이 일을 하면 이윤을 얻겠지." 이것이 아닌 "이 일을 하지 않으면 머지않아 우리가 큰 위협을 받겠지."라는 자신의 신념 기준이 있었기에 그는 성공할 수 있었다고 한다.

재무 분야는 지금도 늘 최악의 상황을 염두에 두고 계획을 세우고 있다.

혹자는 이것을 행운이라고 평가할지 모른다. 그러나 우리는 이것을 행운이라고는 말하지 않는다. 굳이 표현한다면 우리에게 준비된 기회였다. 준비가 안 된 상황에서는 행운의 모습을 한 기회가 오더라도 그것을 잡는 것이 불가능하다. 준비가 안 된 상황에서는 기회가 오히려 불행이다.

어떤 일을 시작할 때 '이 일을 하면 우리가 좀 더 잘 되겠지.'라는 판단 기준을 적용하지 않는다. 대신 모든 결정에는 '이 일을 하지 않으면 머지않은 장래에 생존을 위협 받을 것이다.'라는 기준을 적용하였다.

모든 미래는 불확정적이다. 성공할지 실패할지도 예단할 수 없다. 더 많은 가능성이 있는 쪽을 열심히 찾아 최선의 노력을 다할 뿐이다.

우리 회사가 고객과의 약속에서 100% 정직했다고 장담할 수는 없다. 그러나 만약 그런 실수가 있었다면 다시는 반복하지 않을 것이다. 고객에게 정직해지는 법은 간단하다. 그것은 지킬 수 있는 약속만 하는 것이다.

제일 조심해야 할 것은 고집과 애착이다. 특히 회사가 순조로운 성장을 보일 때 이를 더 조심해야 하는데, 수시로 생각에 경종을 울리기 위해서는 늘 공부하는 자세가 중요하다.

관리 측면 외에 제품 개발 측면의 위기 관리도 중요하다. 지금 보기에는 영속적인 제품처럼 보일지라도, 모든 제품에는 수명이 있을 수밖에 없다. 따라서 미리 대비를 하지 않고 현재에 안주하는 기업은 제품의 수명이 다하는 것과 함께 사라질 수밖에 없다.

경쟁에 있어서 가장 경계해야 할 상대는 상대방이 아니라 자기 자신이다. 현재의 위치에 만족하지 않고 노력하는 태도는 스스로를 경계하는 데에서 나오게 되는데, 다른 회사와의 경쟁은 그 다음의 문제이다. 또 스스로를 경계하고 가장 힘겨운 상태로 유지시켜 나간다면 외부와의 경쟁에서도 나름대로 경쟁력을 갖출 수 있게 될 것이다.

어떤 상황에서이든 자기에게 주어진 상태에서 최선을 다하지 않는다면 상황이 바뀌더라도 결국은 최선을 다하지 못하게

된다. 현재의 어려운 상황을 탓하지 않고 열심히 일할 수 있어
야 상황이 바뀌더라도 열심히 할 수 있으며, 상황이 좋아지면
훨씬 더 성공할 수 있는 것이라고 생각한다. 그리고 이러한 태
도는 빠른 시간 안에 문제를 해결하게 해 준다.

원칙은 수시로 변경 가능한 지도가 아니라, 어떤 상황에서이
든 항상 정북을 가리키는 나침반이어야 한다.

안철수라는 인물을 파악하는 방법은 많겠지만 그의 저서를 보
면 더욱 명확해진다. 그의 책에서 선보이는 글에는 안전, 위협, 최
악, 두려움, 대비와 같은 단어들이 많이 등장한다. 6유형은 안전
에 집착한다. 또한 머리형의 기본 정서는 두려움이다. 즉, 안전하
면 두려움을 이길 수 있다는 정서가 작용한다. 그래서 안전에 집
착하고 안전한 상황을 선호한다. 직업으로 말하자면 가운을 입은
직종이 어울린다. 가운은 자신의 안전을 보장해 줄 것이라는 생각
때문이다. 그래서 의사, 판사, 검사, 변호사, 교사, 공무원, 소방관,
군인, 경찰 등의 직업을 많이 선택한다. 한국의 종합병원에 강의
를 많이 다녀 보았다. 간호사 직군은 거의 과반수 이상에서 자신
을 6유형으로 선택했다. 사람의 생명을 지키는 일과 바이러스와
싸우는 일 등이 안전을 지켜 내는 성격과 맞아떨어졌기 때문이다.
안철수의 직업은 의사임과 동시에 컴퓨터 바이러스를 잡는 보안
분야 전문가이다. 그의 직업적 성향도 6유형과 잘 어울린다. 몇
년 전부터 정치에 몸을 담았다. 지금까지는 성공했다고 보기 어렵
다. 앞으로 그가 어떤 행보를 취할지 관전하는 것도 에니어그램을

공부하면서 지켜볼 만한 대목이다. 그가 정치적 성향에서 한국의 경제를 지키는 것에서부터 시작하여 도전하는 것까지의 로드맵을 그린다면 6유형답다고 해야 하지 않을까?

3. 노래 가사 속 6유형 모습 들여다보기

🎤 사랑 두려움
(작곡 · 작사: 이현도 / 노래: 듀스)

너를 안을 때마다 나는 두려워져 끝없이 터지는 나의 가슴이

너를 알기전에 그 나의 모습은 정지된 시간 속에서와 같았어
너의 눈동자를 사랑하기 전에는 시간의 모래 속에 나는 그저 묻혀 있었어
불타 버린 내 가슴의 아픈 흔적들이 영원히 지워지지 않는다 해도
너만을 사랑하는 것 이외에 나는 그 다른 어떤 것을 할 수 있을까

나 이대로 눈 감으면 그 앞엔 니가 있어 내 기억 한가운데엔 언제나 니가 자리할 뿐이야
함께 있을 때 만큼이나 혼자선 너무나 외로워 벗어날 수 없어 영원히 함께 있어야만 해
너를 안을 때마다 나는 두려워져 끝없이 터지는 나의 가슴이 너 없이는 아무것도 난 할 수가 없어
이렇게 돼 버린 내 모습

●

내 사랑이 커지는 만큼 우린 영원할 수 있을까 너와 사랑하면 난
자꾸 힘든 나를 만들어 가
너를 안을 때마다 나는 두려워져 끝없이 터지는 나의 가슴이
너 없이는 아무것도 난 할 수가 없어
이렇게 돼 버린 내 모습
너를 안을 때마다 나는 두려워져 끝없이 터지는 나의 가슴이

널 안을 때마다 그리고 널 느낄 때마다 나의 사랑만큼 두려워지지만
너의 눈물을 마르게 해 줄 수만 있다면 너를 위해서 내 모든 것을
태우리
떨어져 있을 때마다 돌아서야 할 때마다 울리는 나의 가슴의 외로
움이 견딜 수가 없어 나는 참아 낼 수 없어 그건 나를 괴롭히는 그
런 괴로움

너 없이는 아무것도 나 할 수가 없어 이렇게 돼 버린 내 모습 난
두려워

　20년이 훌쩍 넘던 시기에 활동했던 그룹 듀스의 곡이다. 유명
한 듀스라는 그룹의 이야기는 뒤로 하고 그들이 부른 〈사랑 두
려움〉이라는 제목의 노래가 신기하게 느껴진다. 사랑은 행복하
고 달콤하고 즐거운 것이 아닌가? 왜 가사는 온통 두려움으로 가
득차 있는 것일까? 어찌보면 사랑과 두려움은 맞닿아 있는 것은
아닐까? 전혀 다른 감정일 것 같은데도 어딘가 비슷한 면이 있는
것 같기도 하다. 평범한 아가씨가 재벌 아들과 사랑을 한다. 두
사람의 사랑은 굳건하다. 하지만 평범한 아가씨는 늘 두렵기만
하다. 노래 가사에서처럼 '안을 때마다' 그리고 느낄 때마다 사랑

의 감정과 함께 두려움의 감정을 떨쳐 낼 수 없다. '괜찮다' '아니다'라고 하지만 두려움은 항상 떨쳐 버릴 수 없는 감정이다.

또 무엇인가 숨기고 싶은 것이 있다. 사랑하는 사람 앞에서 차마 하지 못한 자신의 이야기가 있다. 말해야지 하면서도 자신의 부족한 모습 때문에 연인이 떠나가면 어쩌나 하는 두려움이 있다. 그래서 덮어두지만 또 두렵다.

이렇게 사랑의 마음이 깊어질수록 더욱 두려워지는 마음을 표현한 노래가 아닐까 하는 생각이 든다. 하지만 지금 여기서 그런 진위를 따지는 것은 부질없는 일이 될 것이다. 다만 이런 사랑하는 감정과 두려워하는 감정 사이에 끼어 있는 성격이 6유형의 마음이라고 말하고 싶다.

6유형은 안전이 중요한 코드이다. 안전하지 않으면 아무런 일도 하지 못한다. 하지만 세상에는 그래도 해야 할 일이 참으로 많다. 특히 사랑하는 일이 그렇다. 누가 누구를 사랑한다는 것이 그렇게 쉬운 일이 아니다. 자신도 모르게 빠져든 사랑, 그리고 그것을 수습하는 단계에서의 갈등. 그것을 두려움이라고 한다. 6유형은 머리형에 속하고, 머리형의 중심 정서는 바로 '두려움'이다.

사랑은 허다한 두려움을 이긴다고 했지만(요한일서 4:18) 6유형에게 두려움은 특히 큰일이다. 6유형에게 이런 두려움은 사랑하는 이성 간의 감정이 아니더라도 흔히 나타난다. 일상에서, 사랑에서, 그리고 중요한 순간에 특히 더 그렇다. 이 노래 가사가 특히 6유형임을 암시하는 단어는 많이 있으니 한 번 찾아봐 줄 것을 독자님들에게 부탁한다.

4. 상징 동물 속 6유형 모습 들여다보기

🦁 늑대와 사슴

보통 사람들은 사슴을 온순하고 착해서 맹수들에게 잡아먹히는 생태계의 약자라고 생각한다. 하지만 혹시라도 만나면 절대로 건드리면 안 되는 동물이다. 사슴은 잡아먹히기 직전에 이르렀을 때 육식동물들과 죽기 살기로 싸우는 경우도 적지 않다고 한다. 그래서 결과는 공격적인 육식동물들도 사슴의 뿔질이나 앞발질에 당하는 경우도 많다.

사슴은 화가 나거나 위협을 느끼면 상당히 무서운 태도를 보인다. 보통 무기를 안 든 사람 정도는 가뿐히 이긴다고 한다. 게다가 사슴의 주요 공격은 앞발질이다. 이 앞발로 사람을 치면 큰 부상을 당한다. 수사슴이 사람을 공격할 목적으로 뿔로 들이받으면 갈비뼈가 박살나고 폐가 뚫려 버릴 수도 있기에 조심해야 한다.

이런 사슴의 특징은 6유형과 관련하여 주목을 받기에 충분하다. 보통의 6유형은 온순하고 성실하며 순응적이다. 하지만 공격을 당한다면 가만히 있지 않는다. 자신의 안전에 비상이 걸린다면 6유형의 공격을 보게 될 것이다. 순응적이고 착한 이미지는 안전이라는 보호막 속에서만 가능하다. 보통 에니어그램에서는 사슴을 수준이 있는 긍정적인 이미지의 6유형으로 말한다.

늑대는 '고독한 늑대(영어로는 Lone Wolf)'라는 이미지가 있다. 말과 함께 뭔가 세상과 담을 쌓고 도도하게 살아가는 모습으로 비유되기도 한다. 그러나 늑대는 핵가족 단위로 살며 무리를 지어 사회 생활을 하는 동물이다. 늑대는 장시간 여행을 하기 때문에 한꺼번에 먹는 양이 매우 많으며, 상대적으로 배고픈 것을 견디는 인내력도 매우 강해서 일주일 동안 굶어도 체력에 이상이 없다고 한다.

6유형은 조직을 중요시한다. 늑대가 무리를 형성하여 사회적으로 사는 것 같이 6유형도 강한 조직에 함께 있는 것을 좋아한다. 그것은 혼자는 약하지만 조직은 강하다는 인식에서 출발한다. 그리고 그 조직에 충성을 다한다. 늑대가 공격을 할 때에는 무리를 짓고 순서를 정하고 일사불란하게 움직인다고 한다. 6유형은 안전한 조직을 선호한다. 그 조직이 강하면 자신이 안전할 것이라는 확신 때문이다. 이 세상은 험악하다. 이런 세상에서 자신이 존재하려면 늑대와 같이 무리를 짓고 그 안에서 충성하는 것이 최고의 안전판 역할을 한다.

이렇듯 각자의 역할에 충실하면서 단체를 보호한다. 홀로 강해지는 것보다 단체가 강해지면 자신도 강해진다는 믿음을 6유형은 가지고 있다. 그래서 조직에 충실하다. 그리고 리더의 말에 일사불란하게 행동을 한다.

늑대들은 인간처럼 무리 지어 함께 살아간다. 따라서 그들 사회에서도 리더가 있다. 만약 무리 내에서 싸움이 일어난다면 리더가 그 싸움을 제압하는 방법은 무엇일까? 놀랍게도 힘이 아니라 장난이다. 싸우려는 늑대들 중에서 힘이 가장 센 놈에게 다가가 장난을 건다. 그러면 그 늑대의 공격성은 어느덧 사라지고 순한 양처럼 같이 장난을 친다. 늑대 사회에서 싸움을 잘하고 난폭한 늑대는 결코 리더가 될 수 없다. 만약 그런 늑대가 리더가 된다면 무리가 깨지기 때문이다. 결국 그들 사회에서 리더의 최고의 조건은 포용력인 것이다.

조직을 중요시하고 조직을 위한 모든 행동이 여기서 나온다. 보통 6유형은 2유형처럼 보일 때가 있는데, 바로 이런 이유 때문이다. 무리가 깨지도록 놔두지도 않고, 그것을 바라지도 않기 때문이다. 6유형이 보수화되는 이유이기도 하다.

6유형은 리더의 말에 복종하는 태도를 가진다. 어릴 때에는 부모에게, 학교에서는 교사에게, 대학에 가면 교수와 선배에게, 그리고 조직에 들어가서는 상사에게 성실하고 충성한다. 자신이 속한 그룹에서 권위자를 찾는다. 그런 대상자가 없으면 불안하다. 왜냐하면 자신이 모든 것을 결정하고 처리해야 하기 때문이다. 자신의 결정을 안전하다고 판단하는 것은 6유형에게 쉬운 선택이 아니다. 끊임없이 불안을 꺼내고 거기에 대한 대처가 마련되어야 하기 때문이다. 이렇게 보면 6유형의 성장 포인트를 어디에서 찾을 수 있는지 보일 것이다. 즉, 권위자를 찾지 말고 스스로 권위자가 되어야 한다는 것이다. 6유형에게는 매우 큰 용기가 필요한 것이다. 용기를 가지고 힘을 내어야 한다. 6유형 파이팅!

1. 유형 6 자신의 발전 방안

① 당신은 자신의 직관과 관점, 그리고 내면의 권위를 신뢰한다. 당신은 남들, 특히 권위자들의 의견에 의존적이지 않고 자발적이다. 당신은 외부에서 안전을 찾지 않고 자신의 내부에서 안전을 추구한다. 당신은 자신의 능력에 관해 사실적인 믿음을 가지고 있다. 당신은 자기 자신을 확신할 수 있다.

② 당신은 용기를 가지고 있다. 당신은 선택에 대한 책임을 지고 용감하게 행동으로 옮긴다. 당신은 자신의 내면의 한계와 욕구를 믿는다. 당신은 자신이 진정으로 원하는 것이 신이 자신에게 바라는 것이라고 믿는다.

③ 당신은 남들이 뭔가를 가지고 도망가려고 한다고 생각하지 않는다. 당신은 그들이 최선을 다하고 있다고 생각한다. 당신은 타인에게 적의에 찬 계획을 짜지 않는다.

④ 당신은 법이 당신의 편의를 위해서 있는 것이라고 생각한다. 당신은 그들을 위한 노예가 될 필요는 없다. 당신은 이제 글 대신 법을 따른다.

⑤ 당신은 자신이 이미 계획이나 시설의 일원이라고 생각한다. 당신은 이미 게임 속에서 뛰고 있다. 그러므로 당신은 자신의 존재를 증명하지 않아도 되고, 버려질 것을 염려하지 않아도 된다.

⑥ 당신은 부정적인 것뿐만 아니라 긍정적인 효과도 고려한다. 당신의 과거 경향은 무엇이 잘못될까를 걱정하고 계획을 행동에 옮기지 못했다. 당신의 최대의 적은 당신 자신이었다. 이제 당신은 어떤 이득이 파생될 것인지를 생각하고 행동을 독려한다.

⑦ 당신은 자신과 자신이 사랑하는 이들을 지킬 수 있는 본능적인 능력을 믿는다. 당신은 그 무엇도 자신의 본질을 해할 수 있다고 생각하지 않

는다. 당신은 자신의 두려움과 맞설 수 있다. 그 두려움은 실제의 것인가 아니면 환상일까?

2. 유형 9의 상위 개념으로의 발전 방안

① 당신은 자신을 달래고 진정시키려고 한다. 당신은 자신에게 "난 화났어."라고 말하는 대신에 "난 진정됐어."라고 말한다.

② 당신은 침착하고 조용하다. 해결책은 자신 안에 있다는 것을 안다. 당신은 감정을 진정시키고 해결책이 떠오르기를 기다린다.

③ 당신은 사실을 과장하지 않고 오히려 줄여서 말한다. 당신은 모든 일을 과장되게 보는 대신에 "무슨 큰 대수야."라고 넘길 수 있다.

④ 당신은 안정된 정신을 가지고 있고 '내가 이런 일을 하면 과연 무슨 일이 벌어질까?'라는 생각보다는 '내가 이런 일을 하든지 말든지 무슨 상관이야.'라고 생각한다. 당신은 흐름을 따라가고 과정을 믿을 수 있다.

⑤ 당신은 침착하며 흐름에 몸을 맡긴 채 기다릴 수 있다. 당신은 반항하는 것이 아무런 도움이 안 된다는 것을 안다.

⑥ 당신은 문제의 모든 면에서 진실을 찾아내려고 하며 어느 한쪽만을 편들어 주지 않는다.

다재다능한
낙천주의자

1. 역사적 인물 속 7유형 모습 들여다보기

🧑 모차르트

다음과 같은 모차르트와 관련된 기사를 우연히 보면서 모차르트가 7유형의 성격을 지녔음을 깨닫게 되었다.

> 〈피가로의 결혼〉은 희극적이며 대중적인 성격을 띠는 오페라로, 사건의 전개가 거침이 없고 빠르며 해학적이다. 풍자적이면서도 당시 귀족들의 관심사와 사회 풍조를 짐작하게 하는 내용을 담고 있다. 그렇다 보니 스페인의 세비야를 작품의 배경으로

모차르트의
1770년대 초상화

하긴 했지만, 귀족들을 대놓고 풍자한 내용이라고 해서 당시 오스트리아의 귀족들은 이 오페라에 대해 내심 불편하게 생각했다고 한다. 극중에서 백작이 귀족의 신분으로 하는 일이 여자나 밝히고 그 외에는 하는 일이 특별히 없어 보였기 때문이다. 그래서인지 모르나, 비엔나에서의 초연을 비롯해서 몇 차례의 공연은 별다른 호응을 불러일으키지 못했다. 하지만 프라하로부터 초청을 받아 작품을 무대에 올리면서 극의 내용이 풍자적임에도 불구하고 절묘한 선율과 경쾌한 리듬, 그리고 극적인 요소들이 한데 어우러져 빚어내는 효과로 해서 열렬한 환영을 받았다.

모차르트의 음악이 가진 힐링 요소를 보면 첫째, 작품의 성격이다. 그는 대부분의 곡을 장조로 작곡하였으므로 음악을 듣는 사람들은 모차르트가 언제나 밝고 행복할 것이라고 짐작한다. 모차르트의 자아가 태양을 품은 아이처럼, 어떠한 어려움이 닥쳐도 스스로에게 늘 그대로의 긍정적인 에너지를 내뿜게 한다.

두 번째, 완전하고 자연스럽다. 모차르트를 천재 음악가로 손꼽는 이유이기도 한 부분이다. 음악학자들은 그가 이미 10세에 하이든의 50세 때의 작곡 기법을 보여 준다고들 한다. 곡을 만들기 위한 어떤 수고로움조차 없는 것처럼 완벽하게 아름다운 멜로디를 그는 생이 다하는 날까지 작곡하였다. 실제로 그의 오페라의 주요 멜로디들은 유럽 전역으로 퍼져 오페라를 모르는 사람들까지 흥얼거릴 만큼 유명했다.

유럽의 대도시에서 몇 개월씩 머문 어린 모차르트는 왕족과 귀족들에게 조금씩 알려지고 금세 유명해졌다. 사람들은 그의 즉흥연주, 작곡, 밝은 성격에 열광했다. 연주 여행으로 수입이 충분한 것은 아니지만 프랑스나 이탈리아의 문화를 체험할 수 있는 기회를 가졌을 뿐만 아니라, 당대 최고의 음악가들을 만나거나 음악회를 다니면서 음악적 견문을 넓히는 데 큰 힘이 되었다. 그의 작품에서 묻어나는 경쾌함과 유머, 재치가 있으면서 우아한 성품은 어릴 적 경험을 바탕으로 우러나온 것이라 할 수 있다. 나이 먹어 가는 어린아이는 더 이상 '어린 천재 소년'이 될 수 없어 이제는 한곳에 머물러 안정된 생활이 필요하다고 생각해 귀족의 궁정악장으로서 있고자 하였으나 그의 자유분방함은 방해 요소가 되었다. 마리아 테레지아(Maria Theresia)는 유랑자처럼 떠돌며 연주하는 사람을 황실의 궁정악장으로 두기 어렵다고 밝혔다. 게다가 다른 귀족들의 가문에서도 쉽게 자리 잡을 수 없을 뿐더러 잘츠부르크에서 오르간 주자로 있던 자리를 대주교와 불화가 생겨 오스트리아의 수도 빈으로 발길을 옮겼다.

모차르트는 오페라가 성공하면서 경제적으로 여유로워지는 듯했다. 콘스탄체와 결혼 생활하고 작곡에 열정을 다할 수 있었으나 자유분방함은 억제하지 못했다. 스무 살에 결혼한 어린 신부가 남편에게 요구한 것은 자신과 태어난 아기들을 지켜 줄 경제력이었다. 콘스탄체는 모차르트가 작품에만 전념할 수 있도록 가계를 책임져 줄 만큼 성숙하지 못했다. 되레 더 많이 작곡해서 경제적으로 부유하고 호화로운 삶을 살 것을 꿈꿨다. 그들은 경제적으로 여유로울 때 파티를 즐겼고, 모차르트는 내기 당구를 즐겨 빚을 졌다.

출처: 가톨릭뉴스 지금여기(2013. 12. 3.).
모차르트의 '피가로의 결혼' 요약.

앞의 기사를 보면 모차르트는 여지없이 7유형임을 웅변하고 있다. 7유형은 어린아이의 영혼을 가졌다. 그래서 동안이다. 긍정적이고 유쾌하기 때문에 나이가 들어도 외형적으로 나이가 들어 보이지 않는다. 자유는 7유형의 중요한 코드이다. 자유를 배제하고서는 7유형을 설명하기가 어렵다. 4유형 역시 자유가 중요하다. 그러나 자유를 바라고 누리는 방법이 다르다. 4유형은 자신에게 집중되어 있고, 독특함을 추구할 때 자유를 찾는다. 반면에 7유형의 자유는 광범위하고 넓다. 마치 철들지 않은 아이처럼 먹는 것, 입는 것, 활동하는 것, 생각하는 것 등 모든 것이 자유스럽다. 그래서 가볍게 보인다. 바람기도 있어 보이고, 개념이 없어 보이기도 한다. 행복하다고 믿으며 특별히 고민하거나 심사숙고를 잘하지 않는다. 그래서 7유형의 또 다른 별명은 탐험가, 모험가이다. 화려하고 아름답게 보이는 불꽃이 있으면 그 뜨거움을 조심, 경계하기보다는 갖고 싶고 만지고 싶은 욕망이 앞선다. 그리고 행동한다. 안 된다는 생각은 저 멀리에 있다. 그래서 짧은 시간에도 많은 것을 할 수 있다.

10여 년 전 강사교육에 참가한 지휘자가 있었다. 이런 이야기를 하면서 강의를 진행하는데 모차르트에 대한 이야기를 전해 주었다. 모차르트는 다른 작곡가에 비해서 모작이 많은 작곡가였다고 한다. 굉장히 유명한 모차르트가 다른 음악가의 창작물을 베껴서 작곡을 했다니 믿어지지 않았다. 그런데 그 다음 말이 반전이었다. 다른 음악가의 곡을 모방한 것이 아니라 자신의 것을 자신이 모방했다는 것이다. 어떤 사람에게 곡을 써 주고 나서는 그 사실을 잊어버린 것이다. 그리고 다른 사람에게 곡을 써 주었는데 그것이 비슷하거나 똑같았다고 한다. '뭐 어때' 하는 마음이었을 것이라고 짐작해 본다. 7유형은 심각한 것은 딱 질색이다.

🧑 영화 〈쇼생크 탈출〉과 모차르트의 선율

이 노래는 스티븐 킹 원작, 프랭크 다라본트 감독의 영화 〈쇼생크 탈출〉에 삽입되어 더욱 알려지게 되었다. 쇼생크 교도소에서 복무 중인 레드(모건 프리먼 분)라는 죄수의 시선에 비친 앤디(팀 로빈슨 분)를 이야기하는 형식으로 되어 있다. 정말 여러 장면이 기억에 남는 영화이지만 이 영화의 압권은 배경 음악이 흘러나오는 장면이다.

도서관의 장서를 정리하던 앤디는 오래된 음반 모차르트의 〈피가로의 결혼〉을 발견하고는 그중 여성 이중창 아리아 '저녁 산들

바람은 부드럽게'를 스피커를 통해 감옥 곳곳에 울리게 틀어 놓는 그 장면이다. 레드는 "아직도 난 그 여자들이 무엇을 노래했는지 모른다. 알 필요도 없고 알고 싶지도 않다. 하지만 짧은 순간에 '쇼생크의 모두는 자유를 느꼈다.'"라고 되뇌고 있다.

이는 보는 이로 하여금 이루 말할 수 없는 후련함을 주는데, 그것은 바로 <u>주인공이 자유를 찾아가는 과정에서 보여 주는 그야말로 허를 찌르는 반전</u> 때문일 것이다. 미래를 기대할 수 없는 교도소 생활, '종신형'이라는 특수한 상황, 그러므로 이 영화가 보여 주고자 하는 자유에의 의지는 더 이상의 설명이 필요 없을 듯한데, 그 설명이 필요 없음을 보여 주는 기막힌 장면이 있다.

비록 죄인이지만 최소한이나마 인간다운 생활을 포기할 수 없었던 주인공이 오랫동안 정부에 건의를 한 결과 얻게 된 교도소 내 도서관과 그 도서관에서 우연히 찾게 된 음반 하나. 잠시 망설이던 주인공은 불현듯 교도소 방송실의 문을 닫아 걸고는 스피커를 통해 온 교도소 안에 음악을 흘려보낸다.

그때 흘러나오던 두 여성의 아름다운 이중창. 교도소 안의 온 죄수들은 느닷없이 흘러나오는 음악에 귀를 기울이며 마치 천상의 천사가 노래하는 듯한 그 아름다운 선율에서 잊고 있던 바깥 세계의 자유를 떠올린다. 그리고 비로소 갇혀 있는 영어(圄圉)의 몸이라는 것을 비참하게 되새긴다. 주인공이 본격적인 탈출을 시도한 것도 아마 그때부터였을 것이다. 거칠고 빈한(貧寒)한 삶을 살아 온 죄수들로서는 어쩌면 세상에 태어나서 한 번도 들어보지 못했을 그 음악. 마치 천상에서 들려오는 것처럼 보는 사람의 가

숨으로 따스히 밀려들던 그 음악은 모차르트의 오페라 〈피가로의 결혼〉에 나오는 이중창의 아리아 〈포근한 산들바람아〉였다.

'편지의 이중창'이라고도 불리는 이 아리아는 〈피가로의 결혼〉이 모차르트가 분방하고 타락한 귀족들을 비웃으려고 만든 작품이라는 일설이 있는 만큼, 바람기 많은 백작을 혼내 주기 위해 백작 부인과 백작이 눈독을 들이는 수잔나가 합세해서 계략을 짜는 부분에서 불려진다. 마치 수잔나가 제안한 것처럼 백작에게 '저녁 바람이 포근하고 산들거리는데 이따 정원에서 몰래 만나자'라고 유혹의 편지를 쓰는 부분에서의 아리아다. 때문에 이 영화의 긴박감과는 전혀 상관이 없는 음악이기도 하다.

그런데 왜 굳이 이 음악이었을까? 그것은 모차르트의 음악이 어떤 것인가를 이해하면 쉽게 수긍이 갈 것이다. 모차르트는 두말할 것 없는 신동 음악가였다. 30대의 젊은 나이로 세상을 떠나기까지 숱한 음악들을 그저 떠오르는 대로 토해 냈다고 하는 것이 맞을 만큼 많은 걸작을 남긴 작곡가였다. 모차르트를 두고 천상에서 내려와 잠시 이 세상에 머물다 간 '음악의 신' '뮤즈'라고 표현하는 것은 바로 그런 이유에서인데, 그 표현이 마음에 들지 않는 사람이라면 쇼생크 감옥에서 울려 퍼지던 그 선율을 떠올리면 이내 고개를 끄떡일 것이다. 게다가 바람 난 남정네를 유혹하기 위한 선율이니 그 선율이 얼마나 아름다울 것인가?

그런 의미에서 〈쇼생크 탈출〉에 모차르트의 음악을 삽입한 제작진은 참으로 대단한 이들이다 싶다. 그들은 일찌감치 '모차르트 음악=놓치고 있는 것의 소중함'을 간파했던 것일 테니까. 그것은 바로 숱한 영화에 모차르트의 음악이 단골로 등장하는 이유를 설명하는 키워드이기도 하다.

앤디가 교도소 방송실에서 2주간의 독방 활을 감수하며 교도소 전체에 들려준 음악이다. 운동장을 가득 메운 죄수들은 순간 모두 걸음을 멈추고 아름다운 아리아의 선율에 귀를 기울인다.

포근한 산들바람이 오늘 밤 불어오네
숲의 소나무 아래 나머지는 그가 알 거야
소리 맞춰 노래해 포근한 산들바람아

그리고 이어서 레드(모건 프리먼 분)가 내레이션을 한다.

나는 지금도 그 이탈리아 여자들이 무엇을 노래했는지 모른다.
알고 싶지도 않지만 어떤 것들은 모르는 채 있는 것이 최상이다.
그들은 너무 아름다워 말로는 표현될 수 없는, 그것으로 인해 너의 가슴이 저려 오는 어떤 것을 노래했다고 생각하고 싶다.
그들의 목소리는 감히 꿈도 꿀 수 없는 고귀한 곳에 계신 분보다 더 높이 더 멀리 솟구쳐 날아올랐다.
<u>그것은 우리의 작은 새장에 갇힌 아름다운 새가 그 새장을 벗어나는 것과 같았다.</u>
<u>그 짧은 순간에, 쇼생크의 모두는 자유를 느꼈다.</u>

그리고 이 일로 인해서 독방 생활을 하고 나온 앤디는 동료들과의 식사 시간에 이렇게 이야기한다. "그 음악의 모든 것은 나의 가

슴속에 있다. 그들이 뺏을 수 없는 이 가슴속에 자유가 있다."

2. 현실 속 7유형 모습 들여다보기

👤 조영남

　조영남(가수, 미술가)의 생애에서도 7유형의 모습이 보인다. 그냥 가만히 보고 있는 것은 힘이 든다. 움직이고 웃고 떠들고 주변을 재미있고 행복하게 하려고 한다. 7유형의 회피가 '고통'이라는 것을 안다면 그들을 이해하기가 더 쉬워질 것이다. 7유형은 고통으로부터 회피하고 싶어 한다. 강의를 하거나 상담을 할 때도 마찬가지이다. 어두움보다는 밝음을 좋아한다. 그런데 이 세상이 늘 밝음만 있다면 어떻게 될까? 온 세상이 사막으로 변하게 될 것이다. 행복은 고통을 극복하고 이겨 낼 때 다가오는 것이다. 그냥 행복만 추구한다고 해서 늘 행복할 수는 없다. 따라서 밤과 낮, 밝음과 어두움, 일과 사랑이 조화를 이루고, 피상적인 행복이 아닌 진정한 행복과 즐거움을 찾아야 한다. 긍정적인 에너지와 열정이 넘치는 7유형에게 눈을 똑바로 바라보고 물으라. 평소에 말고 중요한 순간에 물으라. 짧게 물으라. 나를 사랑하냐고. 이 질문에 대답해야 한다. 어떤 일이 있어도(고통) 당신을 지키겠다고 말해야 한다.

　조영남의 노래 〈화개장터〉를 살펴보자.

전라도와 경상도를 가로지르는 섬진강 줄기 따라 화개장터엔
아랫마을 하동 사람 윗마을 구례 사람 닷새마다 어우러져 장을 펼치네
구경 한 번 와 보세요. 보기엔 그냥 시골 장터지만 있어야 할 건 다 있구요
없을 건 없답니다 화개장터

광양에선 삐걱삐걱 나룻배 타고 산청에선 부릉부릉 버스를 타고
사투리 잡담에다 입씨름 흥정이 오손도손 와자지껄 장을 펼치네
구경 한 번 와 보세요 오시면 모두모두 이웃 사촌
고운 정 미운 정 주고 받는 경상도 전라도의 화개장터

노래의 가사 말은 경상도와 전라도가 함께 모여 즐거운 한마당 장을 펼친다는 내용이다. 그가 부른 노래 중에 히트 친 노래는 그다지 많지 않다. 대부분 다른 가수의 노래를 부르거나 외국 곡을 번안하여 불렀지만 이 노래만은 자신이 작곡을 하고 불러서 꽤 히트한 편에 속하는 노래라고 할 수 있다. 이 노래를 들으면서 심각하거나 생각하거나 웅장하거나 뭐 이런 것은 거의 없다. 그저 재미있고 신나고 어깨가 들썩거리게 만드는 노래라고 할 수 있다. 그래서 조영남은 7유형이 아닐까 판단해 본다. 앞서 말한 모차르트와 같이 평생 거의 철이 안 든다는 평가를 받는 그이다. 상담과 에니어그램에 관심이 많은 독자라면 그에 대해서 조사를 해 볼 것을 권유한다. 인터넷 검색만 해도 많은 정보를 얻을 수 있다. 한때는 그를 천재성을 가진 노래 잘하고 그림 잘 그리는 4유형으로도 생각한 적이 있다. 그러나 움직일 수 없는 방

랑에 즐거움을 탐닉하는 그의 행동은 4유형과는 거리가 멀다.

조영남은 노래할 때 즉석에서 편곡을 하기도 하고 애드리브로 부르곤 하는데, 공연 직전에 갑자기 곡을 바꾸고 싶으면 자기가 평소에 외운 다른 곡의 악보를 급하게 자기 손으로 써서 밴드에게 주는 경우도 있다고 한다. 음악적 감각이 없었다면 불가능한 일이다. 그리고 애드리브로 노래 도중에 엇박이나 음을 바꾸는 기교를 보여 주는데, 자세히 들어보면 음 이탈을 아슬아슬하게 피해 가면서 잘도 부른다. 이는 성악 공부로 인해 코드 진행, 멜로디와 화성에 대한 이해가 우수하다는 것을 보여 준다. 이것은 생각보다 매우 어려운 부분인데, 실제로 가창력이 뛰어나다고 알려진 많은 가수도 콘서트 같은 공연에서 기교를 부리다가 조절을 못해서 아예 음정이나 리듬이 3~4단계씩 확 빗나가 버리는 사례도 많다. 조영남 식의 창법이 결코 쉬운 게 아니다. 조영남이 그 나이에도 흔들리지 않는 음감을 보유하고 있다는 증거이기도 하다. 결론을 이야기하자면 조영남이라는 인물이 일생에 걸쳐 크고 작은 사고를 치고 있지만, 가수라는 본업의 실력에 대해서는 비판의 여지가 없다고 하겠다. 본인도 자신의 예술적 재능에 대한 자부심을 공공연하게 드러내고는 한다.

다소 기사 내용이 길지만 조영남의 7유형 성격을 살펴보는 데 매우 적당하여 편집하지 않고 원문을 그대로 싣고자 한다. 필자의 설명을 생략하고 독자가 직접 그의 7유형 모습을 찾아보길 제안해 본다.

작가 조영남 '딴짓'하며 인생 즐기는 아나키스트

　오래전 기자는 이상의 시를 매우 간결하면서 경쾌하게 해설한 책을 발견했다. 『이상은 이상 이상이었다』라는 제목의 이 책은 지금까지 이상의 시를 해설한 그 어떤 평론가나 교수가 쓴 것보다 뛰어났다. 기자는 '저자는 정말 천재다.'라며 무릎을 치며 저자를 살펴봤다. 그런데 놀랍게도 이 책의 저자는 '조영남', 〈화개장터〉를 부른 바로 그였다. 기자는 '가수가 어떻게 어렵다는 이상의 시를 연구했는가?'라는 의문을 품었다. 그 의문을 풀 기회가 왔다. 난해한 이상의 시에 대한 명쾌한 해설서. 기자는 그를 만나자마자 "그 어려운 시를 어떻게 이렇게 명쾌하게 설명할 수 있었나."라고 물었다. 이 질문에 그는 오히려 깜짝 놀라는 표정을 지으며 말했다.

　이런 질문을 한 사람이 기자가 처음이냐는 질문에 그는 "그래, 지금 당신이 처음이야."라고 대답했다. 그는 〈이상은…〉 책에 대한 존재감을 알아 주는 사람을 만나게 됐다는 점에서 흥분한 듯 보였다. 기자는 〈이상은…〉이 문학계에서 큰 반향을 일으키고, 이후 쓰여진 이상과 관련한 석박사 논문에 많이 피(彼)인용 됐을 것이라 생각했다.

　문학계에 왜 반향이 없었을까? 그 난수표 같은 이상의 시를 이렇게 명쾌하게 해석했는데. "내가 보기엔 이 인간들(문학계 인사들)이 질문조차 할 줄 몰랐던 걸 거야. 내 생각이 그래. 이

상의 시는 어느 정도 파악이 돼야 질문도 할 수 있어. 이상의 시는 마치 외계의 언어 같잖아. 그런 외계의 언어를 못 알아들으니 질문 조차 못하는 거지." 아니면 문학 비평가나 교수들이 수십 년 동안 못한 것을 '비전문가'가 이렇게 명료하게 해석한 것에 자존심이 상해서 그런 것이 아닐까? "맞아, 그럴 거야."

'이상 시에 대한 연구'는 그의 버킷리스트. 너무 '깔때기'(칭찬)를 들이대는 질문과 답변이 오고 갔다. 그러나 조영남의 이상에 대한 연구는 아마추어 수준이 아닌 웬만한 평론가나 교수보다 훨씬 깊고 오래됐다. 그는 자신의 버킷리스트, 즉 평생 '하고 싶은 일'로 '이상의 시에 대한 연구서'를 내는 것을 꼽았다. 그의 평생 버킷리스트는 바로 이 하나였다. 따라서 조영남은 가수라기보다 문학평론가, 특히 '이상 연구가'라는 직함이 더 어울린다.

"중학교 때 이상의 소설 〈날개〉, 수필 〈권태〉를 읽고 '아, 이 사람은 귀신이구나.'라고 생각했어. 이상에 대한 관심이 있어 이상 전문가들이 쓴 책을 다 봤는데, 단 한 사람도 마음에 드는 책이 없었어. 게다가 그렇게 어려운 시를 짜증나게, 쓴 사람도 못 알아먹게 쓰냐 이거야. 불평만 하면 뭐해 에이 씨X, 내가 한 번 써 보자. 그래서 쓴 거야."

그 후 그는 이상의 자료는 물론 한국 시와 영미의 시, 심지어 중국 시까지 두루 공부했다. 관련 전문가도 많이 만나 설명도 들었다. 그럴수록 그는 '이상은 예이츠, 랭보, 보를레르를 능가하는 세계적 천재'라고 생각했다. 이런 결론에 이르자 그는 〈이상은…〉을 쓰기 시작했다. 3년 내리 원고를 썼다. 그는 "원고를 쓰다가 '자야지' 하고 불 끄고 누우면 아이디어가 생각나 일어나 쓰고, 그러니 밤을 꼬박꼬박 새는 일이 다반사였다."라고 말했다.

"막판에 다운됐다. 피가 올 스톱, 병원에 실려가면서 '아, 내가 죽는구나.'라고 생각했어. 그래도 이상이 28세에 각혈하면서 죽었는데, 나는 살 만큼 살았다는 것으로 위안을 삼았다. 그렇게 쓰면서 나는 단 한 줄도 남의 글을 (신 모씨 처럼) 베낀 적이 없어. 난 성질상 그런 짓 못해. 인용하면 분명히 출처를 밝히고 인용했지. 책에는 그런 인용도 별로 없어. 이상의 시는 공부를 안 하면 절대 이해할 수 없어. 어느 한 구석도."

그는 〈이상은…〉이 정말 처절하게 쓴 책이라는 점을 강조했다.

이 책은 이상을 천재라 규정하고, 그 천재가 쓴 난해한 시를 명쾌하게 해석함으로써 스스로 천재라는 것을 입증해 보이고 싶었던 것 아닌가. "그건 나중에, 나 죽은 다음에 얘기해. 아냐…

100% '치기'로 쓴 거야." 스스로 〈조영남씬 천재예요〉(2002)라
는 책을 내기도 하지 않았나. "그건 앙드레 김이 어느 날 파티
에서 내 손을 잡으면서 '영남 씨는 천재예요'라고 말하더라고.
그 애기가 너무 재미있어서 책 제목으로 쓴 거야."

그는 이상을 좋아한 이유로 '이상은 자질구레한 역사, 허접스
런 인습으로부터 완전히 독립한 아나키스트(무정부주의자)이
기 때문'이라고 고백했다. 그는 "나 스스로가 아나키스트적이
다. 나는 체 게바라를 좋아하고 존경하지만, 극렬한 이데올로기
에 극성스럽게 매달리지 않는 무정부주의자로 남고 싶은 사람
이다. 이상이 그런 사람이었다. 나하고 비슷했다."라고 말했다.

역사 · 인습 · 정치 이런 것은 정말 허접하고 자질구레한 것
인가.

"그럼, 다 사소한 것이지."

문학 · 미술 · 종교 등 다방면에 저서 20권. 문학에서 시작한
그의 '작가론'은 미술을 거쳐 정치를 지났다. 사실 그는 문학 ·
미술 · 사랑 · 양심 등 각 분야에서 20권 정도의 책을 썼다. 그
는 〈예수의 샅바를 잡다〉라는 책으로 종교까지 범접했다. 물론
그는 신학대학을 나왔다. 그럼 '종교는 가치가 있다고 보는 것
인가'라는 질문에 이렇게 대답했다.

"미국 신학대에서 리포트를 쓰기 위해 한국에 '한국 사람이
쓴 예수에 대한 책을 보내 달라.'고 편지를 썼는데, 한 권도 없
다는 답장이 온 거야. 그래서 아, 이것은 '신이 네가 한 번 써 봐
라.' 하는 계시로 봤지. 예수가 서른셋에 죽었지만 나는 서른셋

에 예수를 공부하기 시작했지."

그러나 그는 "신학대 졸업하면서 종교로부터 자유로워졌다."고 말했다. 이 말은 기독교에 대해서 별 매력을 못 느꼈다는 말이다. 그는 종교적 측면에서 예수보다 우리 고유 종교인 천도교 창시자인 나철을 더 존경한다. 그는 "나로서는 우리의 나철을 섬겨야지 중동 청년 예수를 죽자 사자 섬길 이유는 없다고 생각한다."는 말로 자신이 '예수에게 샅바'를 걸었던 이유를 설명했다.

보통 천재는 존경하는 사람이 없다. 자신이 워낙 잘났으니까. 그가 그린 〈묘비명〉이라는 그림에는 맨 위에 나철을 그리고 '단군을 세우다 말다'라고 썼다. 그 다음 가운데에는 이상을 그리고 '시를 쓰다 말다'라고 쓰고, 맨 아래에 그의 얼굴을 그리고 '노래를 부르다 말다. 그리고 웃다 죽다'라고 썼다. 그는 "존경의 제일 꼭대기에 있는 사람은 나철이고, 정서가 맞는 사람은 이상"이라고 설명했다. 이 그림은 우리 근현대사의 3대 천재는 우리 고유 종교를 창시한 나철과 그 어려운 시를 쓴 이상, 그리고 바로 자신이라는 것을 암시하는 것 아닐까.

본인은 뭐라고 불러 주는 것이 가장 좋은가.

"개의치 않아. 아이 돈 노."

그래도 후세 사람들이 이렇게 평가해 줬으면 하는 것이 있지 않은가.

"평가는 무슨, 죽은 다음에 평가는 우스운 것이야. 죽으면 그만이야. 죽으면 끝이야. 자질구레한 것이야."

그는 '인생을 딴짓하며 즐기자'는 신념을 가지고 있다. 그는 이 대목에서 또 다른 천재인 아인슈타인을 인용했다. "아인슈타인이 인생의 성공(A)=xyz라는 멋진 공식을 만들었지. x는 하는 일, y는 삶을 즐기는 것, z는 입을 다무는 것, 즉 자기 자랑을 말라는 것이야. 그런데 아인슈타인도 종종 바이올린과 피아노 콘서트를 하는 자기 자랑을 했어. 자신이 만든 인생의 성공 공식을 지키지 못한 것이지. 나도 그 공식을 지키지 못하는데, 아인슈타인도 지키지 못한 공식이라 위안을 삼아."

인생의 유일한 버킷리스트인 〈이상은…〉을 쓴 그는 무슨 재미로 살까? 실제 그는 "〈이상은…〉을 쓰고 나서 시시하게 살고 있다"고 말했다. 그가 그림을 그리는 것도 "아침부터 술집에 가서 술 먹을 수 없잖아?"라고 반문하며 "나보고 왜 그림을 그리느냐는 질문은 낚시하는 사람에게 '왜 낚시하세요?'라는 질문과 똑같은 거야"라고 말했다.

그에게 천재들에게서 가끔 발견되는 우월주의, 심지어 파시스트적 느낌도 든다. 워낙 본인이 잘났으니까. '예수에게 삳바질'을 하는 것이나 '맞아 죽기 각오하고 친일 선언'을 하는 것도 그런 맥락이다. 이런 지적에 그는 "옳다. 그럴 수 있지."라고 동의했다. 모든 것이 시시해진 지금 마지막 버킷리스트로 봉사 같은 것은 어떤가 하고 물었다.

그는 "당신 성공했으니 사회에 뭘 환원했느냐는 말이 나올 것으로 생각해 28년 전에 해결해 버렸다."면서 "나는 고아를 입양해 키웠지. 부모의 연을 맺어 주는 것만큼 솔직한 사회 환원

이 있을까?"라고 응수했다. 무려 28년 후의 질문을 예상해 미리
조치를 취해 놓은 그의 '천재성'에 기자는 혀를 내둘렀다.

출처: 주간경향 1172호(2016. 4. 19.). 원복의 인물탐구. 요약.

tip

　밑줄 친 부분만 읽어 보아도 그의 다양성, 창의성, 천재성 등을 알 수
있다. 유쾌, 상쾌, 통쾌, 재미 등을 인생에서 찾으려는 그의 노력을 볼 수
있다. 한곳에 머무르지 못하고 이러저리 배회하는 모습은 7유형의 특징
중에 하나이다. 조영남은 그의 말처럼 '인생을 딴짓하며 즐기자!'는 신념
으로 살아간다는 말이 사실일 것이다. 잠깐 '조영남이 4유형은 아닐까'
라고 고민했다. 똑같이 자유를 갈망하고 창조성이 뛰어난 특징을 가진
유형이기 때문이다. 하지만 7유형으로 판단한 가장 큰 이유는 심각한 고
민이라든가, 내면을 깊이 있게 바라본다든가, 창조를 위한 몰두나 몰입
도가 없다든가, 유머로 사용하거나 있다고 해도 끊임없이 길게 이어지
지 않는다는 것이다. 시작은 많이 하지만 결국 끝을 내지 못하는 스타일
이라고 할 수 있다. 반대로 설명하면 한 우물을 파면 성공한다는 뜻이다.
그렇다면 7유형은 왜 끝맺음을 하지 못하고 다른 것을 찾아 떠나는가?
끝까지 하는 것은 고통이 싫기 때문이다. 시작할 때는 신이 나고 기대가
되고 꿈에 부풀지만 끝날 때 고통이 밀려온다. 그럼 다른 사람에게 시키
거나 대충 마무리하려고 한다. 7유형이 다 그렇다는 것은 아니다. 다만

7유형이 스트레스를 받거나 퇴보하면 이런 현상이 나타난다고 할 수 있다. 그렇게 본다면 마무리가 잘되지 못하는 7유형은 깨달아야 한다. '내가 지금 스트레스를 받고 있구나. 하지만 도망가지 않고 마무리를 할 때 스트레스를 날려 버릴 수 있구나.' 또 다른 방향으로는 '내가 마무리를 잘하고 있으니 내가 발전한 것이다.'라고 성찰하는 레벨로 사용할 수 있다. 무엇이든 자유롭게 훨훨 날고 싶은 7유형이다. 깃털처럼 자유롭고 행복한 것을 꿈꾸고 그렇게 살아가는 인생의 모델을 보는 것 같다. 하지만 그 결과는 독자들이 판단할 몫으로 남겨 둔다.

김세환

쎄시봉 가수로 유명한 김세환이 MBN의 〈예스터데이〉라는 프로그램에 송창식과 함께 나왔다. 필자는 그 방송을 보고 있다가 김세환이 하는 말을 듣고 박장대소를 하였다.

그는 "슬픈 노래 마이너나 애뜻한 노래는 부르기가 싫어요. 이왕이면 경쾌하고 신나는 노래, 기타 치면서, 손뼉 치면서 부르는 노래가 좋지 내가 뭐 사랑의 아픔을 노래하고 고통을 노래하면 좀 안 어울려요."

〈목장길 따라〉〈길가에 앉아서〉〈토요일 밤에〉 등의 노래를 즐겨 불렀다. 그러고 보니 그의 노래 중에서 심각하거나 이별과 관련된 노래는 없었던 것 같다. 성격과 노래의 좋은 조합이다. 연기를 하고 노래를 부르지만 그것이 자신의 성격과 맞는다면 더할 나위 없이 좋을 것이다. 영화나 드라마 작가, 작사가, 웹툰 작가 등이 이런 것들을 미리 알고 주인공의 성격에 맞는 가수 배우들을 섭외한다면 더 좋은 작품이 나올 수 있을 것이라고 생각된다. 물론 연기를 잘하거나 성격과 잘 맞는 노래를 마음대로 조절하는 연예인이라면 좋겠지만 원래 타고난 성격을 가진 예술가라면 더욱 좋을 수 있다는 뜻이다.

3. 드라마 속 7유형 모습 들여다보기

어느 곳에나 있고 모든 것을 다 안다.

7유형의 특징은 다재다능과 폭넓은 인간관계로 설명할 수 있다. 즐거움과 행복을 통해 두려움을 극복하려는 머리형의 특징이다. 또한 그 에너지를 외부로 발산하는 외향형의 에너지가 있기 때문에 활발, 유쾌, 상쾌, 통쾌하다. 보통 우울할 수밖에 없는 상황에서도 '잘 될 거야!'하는 생각과 활동을 함으로써 고통을 회피하려고 한다. 밝은 긍정성이 대표적이지만 많은 활동 역시 같은 이유가 될 수 있다. 상담 형장에서 7유형에게 솔루션을 제공할 때는 적더라도 혼자 있는 시간을 마련할 것을 권유한다. 워낙 많은 활동을 하지만 혼자서 자신의 내면을 바라보면서 있는 시간은 절대적으로 부족하기 때문이다. 혼자 잘 있으려고도 하지 않지만 혼자 있다고 해도 무엇인가를 하려고 한다.

자신의 내면에는 무엇이 있길래 보려고 하지 않는 것일까? 아마도 고통과 상처의 트라우마가 자리 잡고 있을 것이다. 이런 트라우마는 모든 인간이 다 가지고 있는 보편적인 것이라고 할 수 있다. 어린 시절 자신도 모르는 것들이 있다. 그런데 굳이 그것을 들여다봄으로써 고통을 초청하고 행복을 파괴시킬 필요는 없을 것이다. 4유형이 자신의 내면을 들여다봄으로써 상처와 고통을 알고 깊이 있는 '자기애'를 갖는 것과는 반대되는 개념이다.

그러므로 7유형은 다양한 부분에 관심을 갖는 탐험가이기도 하다. 새로운 것을 시작하기를 좋아하고 안 될 것이라는 생각이 좀처럼 들지 않는다. 그러니까 시도하는 것이다. 다른 사람들이 볼 때는 조금은 불안한 생각이 들 수도 있다. 하지만 7유형은 개의치 않는다.

👤 한석율(tvN 드라마 〈미생〉의 등장인물)

드라마에 등장하는 7유형의 예를 살펴보자. 〈미생〉의 한석율이다. 미생의 작가 윤태호는 에니어그램을 거의 많이 알고 있는 것처럼 느껴진다. 그의 작품의 등장인물을 이미 소개했지만 뚜렷한 성격의 이미지를 드러낸다. 이미 분석한 장백기, 강 대리, 장그래와 함께 7유형의 대표적 인물로는 한석율이 등장한다. 드라마 공식 홈페이지에 등장하는 한석율의 캐릭터 소개를 살펴보면 다음과 같다.

한석율(배우: 변요한) 섬유1팀 신입(27세) 현실 세계에 들어온 이
상주의자

"회사가 좋아요, 일도 좋습니다. 물론 여자도 좋구요."

자칭 패셔니스타, 장그래 절친(이 되고픈), 안영이 조차 자신을
좋아한다고 착각하는 자뻑에 도끼병이다. 여자에 대한 무한한
관심, 그 조차도 업무의 연장이라 생각하는 자신감, 그리고 뻔뻔
함. 기면 기고 아니면 아닌, 이분법적 논리만이 진정한 남자의
조건이라 생각하고, "진짜 남자!"를 입에 달고 산다. 그럼에도 전
혀 믿게 보이지 않는 석율의 최대 무기는 때와 상대를 불문하는
강력한 친화력이다. 누구를 상대하든 먼저 말을 붙이고, 자신이
인정한 상대라면 진심으로 친해질 준비가 되어 있는 그이다.

일을 하는 짬짬이 회사 구석구석을 쉬지 않고 돌아다니며 정
보를 빨아들이는 통에 모르는 게 없고, 그에게 들어간 소문이 사
내에 퍼지는데 채 1초도 필요치 않다. 그래서 사람들은 그를 언
제 터질지 모르는 시한폭탄, 원 인터의 확성기, 개벽이 등으로
부른다. 하지만 정작 그가 듣고 싶어 하는 호칭은 워커홀릭. 일
이 아니면 죽음을! 낮이고 밤이고(?) 일하는 게 가장 즐겁다는,
참 보기 드문 청년이다.

이러한 캐릭터 소개에서 주목되는 점이 있다. 블루 컬러 노동
자의 집안에서 태어난 석율은 현장의 소중함을 알기에 대한민국
모든 현장 노동자들의 정점, 그들을 책임지는 대기업의 사장이
되리라 마음을 먹고 원 인터에 입사했다는 것이다. 즉, 주인공의

고백처럼 '영업'이다. 필자가 경험한 7유형의 조직 내 생존의 터는 영업직으로 7유형이 몰려 있다는 것이다. 왜 그럴까? 모든 조직 중에서는 그래도 영업조직이 가장 자유스럽고 융통성이 있는 조직이기 때문이라고 판단된다. 대신 성과가 중요하다. 영업이란 다른 사람들을 설득해야 하는데, 7유형 자체가 긍정적임으로 자신이 판매하려고 하는 제품의 긍정적인 면을 잘 말함으로써 고객의 설득력을 높일 수 있다. 보통 7유형이 말을 잘하는데 이 역시 같은 이유가 적용된다고 하겠다.

드라마 〈미생〉 3화에 장그래와 대화하는 장면을 짧게 소개한다.

한석율: 그쪽 팀 김 대리님인가 징계위원회에 회부 된다면서요.
장그래: 정말이지 모르는 게 없는 놈이다(속으로).
한석율: 모르는 게 없죠. 정보력이 곧 경쟁력이거든요.
장그래: 때려 맞추는 데도 일가견이 있는 놈이다(속으로).
한석율: 때려 맞추는 것은 아닌데 제가 독심술을 좀 하거든요.
　　　　특히 여자 마음은 훤히 알죠(미소 짓는다).
장그래: 어이 없이 쳐다보면서 이 미친놈~ (속으로)

이 장면에서 한석율은 회사 돌아가는 것을 훤히 알고 있다. 마치 안테나가 높이 달려 모든 발신, 수신 내용을 다 파악하는 것처럼 말이다. 궁금한 것을 참지 못하고, 알려고 하고, 재미있어 한다. 다양한 정보를 수집하고 행복과의 연결성을 높인다. 다다익선(多多益善)이다. 많은 것을 담고 그때그때 꺼내어 사용한다.

그러다가 싫증이 나면 저 멀리 던져 버린다.

👤 이익준(tvN 드라마 〈슬기로운 의사생활〉의 주인공)

한석율과 비슷한 캐릭터로 드라마 〈슬기로운 의사생활〉의 주인공인 이익준(조정석 분)이 있다. 드라마 공식 홈페이지에 이 캐릭터에 대한 설명을 살펴보면 다음과 같다.

이익준(간담췌외과 부교수)은 의대 99학번으로 천재들이 인정하는 천재 중 천재! 공부도, 수술도, 하물며 기타까지도 못하는 게 없는 만능맨. 익준을 보고 있자면, 참 세상 불공평하다. 노는 자리에는 절대 빠지지 않고서도, 항상 전교 1등! 타고난 머리도 좋고 집중력도 놀랍다. 의대에 수석으로 입학해 수석으로 졸업했으며, 동기 중 가장 빠른 승진으로 승승장구 중이다. 실패를 모르는 인생이다. 그래서 익준에게는 삶이 즐겁고 유쾌하다.

〈슬기로운 의사생활〉 시즌 2의 7화에서 7유형의 특징을 찾아보자 〈미생〉의 한석률과 같은 모습이 등장한다. 극 중 등장인물인 채송화와 식사를 같이 하러 가는 도중에 발생하는 일을 추적

해 보자.

채송화: '안구건조증' 그거 은근히 신경 많이 쓰이는데 언제부터
　　　　 그래?

이익준: 올해부터. 딱 올해부터 그래.

채송화: 어휴~ 준환이는 노안, 정환이는 두통에 석현이는 요새
　　　　 허리가 안 좋다고 그러고. 그런데 너 전립선은... (같이
　　　　 가면서 이야기하다가 익준은 다른 사람을 만나고 있다.)

이익준: 벌써 결혼을 한다구요? 아드님은 올해 대학 졸업 했잖
　　　　 아요.

미용실 원장: 내 말이... 하루라도 빨리 결혼하고 싶대. 후딱 치
　　　　 워버리면 나도 편하고 좋지 뭐. 그래서 그러라고 그랬
　　　　 어. 교수님은 지금 식사하러 가시는 길?

이익준: 예.

미용실 원장: 얼른 가세요. 얼른 가셔.

이익준: 청첩장 주세요.

미용실 원장: 당연하지, 그럼 가세요.

이익준: (채송화를 보면서) 알지?

채송화: 누구신데?

이익준: 별관 지하 〈깎고 지지고 볶고〉 미용실 원장님.

채송화: 하하~ 아~

이익준: 내 머리를 책임져 주시는 분이시지. (손을 들고) 안녕
　　　　 하세요. 잘 지내셨어요? (채송화를 보면서) 본관 안경

점 사장님.

안경점 사장: 이것도 신상이란 말이야.

이익준: 이것두요? 와 이거 진짜 가볍잖아.

안경점 사장: 안 낀 것 같아.

이익준: 프론트 라인 너무 예쁘고 브릿지 색깔도 다른 게 있던 데... (에스컬레이터를 타고 내려가다가 올라오는 미화 여사) 이익준 교수님~

이익준: 아유~ 깜짝이야. 이모님 디스크 수술하시고 괜찮으 셔? 왜 벌써 출근하셨어?

미화 여사: 그래야 먹고살지. 그럼 안녕~

이익준: 안녕이라고 말하지 마셔~ 히잉~ 저기 몸조리 잘 하 세요.

이익준: 아저씨~

관리 직원: 어, 왔어.

이익준: 식사했어요?

관리 직원: 어, 밥은 먹었어.

이익준: 저 지금 심는 묘종이 뭐죠?

관리 직원: 비밀이야!

이익준: (작은 화분을 한 개 손에 들고) 가다가 채송화에게 준다.

채송화: 나 주는 거야?

이익준: 응!

이익준: 아~ 저녁 한번 해야죠? 아 진짜 이렇게 오래 안 보기 있기? 없기?

헬기 기장: 교수님이 바쁘시죠. 저야 시간되죠.

이익준: 제가 조만간 연락 한번 드릴게요!

채송화: 저 분은 누구실까?

이익준: 헬기 기장님~우리 병원 헬기 기장님이시잖아.

채송화: (기막히다는 듯이) 넌 어떻게 이 병원에 모르는 사람이
없어? 내가 이 병원에 더 오래 있었는데, 어떻게 나보
다 더 아는 사람이 많지?

이익준: 왜 그런지 알아? 사람들이 날 너무 좋아해. 내가 너무
귀엽나봐! (귀여운 짓을 하면서 춤을 추듯 걷는)

약 3분 10초 정도 장면의 상황 내용이다. 7유형은 만나는 사람
이 많다. 〈미생〉의 한석율이 그렇듯이 〈슬기로운 의사생활〉의
이익준은 그 짧은 시간에 만나는 사람이 미용실 원장, 안경점 사
장, 미화 여사, 관리 직원, 헬기 기장 등 정말 모르는 사람이 없다.
장그래가 한석율을 보면서 '모르는 게 없는 놈이야!'라고 한 말이
딱이다. 이익준은 슬픔이 있어도 슬픔을 잘 표현하지 않는다. 아
내의 결별 선언에도 애써 미소를 보내고 괴로워하지 않는다. 그
런데 오히려 그것 때문에 더 슬프다. 7유형의 많은 사람이 이렇
게 자신의 슬픔을 숨기려고 하는데 이를 아는 사람은 드물 것이
다. 본인은 그렇게 지나가게 놔두고 본인도 잊어버린다. 이별, 슬
픔, 아픔, 고독 등은 딴 나라 사람들이나 하는 짓이다. 〈미생〉과
〈슬기로운 의사생활〉의 주인공들을 통해 7유형들이 얼마나 많은
활동을 하고 얼마나 많은 사람과 교류하는지를 살펴보았다. 주변

을 끊임없이 탐색하고 모르는 것이 없는 정보망으로 자신을 행복하게 하려는 시도가 놀라울 따름이다. 독자 중에서, 아니면 독자가 아는 사람 중에서 7유형을 어렵지 않게 만날 수 있다.

오랜 기업교육의 현장에서 영업팀을 만나면 강사의 입장에서는 너무 반갑다. 일단 강의하기가 수월하고 기분이 좋다. 7유형이 많이 있는 조직에는 웃음이 떠나지 않는다. 에니어그램 강의는 성격 강의이기에 쉽고 재미있게 강의하는 것을 제1의 목표로 삼는다. 그런데 7유형은 잘 웃으며 긍정적이다. 재미없고 따분한 강의는 질색이다. 하지만 성격은 그것 자체에 호기심이 생긴다. 인물 분석, 상황 분석 등을 재미있게 느낀다. 또한 강사의 강의가 마음에 들면 리액션(reaction)이 크고 몰입도도 최고이다. 강의를 하는 입장에서는 참가자들의 참여가 중요한 동기부여가 된다. 그런 점에서 7유형이 많으면 많을수록 강의는 재미있고 웃음도 많고 질문도 많다. 강의를 마친 후에 강사에 대한 평가도 후하다. 어떤 조직은 우스운 이야기를 하여도 아무런 반응이 없는 경우도 있다. 강의하기가 몇 배나 더 힘들어진다. 하지만 7유형은 나이가 많고 직급이 높아도 신입사원들이 모인 것과 같은 활력이 넘칠 때가 많다. 그만큼 에너지가 넘친다.

4. 노래 가사 속 7유형 모습 들여다보기

🎤 **다이너마이트**

(작곡 · 작사: David Stewart, Jessica Agombar / 노래: 방탄소년단)

방탄소년단(BTS)은 국내에서의 인기는 물론 대한민국 아이돌 그룹 사상 유례없이 해외 음악 시장을 석권하며 엄청난 기록을 수립하고 있는 K-POP의 중심으로 평가 받는 그룹이다. 방탄소년단(防彈少年團)의 방탄은 '총알을 막아 낸다.'라는 뜻이 있다. 10대는 살아가는 동안에 힘든 일을 겪고 편견과 억압을 받는다. 그래서 방탄 소년단이 그것을 막아 내겠다는 심오한 뜻을 담아 낸 것이다.

연합뉴스의 김효정 기자의 글에서 그들의 7유형 모습을 찾아보자.

방탄소년단 "코로나 시대 재충전 프로젝트, 듣고 어깨춤 추실 것"

글로벌 그룹 방탄소년단(BTS)이 신종 코로나바이러스 감염증(코로나19) 시대 밝은 에너지를 '재충전'하기 위한 신곡으로 돌아온다. 디지털 싱글 '다이너마이트'(Dynamite) 발매를 앞두고 21일 온라인 기자간담회에 나선 이들은 "다이너마이트가 <u>모두를 행복하게 만드는 '힐링 송'이 됐으면 좋겠다.</u>"(정국)고 전했다.

진은 "<u>희망과 응원의 메시지를 우리가 제일 잘할 수 있는 노</u>

래와 춤을 통해 전하고 싶었다."며 "바로 지금 방탄소년단이 여러분께 들려 드리고 싶은 노래"라고 힘 줘 말했다.

"달리다가 넘어진 듯한 기분이 드는 요즘이잖아요. 그런 모든 분께 바치는 곡이라고 생각해 주시면 쉬울 것 같아요. '불을 밝힐 거야'라는 뜻의 '라이트 잇 업'(Light it up)이란 가사가 많은 분들께 힘이 되었으면 좋겠어요."(슈가)

"처음부터 끝까지 활기차고 싱그러운 노래"(RM), "많은 분들이 듣고 어깨춤을 추실 것"(슈가), "녹음할 때 기분 좋아지고 힘이 나는 느낌을 받았다"(제이홉)라는 설명처럼 '다이너마이트'는 흥겹고 발랄한 곡이다. 방탄소년단으로선 처음으로 시도하는 디스코 팝 장르이다. 이 곡은 코로나19로 월드 투어가 취소된 방탄소년단 스스로에게도 '돌파구'였다고 멤버들은 전했다.

"누구도 예상하지 못했던 상황이고, 저희 역시 계획했던 많은 것을 할 수 없게 됐어요. 솔직히 무대에 굉장히 서고 싶었고, 팬 분들과 만나서 소통해야 하는 팀으로서 허탈하고 무력감을 느꼈던 것 같아요. 무기력을 헤쳐 나갈 돌파구가 필요했던 차에 새로운 도전의 기회가 생겼다고 생각해요."(지민)

디지털 싱글이라는 형식부터 방탄소년단으로서는 파격적인 시도로, 제이홉은 "저희에게도 신선한 시도이자 도전이기 때문에 더 의미가 큰 것 같다."고 했다.

RM은 "원래 '다이너마이트' 발매는 계획에 전혀 없었다."며 "올해 초부터 하반기에 나올 앨범 작업을 계속하고 있었는데 준비하는 과정에서 만나게 된 곡"이라고 소개했다. 그는 "저희가 시도해 보고 싶었던, 살짝 '무게감 없는' 신나는 곡이어서 들을 때 너무 기분이 좋았다. 춤을 추면서 신나게 녹음했다."며 "팬 분들과 빨리 나누고 싶고, 에너지를 드리면 좋겠다는 생각에 하반기 새 앨범 전에 싱글로 내보자는 생각을 하게 됐다."고 설명했다.

　방탄소년단은 데뷔 이래 처음 영어로 곡을 소화했다. 뷔는 "가이드 녹음을 할 때 영어 가사가 멜로디에 더 잘 붙는다고 생각했다."며 곡과 멜로디를 생각했을 때 영어로 부르는 것이 더 어울리겠다는 의견이 나왔다고 설명했다. 진은 "영어 가사가 쉽지는 않았지만, 이전에 작업한 곡과는 또 다른 분위기를 느낄 수 있다."며 "팬 분들께 새로운 모습을 보여 드리고 싶다는 생각도 들었다."고 했다. '포인트 안무' 역시 존재한다고 귀띔했다. 정국은 "쉽게 따라 할 수 있는 동작들이 많다. 팬 분들도 방안에서 출 수 있을 정도로 되게 재밌다."며 기대를 끌어올렸다. 뮤직비디오에 대해서도 "전반적으로 '프리 한' 부분이 많았다. 저희가 직접 즉흥적으로 현장에서 안무도 짜 보는 등 '리얼함'을 많이 담았다."(제이홉)고 전했다.

출처: 연합뉴스(2020. 8. 21.).

tip

멤버들의 인터뷰 내용은 사실 거의 비슷하다. '희망' '즐거움' '신나는'

등의 내용을 소개하고 있다. 코로나19로 인해 어려움을 겪는 모든 사람, 특히 젊은 분들을 위해 노래한다는 뜻으로 이해했다. 노래 자체도 신나고 경쾌한 리듬으로 되어 있고, 가사도 모두 긍정적이고 적극적이며 희망에 차 있다.

에니어그램의 유형별로 나누자면 7유형이라고 할 수 있겠다. 노래를 들으면 신이 나고 즐거우니 7유형이다. 또 가사의 내용이 희망과 즐거움, 춤을 추는 폭발적인 〈다이너마이트〉와 같다는 표현이 그렇다. 7유형은 즐겁기를 원한다. 즐거워야 행복하다고 생각한다. 그럴 때 힘을 얻으며 용기와 희망을 가질 수 있다. 그런데 세상을 살아가는 과정에는 즐거움만 있는 것은 아니다. 고통도 있고, 난관에 부딪히기도 한다. 그럴 때 긍정적이고 적극적인 마인드로 난관을 이겨 내는 것이 7유형이다. 우리 모든 독자들이 〈다이너마이트〉의 가사처럼, 그리고 BTS 멤버들이 말한 것처럼 즐거움에 빠져 보도록 하자. 인생은 즐거운 것, 웃음의 동산이니까……

BTS의 〈다이너마이트〉의 가사를 살펴보자. 거의 모든 가사가 7유형의 '유쾌' '상쾌' '통쾌'로 이루어져 있다. 가사의 내용 중에 별, 불꽃, 달리자, 연주해, 노래해, 높이 뛰어올라, 뜨거워지는 분위기, 꿀처럼 달콤해, 디스코 파티, 누구나 좋아, 정신없이 흔들어, 낮에도 밤에도 눈부셔, 아침이 올 때까지 춤을 춰, 고민은 내게 맡기고 (신나게) 집중해 등등 노래 전체가 7유형을 상징하는 단어로 꽉 차 있다. 노래를 직접 들어봐도 신나고 경쾌한 리듬이다. 어떤 노래는 리듬은 신나는데 가사가 어두운 노래도 있다. 그것 또한 나름 매력이 있지만 BTS의 〈다이너마이트〉는 곡도, 가사도, 리듬도 모두 경쾌하고 신나게 되어 있다. 음악 전체가 7유형의 기운으로 꽉 차 있다.

BTS가 부른 〈다이너마이트〉의 노래 가사의 일부분이다.

I'm in the stars tonight so watch me bring the fire and set the night alight
오늘밤 난 별들 속에 있으니 내 안의 불꽃들로 이 밤을 찬란히 밝히는 걸 지켜봐

shoes on get up in the morn cup of milk let's rock and roll
아침에 일어나 신발 신고 우유 한 잔 이제 시작해 볼까.

king kong kick the drum rolling on like a rolling stone
킹콩드럼을 연주해. 구르는 돌처럼 거침없이

Disco overload I'm into that I'm good to go
디스코 파티 난 준비됐어

I'm diamond you know I glow up Hey so let's go
난 다이아몬드, 빛나는 거 알잖아

I'm in the stars tonight so watch me bring the fire and set the night alight
오늘밤 난 별들 속에 있으니 내 안의 불꽃들로 이 밤을 찬란히 밝히는 걸 지켜봐

shining through the city with a little funk and soul
펑크와 소울로 이 도시를 밝혀

So I'mma light it up like dynamite woah
빛으로 물들일 거야 다이너마이트처럼

Bring a friend join the crowd
친구들 불러 여기 모여 봐

whoever wanna come along word up talk the talk
오고 싶은 사람 누구든지 좋아 말은 됐어

just move like we off the wall

이제 정신없이 흔들어

Day or night the sky's alight so we dance to the break of dawn

낮에도, 밤에도 하늘은 눈부셔 그러니 우리는 아침이 올 때까지 춤을 춰

Ladies and gentlemen, I got the medicine so you should keep ya eyes on the ball, huh

신사 숙녀 여러분, 고민은 내게 맡기고 (노는 데) 집중하시죠

I'm in the stars tonight so watch me bring the fire and set the night alight

오늘밤 난 별들 속에 있으니 내 안의 불꽃들로 이 밤을 찬란히 밝히는 걸 지켜봐

shining through the city with a little funk and soul

펑크와 소울로 이 도시를 밝혀

so I'mma light it up like dynamite woah

빛으로 물들일 거야 다이너마이트처럼

life is dynamite

인생은 다이너마이트

Dynnnnanana life is dynamite

인생은 다이너마이트

shining through the city with a little funk and soul

펑크와 소울로 이 도시를 밝혀

so I 'mma light it up like dynamite woah

다이너마이트처럼 빛으로 물들일 거야

    BTS의 〈다이너마이트〉가 최근 아이돌의 노래라면 올드한 노래도 살펴보자.

🎤 나는 행복합니다

(작곡 · 작사 · 노래: 윤항기)

나는 행복합니다 나는 행복합니다 나는 행복합니다 정말 정말 행복합니다
기다리던 오늘 그날이 왔어요 즐거운 날이예요
움츠렸던 어깨 답답한 가슴을 활짝 펴 봐요
가벼운 옷차림에 다정한 벗들과 즐거운 마음으로
들과 산을 뛰며 노래를 불러요 우리 모두 다 함께
나는 행복합니다 나는 행복합니다 나는 행복합니다 정말 정말 행복합니다
진달래꽃 피는 봄이 지나면 여름이 돌아와요
쏟아지는 태양 젊음이 있는 곳 우리들의 여름이죠
강에도 산에도 넓은 바다에도 우리들의 꿈이 있어요
그곳으로 가요 노래를 불러요 우리 모두 다 함께

나는 행복합니다 나는 행복합니다 나는 행복합니다 정말 정말 행복합니다

이 노래 역시 7유형의 즐거움을 추구하는 노래이다. 노래가 경쾌하고 복잡하지 않으며 단순 반복된다. 그러나 듣다 보면 마음이 편해지고 즐거운 마음이 생긴다. 밑줄 친 부분은 모두 에니어그램에서 말하고 있는 7유형의 특징들과 맞닿아 있다.

🎤 걱정 말아요 그대

(작곡 · 작사: 전인권 / 노래: 이적)

선풍적인 인기를 끌었던 드라마 〈응답하라 1998〉의 OST 곡이
었던 〈걱정 말아요 그대〉 가사를 살펴보자.

그대여 아무 걱정하지 말아요 우리 함께 노래합시다
그대 아픈 기억들 모두 그대여 그대 가슴에 깊이 묻어 버리고
지나간 것은 지나간 대로 그런 의미가 있죠
떠난 이에게 노래하세요 후회 없이 사랑했노라 말해요
그대는 너무 힘든 일이 많았죠
새로움을 잃어버렸죠 그대 슬픈 얘기들 모두 그대여
그대 탓으로 홀홀 털어 버리고 지나간 것은 지나간 대로 그런 의
미가 있죠

우리 다 함께 노래합시다 후회 없이 꿈을 꾸었다 말해요 지나간 것
은 지나간 대로 그런 의미가 있죠 우리 다 함께 노래합시다 후회
없이 꿈을 꾸었다 말해요

지나간 것은 지나간 대로 그런 의미가 있죠
우리 다 함께 노래합시다 후회 없이 꿈을 꾸었다 말해요 새로운
꿈을 꾸겠다 말해요

이 노래는 7유형의 꿈과 많이 연결되어 있다. 7유형은 미래를
바라본다. 현재는 즐거움과 반대되는 고통이 있지만 미래는 자

신이 상상하는 대로 된다. 즉, 고통을 없앨 수 있는 것이다. 그래서 7유형은 꿈쟁이들이다. 지난 것은 지난 것이니 더 고통을 느끼면 안 된다. 새로운 꿈을 통해 과거를 치유하고 앞으로 나아가야 한다. 후회 역시 잠시 하다가 지나쳐 버린다. 언제까지 후회하기에는 이 세상은 상상과 꿈으로 꽉 차 있다.

tip

그 어떤 논리나 증거보다도 '원희복의 인물 탐구' 인터뷰에서 조영남의 많은 것에서 7유형의 모습을 발견하게 해 준다. 7유형은 '합리화'라는 방어기제를 사용한다. 고통과 불편함을 회피하기 위해 '그럴 수밖에 없었다.' '오히려 잘되었다' 하며 변명과 적당한 거짓말로 자신의 입장을 정당화한다. 실수로 작품을 망치더라도 이번 기회를 통해 배우는 것이 있으면 된다고 긍정적으로 말한다. 처음부터 잘하는 사람이 어디 있느냐고도 한다. 앞의 인터뷰 기사를 읽거나 MBC 예능 프로그램 〈황금어장 무릎팍도사〉에 출연한 그를 바라보면 방어기제를 사용하여 본질과 진실을 외면하고 있는 것은 아닐까 하는 생각이 든다. 아니면 그것조차도 잊고 살 수도 있다.

대기업 계열사에 강의를 간 적이 있다. 전국의 영업부장이 모이는 교육이었는데, 에니어그램을 이틀간 진행했다. 이렇게 많은 시간을 주는 것도 파격적이었는데, 교육담당자의 의지가 많이 반영되었다. 영업을 하기 위해 상대방을 이해하고 방법을 찾는 데 유용한 에니어그램을 선택한 것이었다. 전국에서 올라온 영업의 베테랑인 이들과 함께 지내는 이틀 동안 7유형이 70%가 넘는 것을 확인할 수 있었다. 강의를 오래 하면서 느끼는 것은 유형과 직업과의 관계이다. 그런데 영업 분야에는 유독 7유형이 많이 분포되어 있다. 물론 거기에 따른 성과도 크다. 영업은 어떤 규칙보다는 실적이 중요하기에 가장 자유로운 조직의 형태가 될 수 있다. 또한 근무도 영업 환경에 따라 조절이 가능하다. 다른 조직에 비해서 그렇다는 뜻이다. 7유형의 자유스러움, 말을 하는 능력, 이런 강점들은 좋은 것만 보는 긍정성과 관련이 꽤 있다.

조영남이라는 인물을 통해서 7유형을 바라보는 것은 꽤 흥미롭다. 그의 파란만장한 이야기 속에는 유독 엉망진창적인 요소가 많다. 보통의 경우 한 번만 이런 일이 세상에 알려져도 자살을 하는 연예인이 많다. 하지만 그는 수없이 그런 일을 벌이고도 아직까지 건재하다. 어째서일까? 만약 옆에 조영남이 있다면 독자들은 어떤 이야기를 들려줄 수 있을까? 에니어그램을 강의하거나 상담할 때에는 이런 말을 해 줄 수 있을 것이다. 7유형의 평생 과제는? 절제하라, 쉽게 합리화하지 마라, 고통을 피하지 말고 직면해서 받아들이라, 한 가지 일을 꾸준하게 하여 끝마치는 연습을 하라, 혼자 있는 시간을 허용하고 깊이 있게 생각하라가 아닐까?

5. 상징 동물 속 7유형 모습 들여다보기

🦉 나비와 원숭이

번데기에서 나비가 되는 과정은 신비 그 자체이다. 겨울의 추위를 견디며 살아남는다. 그리고 때가 되면 누구의 도움도 받지 않고 껍질을 찢고 세상으로 나온다. 번데기를 찢고 나오는 과정이 마치 사람의 출산 장면과 비슷하다. 출산! 그러면 생각나는 것이 인간이 느낄 수 있는 가장 큰 고통이다. 7유형은 즐거움에 집착하고 고통을 회피한다. 그런데 나비는 고통을 잘 견디면서 화려한 생명체로 재탄생된다. 이 부분이 7유형이 성장하는 모습과 비슷하다. 행복은 즐거움을 찾아다닌다고 해서 얻어지는 것이 아니다. 때로는 고통을 피하지 않고 직면하여 견디고 이길 때 진정한 행복이 온다.

인도네시아의 밀림에서 원숭이를 잡아 각국의 동물원에 파는 것을 직업으로 하는 부족이 있다고 한다. 그런데 그 부족이 이를 잡는 방법은 참으로 독특하다. 박이 열매를 맺으려고 하면 열매의 중간 부분을 끈으로 적당히 묶어 둔다. 그러면 속은 깊고 중간은 좁은 호리병 모양이 된다. 그런 다음 튼튼한 끈을 이용해 굵은 나무에 매달아 둔다. 박의 속에는 원숭이들이 가장 좋아하는 고소한 쌀을 넣어 둔다. 그러면 박을 발견한 야생 원숭이가 박 속의 쌀을 꺼내기 위해서 손을 깊숙이 넣어 한 줌 가득 움켜쥔다. 하지만 중간이 좁기 때문에 쌀을 쥔 손이 박 밖으로 나오지 못하게 되는 것은 자명하다.

놀라운 것은 그렇게 박 속에 손을 잡힌 원숭이는 사람들이 다가가도 그 움켜쥔 쌀을 절대로 포기하지 않는다는 것이다. 결국 사람들에게 잡히고 만다. 쌀을 놓기만 하면 산천초목이 모두 자신의 놀이터이다. 그러나 7유형의 집착인 즐거움만을 찾아다니면 이런 원숭이의 운명과 비슷한 처지가 되지 않을까?

7유형의 성공 방정식

1. 유형 7 자신의 발전 방안

① 당신은 자신의 내면에 있는 모든 것을 나타낼 수 있다. 가와 부, 즐거움과 고통, 밝음과 어두움, 음과 양이 그것이다. 진실은 두 가지 극단을 모두 지지하는 것을 포함한다.

② 당신은 침착하다. 당신은 자신이나 상황을 심각하게 받아들이는 것을 두려워하지 않는다. 만약 자신이 많이 심각해지더라도 부딪힐 염려는 없다는 것을 알고 있다.

③ 당신은 날개와 풍선을 모두 놓더라도 무덤 속으로 추락하지 않을 것이라는 것을 안다. 그리고 만약 떨어진다고 하더라도 당신은 황폐함과 어두움은 성장의 토대가 된다는 사실을 알고 있다.

④ 당신은 할 만한 가치가 있는 것을 한다.

⑤ 당신은 행복이 당신이 하는 개인적이고 사회적인 일의 종류에 따라 유동적이라는 것을 안다.

⑥ 당신은 현재와 이곳에 존재하고 있다. 그러므로 자신을 미래에 계획해 두는 즐거움을 절제하여야 한다. 당신은 미래를 계획하기보다는 현재 맡은 일에 착수한다.

⑦ 당신은 자신의 통찰력이 현실화되기에 충분히 중요하다고 생각한다.

⑧ 당신은 고통을 피하려고 하지 않고 견디어 내며, 합리화하며, 이상화한다.

⑨ 상황을 일부러 가볍게 보려고 하지 않고 자신의 분노나 자기주장을 표출한다.

① 당신은 자신을 '나는 쓸모없고 산만하다.'라고 생각하는 대신에 '나는 현명하고 통찰력이 있다.'라고 생각한다.

② 당신은 자신의 힘을 산만하게 흩어 놓거나 다른 데로 돌리지 않고 한 곳에 집중시킬 수 있다.

③ 당신은 자신이 하고 있는 것에 집중해서 완벽하게 이해될 때까지 조사한다.

④ 당신은 지식을 무차별적으로 흡수하지 않고 꼼꼼히 짚고 이해한다.

⑤ 당신은 창조력과 직관을 어떤 체계나 구조에 맞춰 놓는다. 당신은 철저하고 조직적이다. 이것은 당신으로 하여금 다음 단계의 행동으로 옮겨 가는 데 도움을 준다.

⑥ 당신은 조용함과 고독을 즐긴다.

⑦ 당신은 차분하고 주의 깊다. 당신은 공평한 증인, 또는 객관적인 관찰자로서의 역할을 수행할 수 있다.

⑧ 당신은 반응하기 이전에 관찰한다. 당신은 자신의 내면성을 발전시켜 나간다.

⑨ 당신은 객관성을 유지하려고 한다. 당신은 자신을 잃지 않고 일어나는 일로부터 한 발짝 물러나서 상황을 살필 수 있다.

8 유형

강한
도전주의자

1. 역사적 인물 속 8유형 모습 들여다보기

👤 6 · 25 전쟁의 영웅, 맥아더

맥아더는 1950년 6월 25일에 한국전쟁이 일어나자 국제연합
군(UN군) 최고사령관으로 임명되었다. 그는 불리한 한반도 정
세를 전환하기 위해서는 인천상륙작전이 필요하다고 생각하였
다. 그러나 인천항의 간만의 차가 평균 7m. 인천항을 상륙하기
전에 월미도를 먼저 점령해야 했다. 따라서 접안 지역이 좁아
상륙 후에도 시가전이 불가피한 지형으로 파악되었다. 미 해군
본부에서 완전 반대하였다. 미 해군의 과학적인 작전 분석에

따르면, 성공율이 5,000 : 1 정도밖에 되지 않았다. 그래서 격렬한 토론이 이루어졌는데, 군부와 정계에서 반대 여론이 극렬하게 일어났다. 하지만 이런 불리한 난점이 오히려 적의 허점을 찌르는 기습이 될 수 있다고 맥아더는 끝까지 주장했다.

인천상륙작전 수행 직전의 맥아더(망원경을 들고 앉아 있는 모습)

결국 7월 25일에 미국 합참을 통해 승인을 받았고, 다 아는 대로 인천상륙작전은 성공하였다. 역사적인 1950년 9월 15일 바닷물이 차올라 만조가 되는 날, 인천상륙작전을 감행하였다. 전쟁의 판도는 온전히 역전되었고, 인민군을 압록강 국경까지 몰아내는 데 성공하였다.

그러나 중공군의 개입으로 다시 후퇴를 하게 되자 그는 <u>만주 폭격과 중국 연안 봉쇄, 대만의 국부군(國府軍)의 사용 등을 주장</u>하였고, 이로 인해 해리 트루먼 대통령과의 대립으로 1951년 4월

11일에 사령관의 지위에서 해임되었다. 상하원 합동연설에서 "노병(老兵)은 죽지 않는다. 다만 사라질 뿐이다."라는 말을 남겼다.

출처: 네이버 지식백과(두산백과).

앞의 내용을 토대로 맥아더 장군을 8유형의 인물로 분류해 보았다. '불가능은 없다.'라는 말은 8유형의 전매특허이기도 하다. 맥아더가 그랬다. 80세가 넘은 나이에 전쟁의 포화 속에서 지휘를 한 점도 그렇고, 인천상륙작전 반대를 무릅쓰고 자신의 뜻을 관철한 점, 만주에 원자폭탄 투하 주장, 중국 연안 봉쇄나 대만의 국부군 사용 같은 강 : 강 대치의 모습을 보여 준 점도 그러하다. 더욱이 그의 은퇴 연설이 백미이다. "노병(老兵)은 죽지 않는다. 다만 사라질 뿐이다."

그가 썼다고 알려진 이 기도문은 8유형의 아버지가 쓴 것으로 읽힌다. 강한 아버지가 사랑하는 아들을 보고 자신처럼 살기를 바란다. 그리고 자신의 약점을 보완한 모습으로 아들이 성숙하게 살기를 바라는 마음이 담겨 있다.

맥아더 장군의 자녀를 위한 기도

내게 이런 자녀를 주시옵소서.

약할 때 자기를 잘 분별할 수 있는 힘과 두려울 때 자신을 잃지 않을 용기를 가지고,
정직한 패배에 부끄러워하지 않고 태연하며, 승리에 겸손하고 온유할 수 있는 사람이 되게 하소서.

그를 요행과 안락의 길로 인도하지 마시고 곤란과 고통의 길에서 항거할 줄 알게 하시고,
폭풍우 속에서도 일어설 줄 알며, 패한 자를 불쌍히 여길 줄 알도록 해 주소서.

그의 마음을 깨끗이 하고, 목표는 높게 하시고, 남을 다스리기 전에 자신을 다스리게 하시며,
미래를 지향하는 동시에 과거를 잊지 않게 하소서.

그 위에 유머를 알게 하시어 인생을 엄숙히 살아가면서도 삶을 즐길 줄 아는 마음과
자기 자신을 너무 드러내지 않고 겸손한 마음을 갖게 하소서.

그리고 참으로 위대한 것은 소박함에 있다는 것과
참된 힘은 너그러움에 있다는 것을 명심하게 하소서.

그리하여 그의 아버지인 저는 헛된 인생을 살지 않았노라고 나직이 속삭이게 하소서.

👤 정주영 전 현대그룹 명예회장

정주영
전 현대그룹 명예회장

정주영은 대한민국의 기업인이자 현대그룹의 창업자이다. 삼성그룹의 창업자인 이병철과 함께 어깨를 나란히 한 대한민국의 1세대 기업인이다. 현대의 특유의 기업 문화 때문에 생긴 정주영의 별칭은 왕회장이라고도 한다. 초졸(당시 소학교) 학력으로 현대그룹이라는 세계적인 기업을 일군 대한민국 역사상 최고로 성공한 인물 중에 한 명이다.

1915년 11월 25일, 강원도 통천군 송전면 아산리에서 가난한 농부의 6남 2녀 중 첫째 아들로 태어났다.

그리고 그는 당시 보통학교(현재 초등학교)를 졸업했다. 그의 학력은 그것이 전부이다. 어린 시절, 농사꾼인 아버지를 도와 일을 하다가 노력 대비 성과가 없는 것에 한탄했다. 도저히 이런 농사와 생활 방식으로는 성공할 수 없다고 판단했다. 그 결과 그는 부모님의 돈을 훔쳐 가출해 서울로 올라가 경리 · 회계 공부를 했지만 다시 아버지에게 잡혀 집으로 간다. 이런저런 우여곡절 끝에 신당동의 쌀가게 '복흥상회'에서 점원으로 일을 시작한다. 그의 성실함에 쌀가게 주인은 감탄하며 3년 만에 그 쌀가게를 정주영 회장에게 넘겨 준다. 쌀가게를 물려받은 그는 크게 키우는 중에 일제가 쌀 배급제를 시행하면서 자연스럽게 가게 문을 닫게 된다. 그리하여 쌀가게를 운영하면서 번 돈과 쌀가게를 하면서 얻은 인맥들로부터 대출을 받아 '아도서비스'라는 자동차 수리 공장을 세운다. 놀라운 것은 그는 자동차 한 번 타보지 못했음에도 할 수 있다는 믿음으로 <u>그냥 시작한다</u>. 그 당시 자기 돈 20% 정도에 80%를 빚으로 시작하면서도 자신감이 있었다. 안 된다는 생각 자체를 하지 않은 사람이었다.

정주영 명언이라는 단어로 검색을 해 보았다. 대부분이 8유형이라는 것이 선명하게 드러나는 것들이 많았다. 정 회장이 1유형이라는 전문가들도 있다. 근면 성실하고 철저하게 일하는 스타일이라서 그런 면이 많은 것이 사실이다. 그래서 8유형이라고 짐작되는 명언들을 골라 보았다.

- 무슨 일을 시작하든지 된다는 확신 90%와 반드시 되게 할 수 있다는 자신감 10% 외에 안 될 수도 있다는 생각은 단 1%도 가지지 않는다.
- 운이 없다고 생각하니까 운이 나빠지는 거야.
- 시련일 뿐이지 실패는 아니다. 내가 실패라고 생각하지 않는 한 이것은 실패일 수 없다.
- 길이 없으면 길을 찾아라. 찾아도 없으면 길을 닦아 나가야 한다.
- 나는 젊었을 때부터 새벽에 일어났어. 더 많이 일하려고…….
- 성패는 일하는 사람의 자세에 달린 거야.
- 아무라도 신념에 노력을 더하면 뭐든지 해낼 수 있는 거야.

- 내 이름으로 일하면 책임 전가 못하지.

- 열 배로 일하는 사람이 열 배로 피곤해야 맞는데 피곤해 하고 권태로워하는 것은 오히려 게으름으로 허송세월하는 이들인 것을 보면 인간은 일을 해야 하고, 일이야 말로 신이 주신 큰 축복이라고 생각한다.

- 불가능하다고? 해 보긴 했어?

- 머리는 쓰라고 얹어 놓고 있는 것이다.

- 스스로 운이 나쁘다고 생각하지 않는 한은 나쁜 운이란 건 없다.

- 나는 내 이름을 걸고 일하는 한 내 권한을 양보도 안 하는 대신 다른 이에게 책임을 전가하지도 않는다.

- 건설업은 즉각적인 결정이 중요하다. 시간이 곧 돈이기 때문이다. 나는 무리한 결정이라도 성공률에 대한 확신이 있으면 결정에 주저하지 않는다.

- 목표에 대한 신념이 투철하고 이에 상응하는 노력만 쏟아붓는다면 누구라도 무슨 일이든 할 수 있다.

- 모든 일의 성패는 그 일을 하는 사람의 사고와 자세에 달려 있다.

- 뒤떨어져 있는 분야라고, 미지의 분야라고 힘들다고 피하거나 두려워하는 것은 패배주의이다.

- 운이란 때라고 생각한다. 확실히 좋은 때, 나쁜 때는 있다. 그러나 좋은 때라고 해서 손 놓고 앉아 놀아도 마당으로 호박이 혼자 굴러 들어와 주는 것은 아니며, 나쁜 때라고 해서 죽을힘을 다해 노력해도 더 나쁜 결과를 맞게 되는 것은 아니다.

- 나는 젊었을 때부터 새벽 일찍 일어난다. 그날의 할 일에 대한 기대와 흥분 때문에 설레어 늦도록 자리에 누워 있을 수가 없기 때문이다. 밤에는 항상 숙면할 준비를 하고 잠자리에 들었

다. 새 날이 왔을 때 가뿐한 몸과 마음으로 즐겁게, 힘차게 일
하기 위해서이다.

앞의 정주영 회장이 한 말을 살펴보면 자신감, 확신, 신념, 책
임감 등의 단어가 떠오른다. 절대 안 된다는 생각은 하지 않는
다. 무조건 된다는 성격으로 한국의 근대화를 일구어 냈다. 가히
그는 8유형의 화신이라고 부를 만하다. 8유형은 강한 사람이라
는 닉네임이 따라다닌다. 정주영 회장이 그랬다. 맨주먹으로 배
를 만들고, 차를 만들고, 고속도로를 만들었다. 우리나라에서 차
를 만들고, 배를 만들고, 댐을 만들었다는 사실은 당시 정주영과
같은 인물이 없었더라면 불가능했을 것이다. 8유형의 도전정신
과 열정, 그리고 강한 의지는 오늘날의 한국이 선진국으로 가는
토대를 쌓았다고 해도 과언이 아닐 것이다.

정주영 하면 떠오르는 유명한 장면 중 하나가 바로 1998년 소
떼 방북 모습이다.

[순간포착] "화해와 평화 초석 되길"… 정주영 회장 '소떼 방북'

다음 사진은 1998년 6월 16일 아침 경기도 파주 통일대교 부
근에서 열린 정주영(1915~2001) 현대그룹 명예회장의 '소떼 방
북' 환영 행사 모습을 담고 있다. 정 회장은 가슴이 벅찬 듯 말문
을 열지 못했고, 환영 인파에 손을 흔들어 인사만 했다. 정 회장

1998년 6월 16일, 소떼를 몰고 방북 길에 오른 정주영 현대그룹 명예회장

을 비롯한 방북단은 오전 8시 15분에 환영행사장을 출발했다. 정 회장이 탄 승용차를 선두로 소 500마리와 사료를 실은 트럭 50대가 전날 새로 개통한 통일대교를 차례로 건넜고, 9시쯤 판문점에 도착했다. 대성동 마을, 유엔사 캠프 등을 지날 때는 주민과 군인, 미군이 손을 흔들며 환호하기도 했다. 소 8마리를 태운 1호 트럭이 군사분계선에 도착하자 북측 인수 요원들은 잠시 차를 세우고 소의 숫자와 상태 등을 점검한 후 바로 통과시켰고, 나머지 트럭도 15분 만에 북측으로 넘어갔다.

이어 오전 10시 정각 정 회장은 걸어서 군사분계선을 넘었다. 분단 이후 처음으로 민간인이 판문점을 통과해 북한 땅을 밟는 역사적인 순간이었다. 그는 군사분계선을 넘기 직전 "고향 땅을 밟게 돼서 반갑다."면서 감회 어린 표정을 지었다. 정 회장의 소에 대한 애착은 남달랐다. 어린 시절, 가난이 싫어 아버지가 소 판 돈을 들고 상경한 이후 막일꾼에서 세계적인 기업가로 성공하기까지 소를 성실과 부지런함의 상징으로 삼아 인생길을 걸었다고 한다. 정 회장은 이날 오전 9시께 판문점 평화의집에서 가진 기자회견에서 "그 한 마리의 소가 이제 천 마리의 소가 돼 그 빚을 갚으러 꿈에 그리던 고향 산천을 찾아간다. 이번 방북이 단지 한 개인의 고향 방문을 넘어 남북 간의 화해와 평화를 이루는 초석이 되길 진심으로 바란다."고 밝혔다.

정 회장은 같은 해 10월 27일에 소 501마리를 끌고 다시 북한을 찾았다. 두 차례에 걸쳐 북한에 보낸 소를 총 1천1마리로 정한 것은 '끝이 아니라 다시 시작한다.'는 의미와 남북통일의 초석이 되겠다는 의지를 담았다고 한다. 정 회장은 2차 소떼 방북 때 김정일 국방위원장을 만나 금강산 관광 사업을 담판 지었고, 그다음 달 18일에 이산가족 등 관광객을 실은 금강호를 출항시켰다.

출처: 연합뉴스(2020. 6. 20.).

정주영의 소떼 방북 퍼레이드만큼이나 8유형의 속성을 잘 드러낸 사건이 바로 전두환 전 대통령의 이른 바 '골목 성명' 발표이다. 다음의 사진은 전 전 대통령의 일명 역사적(?)인 '골목 성명'의 현장이다. 12·12 군사반란과 5·18 광주민주화운동 탄압, 뇌물수수 등의 혐의에 대한 책임을 물으려 지난 1995년 검찰이 소환 통보했다. 이때 전 전 대통령은 집 앞 골목에 나와 "정치

보복"이라고 주장한 뒤 고향인 경남 합천으로 내려가 버렸다. 결국 합천까지 따라간 검찰에 의해 강제 구인되는 결과를 낳았다. 결과에 관계없이 억울함을 직선적으로 표시하고 행동하는 것 역시 8유형의 특징이다.

내란 수괴 등의 혐의로 구속되기 직전인 1995년 12월 2일 자택 앞에서 검찰 소환 방침을 정면 반박하는 2쪽 분량의 대국민 성명을 발표하는 전두환 전 대통령의 모습

tip

소떼 방북과 골목 성명에서 8유형의 강함이 느껴진다. 정 회장은 굳이 1001마리의 소를 트럭 한 대에 소 한 마리씩 태우고 장엄한 행렬을 지어 판문점을 통해 북으로 향한다. 전두환씨는 무리가 자신의 옆과 뒤를 도열한 가운데 성명을 발표하면서 저항한다. '조용히' '혼자서' '간단히' 이런 단어는 8유형과는 잘 어울리지 않는 단어이다. 조직을 장악하고 명령하고 큰 힘을 보여 주기를 원한다. 전두환씨는 최근에 재판을 받

았다. 진실을 알기 원하는 국민들이 대부분일 것이다. 그러나 그의 입은 자물쇠를 채운 것처럼 단단하다. 자신을 거대하게 보이고 싶은 것은 '힘'에 대한 집착의 결과이다. 즉, 강함으로 대표되는 8유형의 모습 속에서 그들의 힘과 아픔을 동시에 보게 된다.

8유형은 잘 울지 않는다. 왜냐하면 우는 것은 약한 것이라고 생각하기 때문이다. 만약 8유형이 울 수 있다면(약한 모습을 보일 수 있다면) 굉장히 건강한 것이다. 앞의 두 사람의 예에서 우는 모습은 상상하기 어렵다. 하지만 진정 그럴 수 있다면 상처를 치료 받을 수 있다. 아파도 아프다고 인정하지 못하는 8유형들이다. 없어도 없다는 말을 하기 힘들어 한다. 없어서 없는 사람 취급 당하는 것이 싫어 '그래, 나 없다 뭐! 너희가 나 없는데 보태 준 것이라도 있냐?' '너나 잘 하세요'라고 발끈해야 강한 8유형이 되는 것이다.

아무리 약해도 그 약한 부분을 밖으로 꺼내 보이기가 힘들다. 하지만 그 부분을 드러내고 '나도 사실은 약한 사람이야'라고 말한다면 그는 진정한 리더가 될 수 있을 것이다. 강한 나머지 뻔뻔해지고, 잘못했지만 사과도 안 하고, 뭐가 어때서라고 튕겨야만 강한 사람이 되는 것은 아니다. 8유형의 집착은 '강함'이다. 부정적 단어인 이 강함이라는 껍질을 벗어버려야 진정한 건강을 가지게 될 것이다.

👤 칭기즈 칸

　여기 8유형의 강함을 떠올리게 할
사람을 한 명 더 소개해 보려고 한다.
그는 전 세계를 제패하고 인류 역사상
가장 큰 제국을 건설한 몽골의 황제
칭기즈 칸이다. 그가 한 말을 몇 가지
살펴보자.

몽골 제국의 건국자
칭기즈 칸

집안이 나쁘다고 탓하지 마라.
나는 아홉 살 때 아버지를 잃고 마을에서 쫓겨났다.
가난하다고 말하지 마라. 나는 들쥐를 잡아먹으며 연명했다.
목숨을 건 전쟁이 내 직업이었고, 내 일이었다.

작은 나라에서 태어났다고 말하지 마라.
나는 그림자말고는 친구가 없고, 병사는 10만.
백성은 어린애, 노인까지 합쳐서 200만도 되지 않았다.

배운 것이 없다고, 힘이 없다고 탓하지 마라.
나는 내 이름도 쓸 줄 몰랐으나,
남의 말에 귀 기울이면서 현명해지는 법을 배웠다.
너무 막막하다고, 그래서 포기해야겠다고 말하지 마라.
나는 목에 칼을 쓰고도 탈출했고, 뺨에 화살을 맞고 죽었다 살아
나기도 했다.

적은 밖에 있는 것이 아니라 바로 내 안에 있었다.

나는 내게 거추장스러운 것은 깡그리 쓸어버렸다.
나는 나를 극복하는 순간 칭기즈 칸이 되어 있었다.

모두가 내 발밑에 쓰러지기 전까지는 결코 승리했다고 말할 수 없다.

새로운 것에 대한 도전 없이 한 가지 성과에 만족하여 안주한다
면, 발전은커녕 현재의 위치조차 유지하기 어렵다. 내 자손들이
비단옷과 벽돌집에 사는 날 나의 제국은 멸망할 것이다.

강한 자가 살아남는 것이 아니고 살아남는 자가 강한 자이다. 말
들이 쉴 수 있도록 내버려 두어라. 숨쉴 수 있는 한 절대로 포기하
지 마라!

칭기즈 칸에게는 별도의 설명이 필요 없을 것 같다. 그의 이 한
글에 이미 강함이 풀풀 새어 나온다. 최악의 상황에서 최선의 결과
를 도출하기 위해 온몸을 던진다는 '강 : 강'의 모습을 볼 수 있다.
1970년대 후반 독일의 혼성 그룹 보니엠(Boney M)이 부른〈칭
기즈 칸〉이라는 노래 가사의 일부분은 다음과 같다.

und einer ritt voran, dem folgten alle blind
한 사내가 앞장서서 말을 달리고, 모든 이들은 그를 맹목적으로 따랐다

Dschinghis Khan (ha-hu-ha)
그의 이름은 바로 칭기즈 칸 (하-후-하)

Die Hufe ihrer Pferde, die peitschten den Sand
땅을 차며 달리는 그들의 말발굽

Sie trugen Angst und Schrecken in jedes Land
그들은 모든 나라에 공포와 두려움을 선사했고

Und weder Blitz noch Donner hielt sie auf
천둥도, 번개도 그들을 막을 수 없었다

Dsching, Dsching, Dschingis Khan,
칭-칭-칭기즈 칸

Auf Brüder, sauft Brüder, rauft Brüder, immer wieder
형제를 위하여 마셔라 동지 싸우자 전우여

Und jedes Weib, das ihm gefiel, das nahm er sich in sein Zelt (ha-hu-ha)
그는 마음에 드는 여자마다 그의 천막으로 끌고 갔다

Er zeugte sieben Kinder in einer Nacht
그는 하룻밤에 7명의 자식을 만들었고

Und über seine Feinde hat er nur gelacht
자신의 적들에 대해서는 단지 비웃기만 했다

Denn seiner Kraft konnt keiner widerstehen (hu-ha)
왜냐하면 아무도 그의 힘에 저항할 수 없었기 때문이다

가사를 보면 유럽인들이 중세 유럽을 휩쓸었던 몽골군과 몽골의 영웅 칭기즈 칸을 보는 이미지가 어떤 것인가를 알게 해 준다. 매우 강하고 무서운 정복자의 이미지를 보여 준다.

칭기즈 칸의 말과 그를 노래하는 가사도 살펴보았다. 용맹과 도전, 물러서지 않는다는 정신이 8유형의 이미지와 맞아떨어지기 때문이다. 하지만 8유형을 우악스럽고 거친 사람으로만 이해하는 것은 곤란하다. 마치 마시멜로처럼 부드럽고 약한 부분이 있으니 말이다. 다만 그것을 드러내는 것이 보통 다른 유형들보다 힘이 들 뿐이다. 다음 사례에서 그러한 8유형의 모습도 살펴보자.

2. 영화 속 8유형 모습 들여다보기

🎥 〈미션(The Mission)〉

1986년 개봉, 롤랑 조폐 감독, 로버트 드 니로, 제레미 아이언스, 레이 맥아널리, 에이단 퀸 주연

혹시 〈미션〉을 보지 못한 독자를 위해 잠시 〈미션〉의 줄거리를 들려주면 다음과 같다. 남미의 오지에 살고 있는 과라니족의 선교에 실패한 선교사가 십자가에 매달린 채 폭포에서 떨어지는 충격적인 장면으로부터 이 영화는 시작된다.

1750년, 스페인과 포르투갈은 남미 오지에 있는 영토 문제의 합의를 본다. 그곳에서 선교 활동을 하던 신부들은 과라니족을 감화시

켜 근대적인 마을로 발전시키고 교회를 세우는 데 성공한다. 신부들 중에 악랄한 노예상이었던 로드리고 멘도자(에이단 퀸 분)는 가브리엘(제레미 아이언스 분) 신부의 권유로 신부가 되어 헌신적으로 개화에 힘쓰고 있었다.

그런데 새로운 영토 분계선에 따라 과라니족의 마을은 무신론의 포르투갈 식민지로 편입되고, 선교회를 해체하기로 한다. 불응하는 과라니족과 일부 신부들을 설득하려는 추기경이 파견되지만 결과는 포르투갈 군대와 맞서 싸운다. 그 과정에서 가브리엘 신부와 그의 권유로 신부가 된 과거 노예상 로드리고 멘도자의 행동은 정반대의 길로 나뉘게 된다.

가브리엘 신부는 영화의 처음부터 끝까지 다툼과 분쟁보다는 사랑과 화해, 화합과 평안을 강조한다. 자신이 보낸 신부가 과라니족에게 죽임을 당해 십자가에 묶인 채 이과수 폭포로 떨어져 순교한다. 그 순교한 신부가 자신이 보낸 사람이라고 하며 죽음의 위험이 도사리고 있는 과라니족의 마을로 찾아간다.

호전적인 과라니족을 두려워하며 벌벌 떨기보다는 바위 위에 앉아서 사람의 마음을 움직일 수 있는 가장 좋은 방법인 음악을 통해 과라니족과 대화와 화합을 시도한다. 과라니족을 죽이거나 잡아가서 노예로 만든 로드리고 멘도자가 자신의 연인을 빼앗은 동생을 죽이고 감옥에 틀어박혀 있을 때, 그에게 찾아가 아무런 조건 없이 그가 회개하고 새 삶을 살 수 있도록 과라니족의 마을로 초대한다.

추기경 앞에서 스페인과 포르투갈의 식민 지배자들이 온갖 조롱을 하며 예수교 신부들과 언쟁을 벌이고 대립을 할 때, 가브리엘 신부는 화를 내지 않고 조용히 대화로 풀어 나가려고 애를 쓴다.

추기경의 잘못된 결정으로 인해 과라니족에 대한 예수교의 선교 활동이 불법으로 간주된다. 결국 군대가 쳐들어오고 싸우자는 로드리고 멘도자의 말을 거절하고 십자가를 들고 찬송을 부르며 죽는 그 순간까지 평화적인 태도를 보인다. 가브리엘 신부는 평화주의자이지만 그의 평화주의도 능동적인 힘을 발휘하려고 한다. 인디오들과의 생활 이후 가브리엘 신부는 교회에 대항하는 힘을 자신의 내부에서 발견한다. 가브리엘 신부는 무기를 쥐지는 않았지만 인디오의 마을을 떠나라는 교회의 명령을 거부하고는 교황청의 철수령에 회의를 느끼고 마지막까지 신이란 무엇인가를 외치며 방황한다. 그는 마침내 신앙의 힘은 바로 사랑이라는 해답을 얻은 뒤에 무기 없이 싸움에 나선다. 전투에 나서기 전 축복을 구하러 온 로드리고에게 가브리엘 신부는 이렇게 말한다.

로드리고 신부: 신부님, 축복을 부탁드리러 왔습니다!

가브리엘 신부: 아니요. 만약 그대가 옳다면 신의 축복은 필요 없을 것이오. 그리고 만약 틀렸다면 나의 축복은 소용이 없소. 만약 무력이 옳은 것이라면 이 세상에 사랑이 설 곳은 어디에도 없을 것입니다. 만약 그렇다면 난 이 세상에서 살아갈 기력을 얻지 못할 것이오. 로드리고, 나는 당신에게 축복을 해 줄 수 없소. 할 수 없소. 당신이 옳다면 하느님이 지키시겠지. 하

지만 옳지 않다면 축복은 무의미해. 무력이 정당하다면 사랑이
설 자리는 없어집니다. 틀림없이 그럴 거야. 나는 그러한 세상
에서는 살아갈 힘이 없어집니다. 축복도 할 수 없소, 로드리고.

그리고 떠나는 로드리고를 불러서 그에게 가장 소중한 물품 중
하나인 십자가 목걸이를 건넨다. 그것은 영화의 시작 부분에서
자신이 보낸 죽은 신부가 남긴 유품이었다. 사실 가브리엘 신부
의 생각은 이 한 장면으로 요약된다고 볼 수 있다.

영화 〈미션〉을 이끌어 가는 또 다른 인물인 로드리고는 스페
인과 포르투갈에 노동력을 제공하기 위해 폭포 위 원주민을 위
협했던 노예상이다. 자신의 약혼녀와 사랑에 빠진 동생을 살해
한 죄책감에 예수회 수도원 안에서 아무것도 먹지 않고 버티며
있던 로드리고는 가브리엘 신부의 설득으로 수사가 되어 스스
로 고행의 길을 걷는다. 8유형이 잘못을 회개하는 방법은 힘으로
응징을 받는 것이다. 하지만 자신을 응징할 사람이 없다. 동생을
죽였으나 결투로 인한 것이라서 죄가 인정되지 않는다. 질투로
몸을 떨면서 순식간에 일어난 일이라서 자기 자신도 감당하지 못
하는 상황이 되고만 것이다. 그래서 선택한 것이 죽음이었다. 아
무것도 먹지 않고, 말도 하지 않고 그냥 그 환경에 부딪히는 것이
었다. 8유형의 본능적인 대응 방법 그대로이다. 어떤 합리적인
생각이나 감성적인 노력이나 행동 등은 모두 배제된다. 오직 본
능에 이끌리어 자신을 학대한다. 그 방법이 굶어 죽는 것이다.
이런 행태는 자신의 죄를 씻기 위한 방법으로 잡아서 팔았던

과라니족 사람들을 위한 헌신의 길을 따라나서면서도 마찬가지이다. 그들을 볼 면목도 용서해 달라는 자신도 없었던 그는 폭포 위를 올라갈 때 잘 나타난다. 그는 자신이 노예상 용병으로 있을 때 사용했던 무기들과 갑옷을 짊어지고 험난한 폭포 위로 올라간다. 혼자 올라가기에도 벅찬 상황이다. 그런데 커다란 주머니에 무기와 갑옷 등을 잔뜩 넣고 가는 그의 모습은 처절하기까지 하다. 같이 올라가던 동료 신부가 보다 못해서 칼로 줄을 끊는다. 하지만 그는 다시 그 주머니를 짊어진다. 이 장면은 8유형을 설명하기 위한 글을 쓰는 이 시점에서도 소름이 돋는다.

8유형은 가장 본능적인 유형이다. 그만큼 본능적 감각이 뛰어나다. 따라서 빠르게 결정하고, 행동하면서 생각한다. 되고 안 되고는 별로 중요하지 않다. 생각이 떠오르면 행동하고 아니면 그만이다. 이런 행동파이기에 감성이나 사고는 그다음이다. 자신이 억압하고 심지어 노예로 팔았던 대상자들에게 용서를 구하는 방법으로 사용한 것이 자신을 학대하는 것이다. 그 긴 폭포를 기어 올라가면서도 끝내 그 병장기를 담은 주머니를 가지고 간다.

결과적이지만 그를 경계하고 무서워하면서도 원수로 알고 있었던 과라니족이었다. 하지만 그토록 애쓰고 처연하게 올라온 로드리고에게 과라니족은 그들 스스로 주머니의 고리를 끊어 준다. 그때 과라니족과 로드리고가 함께 웃는 장면은 잊혀지지 않는다. 드디어 로드리고는 공동체의 일원으로 거듭나 성경을 실천하며 평화로운 날들을 보낸다.

앞의 두 장면은 8유형이 어떤 방식으로 살아가는지를 여실히 보여 준다고 할 수 있다. '힘 대 힘'의 대결 방식을 선호하는 8유형이 할 수 있는 것은 그냥 본능적인 행동을 하는 것이다. 그것은 '분노'라는 본능형의 에너지를 외부로 발산하다가 안 되면 스스로에게 터뜨리는 것과 같다고 할 수 있다. 하고 싶은 말이 있어도 굳이 하는 편이 아니고 그냥 한다. 말보다는 행동으로 옮긴다. 특히 8유형의 이슈는 '정의'이다. 포르투갈 군대가 쳐들어오는 것은 정의가 아니다. 정의가 아니라면 행동해야 하고 응징해야 한다. 흑백 논리가 강한 8유형의 선택은 어쩔 수 없이 칼과 총을 드는 것이다. 가브리엘 신부는 은인이요, 스승이요, 선배이지만 그를 따를 수 없다. 잘못하고 있는 군대와 연약한 과라니족을 구원하는 것은 정의의 실현이기에 그는 가브리엘 신부의 축복을 받으려고 한다. 하지만 원하는 답을 얻지는 못한다. 대신 무언의 승낙으로 만족하면서 전쟁에 나서게 되고, 결국 장엄한 죽음을 맞이한다. 결국 고민을 많이 하지만 로드리고는 청빈, 정결, 순명, 그리고 교황께 순종이라는 예수회의 4가지 허원 중에서 순종의 맹세를 버리고 원주민들을 위한 명예로운 죽음을 택한다. 이때에도 가브리엘 신부는 "자네 손을 피로 물들이면 모든 것이 수포로 돌아가네. 자네는 하나님께 목숨을 바쳤잖아. 하나님은 사랑이야." 라고 말한다. 하지만 로드리고는 불의하고 정의롭지 못한 결정에 순종할 수가 없었다. 가브리엘 신부에게 축복을 받으러 가고 거절 당하는 순간에도 그는 총을 잡고 전략을 짠다. 하지만 마침내 스페인 군대의 막강한 화력과 병력 앞에 속절없이 사제들과 원주민들이 쓰러진다. 그리고 복음의 땅은 불길로 휩싸이고 만다.

무저항의 가브리엘 신부와 무기를 든 로드리고 신부. 상반된 성격의 두 주인공은 닮지 않은 듯 닮아 있다. 로드리고는 과라니족과 함께 무기를 들고 군대와 맞서 싸우다가 숨지고 가브리엘 신부는 성당을 지켰다. 그리고 로드리고는 영성체를 모시는 십자가를 들고 행진을 하다가 군대에 의해서 학살 당한다. 성격과 환경이 달랐던 예수회의 두 신부, 가브리엘과 로드리고 신부는 바로 '기독교적 사랑'과 '사회적 정의'라는 선택의 기로에 선 주인공들이었다. 필자는 에니어그램으로 보는 성격의 요점을 말하고자 한다. 가브리엘 신부는 9유형으로 분류해도 이상하지 않다. 끝까지 순교의 길을 가는 모습, 평화를 유지시키기 위해 애쓰는 모습 등이 그렇다. 하지만 2유형의 모습도, 6유형의 모습도 보인다. 그래서 가브리엘 신부의 평가는 하지 않기로 했다.

　하지만 로드리고는 8유형임이 뚜렷하다. 앞의 글에서 평가하였듯이, 맞고, 틀리고가 분명하다. 본능적인 정의에 대한 고집이나 흑백 논리, 어찌할 수 없는 분노에 휩싸였을 때 행동하는 모습 등이 그러하다. 8유형이 건강해지면 숨겨 놓은 따뜻한 감정을 표현할 수 있다. 과라니족과 화해하는 장면, 모든 것을 내려놓고 어울리는 모습 등이 그러하다. 마치 어린아이와 같은 자아를 드러내고 만면에 미소를 짓는 모습이 그러하다. 이 무서운 세상을 항거하지 않으면 죽을 수 있다는 절박함이 강한 모습으로 분출된다. 하지만 모든 것이 그렇지는 않다. 얼마든지 자신의 부드러운 모습을 보여 주어도 해를 당하지 않는다. 오히려 강한 사람이 분명하니 부드러운 모습을 보여 준다고 해서 무시를 당하는 일은 없다. 이것을 이해하고 표현할 수 있다면 멋진 8유형이 될 수 있을 것이다. '부드러운 카리스마', 8유형이 간직할 목표이다.

3. 노래 가사 속 8유형 모습 들여다보기

🎤 그 사나이
(tvN 드라마 〈나의 아저씨〉 OST)

드라마 〈나의 아저씨〉는 삶의 무게를 버티며 살아가는 아저씨 삼형제와 거칠게 살아온 한 여성이 서로를 통해 삶을 치유하게 된다는 이야기이다. 이 드라마에 삽입된 OST 중에 〈그 사나이〉라는 노래가 있다.

음악에 대한 이야기를 하려는 것이 아니라 〈그 사나이〉의 가사가 8유형의 냄새를 풀풀 풍기고 있다는 말을 하고 싶다.

폭풍처럼 다가오는 그 사나이 바위처럼 믿음직한 그 사나이
거짓 없는 너털웃음 매력 있어 언제 봐도 매력 있네 그 사나이
즐거워도 괴로워도 미련 없이 날리고 태양처럼 타오르는 마음 아무도 몰라
나만 보면 웃어 주는 그 사나이 언제 봐도 매력 있네 그 사나이
그 사나이 내 마음을 몰라 주네 뜨거워진 내 마음을 고백할까
즐거워도 괴로워도 미련 없이 날리고 태양처럼 타오르는 마음 아무도 몰라

거칠지만 따뜻하고, 막무가내이지만 서로 의지하고, 없으면 못사는 사람들이 인상적이었던 드라마로 기억한다. 넷플렉스를 통해 주말 동안 정주행 한 기억이 있다. 그중에서도 철이 없는 것 같으면서도 정의의 사도처럼 진군하는 장면들이 많이 나온다. 그럴 때마다 등장하는 〈그 사나이〉라는 노래의 매력은 말도 못하게 좋았다. 딱딱하고 거칠어도 속마음은 그렇지 않다는 것을 느낄 수 있도록 만들었다. 더 나아가 강한 감동을 주기까지 했으니 울고 싶었던 사람들에게는 '딱'이었을 것 같다는 생각이 든다. 8유형의 매력을 풀풀 풍기는 맛을 더해 준 그 노래의 가사를 음미하자.

이 노래 가사는 듬직하고 책임감이 있는 사나이를 마음에 품은 여인의 짝사랑이라고 할 수 있겠다. 가사의 내용이 꾸미지 않은 날것의 맛을 지닌 따뜻함을 숨긴 남자의 매력을 보여 준다. 노래 역시 파워풀하고 강하고 찐한 노래라고 느꼈다. 드라마 〈나의 아저씨〉의 주인공(이선균)이 8유형이라고 말하기에는 자료나 근거가 부족하다. 하지만 〈그 사나이〉 노래가 흘러나오는 장면에서는 저돌적이고 과감하게 행동하면서 8유형의 모습을 보여 준다.

8유형의 진짜 매력은 거친 듯하고 말로 잘 표현은 안 하지만 속으로는 따뜻한 것을 보여 줄 때이다. 그리고 도와주거나 감정을 표현하지는 못하지만 드러나지 않게 쓱 던져 놓듯이 행동하는 모습을 볼 때도 그렇다. 모든 것을 다하고 성과를 이루었으나 굳이 그런 것을 말하는 것을 쑥스러워한다. 자신의 행동은 대범하게 하고, 그것이 당연한 것인데 내세우려고 하지 않는 것이다. 큰일을 하고도 신경을 쓰지 않는 듯한 모습을 보이기도 한다. 스케일이 크고 묵직하고 믿음직한 책임감을 가진 리더의 모습이다.

4. 상징 동물 속 8유형 모습 들여다보기

🐯 호랑이와 코뿔소

호랑이는 논할 것조차 없는 밀림의 왕이다. 가장 최상위 포식자라고 말할 수 있겠다. 거기에는 뛰어난 공격력이 있다. 호랑이에게 덤빌 만한 적수는 거의 없다고 할 수 있다. 그러면서도 우리에게는 상당히 친숙하고 가깝다. 우리나라의 민화나 전래 되는 글에는 사람에게 은혜를 갚고 지켜 주는 이미지가 강하다. 이런 강함과 착함의 이미지가 상호 존재하는 동물이다. 이런 평가는 한국을 제외한 다른 나라에서는 볼 수 없다고 한다. 동물과 인간 그리고 강함과 약함을 동시에 가지고 있는 한국의 호랑이 이미지라고 할 수 있다. 과거에는 학교마다 호랑이선생님이 있었다. 규율을 잡고 훈육을 담당하는 무서운 존재이다. 그 선생님이 교실에 들어가면 쥐 죽은 듯이 조용하다. 그러나 나중에 졸업한 후에 가장 많이 찾아가는 선생님은 호랑이선생님이다. 무서운데 찾아가고, 기억에 남고, 어쩌다가 베풀어 준 스승의 은혜가 뼈저리게 고맙다. 그냥 무섭기만 한 선생님은 '안 습'이다.

8유형은 겉으로 보아도 단단하고 다부지다. 말을 해 보면 그런 느낌은 더 강해진다. 어떤 것은 쉽게 넘어가지만 안 된다고 말할 때에는 더 이상 할 말이 없게 단호하다. 보통은 이런 이미지 때문에 호랑이 같다고 느낀다. 하지만 밀림은 자꾸 사라지고 서식지는 파괴된다. 한국의 호랑이는 사라져 버렸다. 지금의 시대는 부드러움과 창조성이 강조되는 바야흐로 4차 혁명의 시대이다. 8유형의 집착인 강함과 회피했던 약함이 박자를 잘 맞출 때 춤추는 인생이 될 수 있다.

우리나라는 호랑이와 인연이 깊다. 중앙일보 하준호 기자의 글 '평창 마스코트 수호랑, 88올림픽 호돌이 정서이었다'라는 기사를 보면 호랑이 외에 진돗개와 토끼가 경합을 벌였다고 한다. 그런데 단연 호랑이가 1등을 차지하였다. 평창 동계 올림픽 때 마스코트도 백호(白虎)를 형상화한 '수호랑'이다. 이런 사례들은 호랑이로 상징되는 8유형이 어떤 길을 걸어야 하는지에 대한 과제를 던지고 있다고 할 수 있다.

88올림픽 마스코트인 호돌이(좌)와 평창동계올림픽 마스코트인 수호랑(우)

코뿔소는 둔하고 껍질이 두껍다. 그래서 일단 화가 나면 다짜고짜 공격을 한다고 생각할 수 있다. 일반적으로 그리고 느껴지는 이미지가 그렇다. 이런 이미지는 공격성이 강하고 흑백 논리가 있는 8유형의 단점을 상징한다. 코뿔소의 뿔로 들이박는 힘은 트럭 한 대를 전복시킬 수 있으며, 달리는 속도도 상상을 초월하기 때문에 코뿔소에 공격을 당하는 경우도 많다. 이런 코뿔소의 경향은 8유형의 저돌적인 성격과 이미지가 비슷하다. 8유형은 자신이 잘못되었는지 알면서 자신의 주장을 철회하지 않는 경향이 있다. 즉, 잘못된 자신의 주장을 번복하지 않는 것이다. 그것은 8유형의 회피가 약함이기 때문이다. 돌이키면 삼천초목이 다 자신의 것이 되지만 돌이키지 못하고 죽음의 길을 걸어간다. '뽀대'가 죽고, 약하게 보이는 이미지가 싫은 것이다.

코뿔소와 하마의 싸움은 흥미를 준다. 가령, 하마가 본인의 장기인 입을 크게 벌려 위협하면 코뿔소는 도리어 하마 입 안으로 얼굴을 들이민다. 자신의 가장 강력한 무기가 뿔인 것을 잘 알고 있기 때문이다. 일단 마음에 들지 않으면 무조건 뿔부터 들이밀고 보는 습성이 있기 때문이다. 이 때문에 하마는 입을 닫아도 문제, 안 닫아도 문제인 딜레마에 빠진다. 반대로 코뿔소도 뿔만 안전할 뿐 다른 부위는 하마의 강력한 치악력과 송곳니를 견딜 수 없다. 잘못해서 다른 부위(특히 하마 송곳니가 닿게 되는 턱 부분)를 물리면 한 방에 중상이다.

8유형은 직진형이다. 돌아가거나, 멈추거나, 가던 길을 바꾸려고 하지 않는다. 단단하고 확실하고 직선적인 8유형은 코뿔소의 단점을 어떻게 바꾸어야 할지 생각해 보라. '싸우고 이기는 것보다 안 싸우고 이기는 것'이 최선이다. 최선의 방법을 두고 연구하고 생각하는 힘을 기르는 것은 '8유형의 성숙과 깊은 관계가 있다.'고 할 것이다.

8유형의 성공 방정식

1. 유형 8 자신의 발전 방안

① 당신은 항상 다른 사람을 위해 말하기보다 다른 사람이 당신을 위해 말하도록 한다.

② 당신은 당신의 상처 받을 수 있는 내면을 다른 사람과 공유한다. 당신은 그들에게 겁에 질린 아이와 같은 당신의 모습을 알게 한다. 당신은 그들이 당신을 돕도록 한다.

③ 당신은 극도의 자급자족이나 종속의 공포 대신에 상호 의존을 꾀한다.

④ 당신은 다른 사람들의 숨겨진 동기나 의도를 폭로하려고 하기보다는 그들의 의도를 믿는다.

⑤ 당신은 당신 자신에 대한 존중을 요구하는 만큼 다른 사람들의 권리도 존중한다.

⑥ 당신은 진실을 있는 그대로 말한다.

⑦ 당신은 순수함의 태도를 취한다. 누군가가 왜 당신을 해하려고 하겠는가? 그리고 당신이 왜 누군가를 해하려고 하겠는가?

⑧ 당신은 매 순간과 상황을 상처 받거나 이득을 취하려고 하거나 과거의 잘못된 것들의 기억을 떠올리는 것이 아니라, 새롭게 받아들인다. 당신은 손목을 움켜쥐지 않고 손을 열고 받아들인다.

⑨ 당신은 정의와 공정함은 개입이 없어도 나타날 것이라고 믿는다. 당신은 정의와 공정함이 당신에게만 달려 있는 것이 아니라는 것을 깨닫는다.

① 당신은 당신 자신과 다른 사람들에게 인정이 많을 수 있다. 당신은 당신 의 정의를 자비로 조절한다.

② 당신은 말할 수 있다. "난 도움이 된다." "난 욕심이 없어." 당신은 탐욕 적이기보다는 욕심이 없는 사람이다.

③ 당신은 당신의 힘을 다른 사람을 끌어 내리는 것보다는 다른 사람을 돕 기 위해 쓴다.

④ 당신은 당신 자신이 필요한 것 외에도 다른 사람의 필요나 감정에도 동 정하고 민감하다.

⑤ 당신은 당신의 친절한 면이나 부드러운 면에 감동을 받는다. 진정한 친 절보다 강한 것은 없고, 진정한 강함보다 친절한 것은 없다. 당신은 딱 딱하기보다는 부드럽게, 거칠기보다는 친절해진다.

⑥ 당신은 다른 사람들에 반하는 것이 아니라 그들에게 다가간다. 당신은 폭력이나 복수하는 것을 피한다.

화합하는
평화주의자

1. 역사적 인물 속 9유형 모습 들여다보기

👤 한류의 힘과 백범 김구

먼저 JTBC에서 방송된 2012년 2월 6일의 뉴스룸 보도를 보자. 제목이 ‘“한류의 힘” 수출에서도 확인…… 콘텐츠 판매 큰 폭 증가’이다.

> 앵커: 콘서트 영상이나 유튜브의 한류 댄스 영상으로 그동안 한류의 인기를 실감하셨을 텐데요. 한류의 힘이 국제수지 통계로도 확인됐습니다. 이현 기자입니다.

기자: 지난해 한류의 열풍은 그 어느 때보다 거셌습니다. 대형 기획사의 월드 투어 티켓은 순식간에 동이 났고, 전 세계 K-POP 팬들이 K-POP의 춤과 노래를 따라 하는 영상이 화제가 됐습니다. 이런 한류의 열기가 국제수지에도 반영됐습니다.

한국은행에 따르면 지난해 한국의 영화, TV 프로그램, 음악 등이 해외에서 벌어들인 금액이 역대 최고치인 8,900억 원을 기록했습니다. 1996년까지 전무했던 콘텐츠 판매는 1997년 500만 달러로 시작해 2000년대에 한류를 타고 크게 늘었습니다. 최근에는 아시아를 넘어 세계로 신 한류 열풍이 번지면서 지난해에는 7억 9400만 달러, 우리 돈으로 약 8,900억 원을 문화 산업으로 벌어들였습니다. 지난해 문화 산업 관련 수입과 지출 수지는 마이너스 2억 2,400만 달러로 아직 적자입니다. 하지만 벌어들인 돈은 늘고 지출은 상대적으로 줄면서 적자폭도 개선되고 있습니다. 한류 열풍이 문화 분야를 넘어 경제 분야로까지 확인되고 있습니다.

출처: JTBC(2012. 2. 6.). 뉴스룸 보도.

문화의 힘이 경제적인 힘으로 번지고 있다는 뉴스이다. 최근에는 코로나19 상황임에도 불구하고 K-pop문화는 나날이 그 위력을 더하고 있다.

또 다른 보도를 하나 더 보자. 충청일보 김명기 기자의 2020년 10월 25일에 보도된 'BTS를 본다'는 제목의 글이다.

1960년대 팝과 록 음악의 세계적 중심지였던 영국에서 뛰쳐나와 미국을 향했던 아이들. 이른 바 '영국의 미국 침략(British invasion of America)'이라고 부르는 사건을 일으켰던 그 아이들은 리드 기타의 조지 해리슨(George Harrison)과 리듬 기타의 존 레논(John Lennon), 베이스 기타의 폴 매카트니(Paul McCartney), 그리고 드러머 링고 스타(Ringo Starr)로 구성된 비틀즈(Beatles)였다. 그들은 천재적인 음악성으로 전 세계 음악 시장의 판도를 완전히 바꾸어 놓았고, 1963년부터 1970년의 7년이라는 짧은 기간 동안 〈예스터데이〉〈이메진〉 등 주옥같은 22개의 싱글과 11개의 앨범을 발표하며 전설이 됐다.

전설이 돼 가고 있는 BTS

중학생 시절, 팝송을 배운다며 폴 사이먼(Paul Simon)과 아트 가펑클(Art Garfunkel)의 〈험한 세상에 다리가 되어(Bridge over troubled water)〉와 엘비스 프레슬리(Elvis Presley)의 〈러브 미 텐더(Love Me Tender)〉 등등을 한글로 적어 놓고 달달 외웠던 기억이 있다. 명반에 수록돼 있는 전설적 가수들의 노래는 청소년 시절의 내게 충격이었고, 경전과 같았다. 세월이 흘러 수많은 가수들이 명멸해 갔지만 그들의 노래는 그들의 발자취를 담아 놓은 바로미터, 빌보드(Billboard) 차트에 남았다. 빌보드는 그만큼 먼 나라 이야기였고, 비영어권인 한국인으로서는 넘을 수 없는 벽이었다. 그런데 그 꿈과 같던 일들을 해낸 아이들이 '방탄소년단(Beyond The Scene: BTS)'이다. 소속사는 빅히트 엔터테인먼트, 구성원은 RM, 진, 슈가, 제이홉, 지민, 뷔, 정국. 2018년 그들이 발매한 〈LOVE YOURSELF 轉 Tear〉는 '빌보드 200' 1위에 올랐고, 올해 발매한 싱글 〈다이너마이트(Dynamite)〉는 '빌보드 핫 100' 3주 1위를 기록했다. '빌보드 200'은 미국 음악 잡지 빌보드가 발표하는 차트 중 하나로 모든 장르의 앨범 판매량을 총망라하는 빌보드 메인 앨범 차트이고, '빌보드 핫 100'은 빌보드에 매주 실리고 있는 싱글 인기 차트이다. 특히 '빌보드 핫 100'의 1위가 된다는 것은, 이를테면 봉준호 감독의 영화 〈기생충〉이 아카데미상을 수상한 것과 견줄 만하다. 그 어려운 일을 그 아이들이 아무렇지도 않게 자꾸 해낸다.

BTS는 2018년 9월 23일(한국 시간) 감격적인 첫 유엔 연설에 이어 지난 9월 23일에도 코로나19로 지친 세계인들에게 희망을 전하는 두 번째 유엔 연설을 했다. 화상으로 진행된 유엔 보건안보우호국 그룹 고위급 회의에서 그들은 "삶은 계속될 것입니다. 우리 함께 살아냅시다(Let's live on)."라는 영상 메시지를 전했다. 그들의 말 한마디에 세계인이 위안을 받고 희망을 얻는 것이다. 세계적 영향력을 지닌 BTS에 중국 누리꾼들이 딴지를 걸었다가 되레 역풍을 맞기도 했다. BTS의 리더 RM이 지난 7일(현지 시간) 미국의 한미 친선 비영리재단인 코리아소사이어티가 수여하는

'밴 플리트 상' 수상 소감에서 "올해는 한국전쟁 70주년으로 양국(한미)이 공유하는 고통의 역사와 수많은 남성과 여성의 희생을 언제나 기억할 것"이라고 말한 것에 대해 일부 중국 누리꾼이 "이 발언이 전쟁에서 희생된 중국 군인을 존중하지 않고 중국을 모욕했다"며 격앙된 반응을 보였던 것이다. 후폭풍으로 삼성전자와 현대자동차, 휠라 등은 BTS 광고를 내렸다. 그러나 졸렬한 중국 누리꾼들의 태도에 세계적인 비난이 쏟아지자 중국 외교부는 중국 당국이 BTS 상품 통관을 금지했다는 보도는 사실이 아니라고 부인하기에 이르렀다. 중국인들의 유별난 민족주의와 애국주의에 편승하던 당국도 BTS의 위상엔 눈치를 보는 것이다.

출처: 충청일보(2020. 10. 25.).

이미 K-pop 문화는 시대를 거스르는 태풍이 되어 있다. 김치부터 비비고만두, 초코파이, 매운 불닭 라면 등 음식류에서부터 찜질방과 온돌방까지 한국 문화는 곧 세계 표준이 되어 가고 있다. 한글의 우수성을 알게 되고, 한국어를 배우려는 열풍이 전 세계적으로 일어나고 있다. 넷플릭스를 통해 방영된 드라마 〈킹덤〉을 통해 한국의 갓이 유명해지고, 미국의 아마존을 통해서 고가에 팔리고 있다. 호미 역시 이렇게 좋은 것이 어디 있느냐면서 날개 돋친 듯이 팔려 나가고 있다고 한다. 이 모든 것은 문화의 힘으로 요약될 수 있다.

그런데 일찍이 이 위대한 문화의 강국을 꿈꾸는 지도자가 있었다. 바로 백범 김구이다. 대한민국임시정부의 주석이었던 김구 선생은 "오직 한없이 가지고 싶은 것은 높은 문화의 힘이다."라며 문화 국가를 꿈꿨다. 그의 일기를 살펴보자.

나는 우리나라가 세계에서 가장 아름다운 나라가 되기를 원한다.
가장 부강한 나라가 되기를 원하는 것은 아니다.

내가 남의 침략에 가슴이 아팠으니 내 나라가 남을 침략하는 것을 원치 아니한다. (중략)
오직 한없이 가지고 싶은 것은 높은 문화의 힘이다. 문화의 힘은 우리 자신을 행복하게 하고 나아가서 남에게 행복을 주기 때문이다.

나는 우리나라가 남의 것을 모방하는 나라가 되지 말고
이러한 높고 새로운 문화의 근원이 되고 목표가 되고 모범이 되기를 원한다.

그래서 진정한 세계의 평화가 우리나라에서, 우리나라로 말미암아서 세계에 실현되기를 원한다. 홍익인간이라는 우리 국조 단군의 이상이 이것이라고 믿는다.

– 『백범일지』 '나의 소원' 중

김구

일제 치하와 남북 분단, 그 이념의 치열한 싸움의 현장에서도 평화를 사랑하는 넓은 거시적 양심의 리더였던 백범 김구 선생을 9유형으로 보아도 무리가 없을 것 같다. 그는 끝까지 남북통일을 꿈꾸고 갈등을 회피하려고 노력하였다. 정말 많은 할 일과 할 말이 있었던 시절에 가장 평화로운 문화 강국을 꿈꾸었던 백범의 정신은 9유형의 정신 세계와 닮아 있었다. 갈등을 최소화하고 세계의 우뚝 서는 나라가 되는 것은 백범의 꿈이고 한국의 꿈이다. 일찍이 이런 소원을 가지고 있었던 리더의 간절함이 이제 이루어지려는가?

에이브러햄 링컨

에이브러햄 링컨은 미국의 리더들 중 가장 가까이 접근할 수 있었던 사람 중 한 명이었다. 그는 중요한 결정을 내리기 위해 필요한 때면 언제든지 사람들의 의견을 들으려고 그들을 방문하였다. 직위나 신분 고하를 막론하고 대통령과의 면회를 원하는 사람을 거부하지 않았다. 이에 따라 링컨은 여러 다양한 인성을 이해하고 헤아릴 수 있게 되었다. 이와 같은 이해에 근거하여 그는 정계 전반의 사람들, 특히 다른 정치관을 가진 사람들과도 강력하고 유용한 협력관계를 맺을 수 있었다. 이런 특성은 9유형

에이브러햄 링컨

과 잘 어울린다. '강물은 흘러 바다에 이른다'는 사필귀정(事必歸正)의 마음은 평화주의자의 특성과 잘 맞는다.

링컨은 직접 지시를 내리는 경우가 거의 없었다. 그는 강력한 도덕적 신뢰를 바탕으로 하는 사람들과의 토론을 통해 적절한 조치 과정을 제시하고, 그들로 하여금 스스로 일을 처리하도록 하는 방식을 선호했다. 그는 또한 시간을 할애하여 특정 사안에 대해 자신이 생각하는 바를 정확히 기술한 장문의 편지를 썼으며, 따라서 사람들과의 의사소통에 오해가 발생하지 않았다.

에이브러햄 링컨의 대통령 재임 기간의 특징은 문호개방정책이다. 그의 비서들은 링컨이 그의 사무실을 방문하는 내각 위원, 군 지도자들, 그리고 일반 시민들과 만나는 데 자기 시간의 75%를 사용했다고 전했다. 재임 기간 중 1년 동안에는 백악관 안보다는 백악관 밖에서 더 많은 시간을 보냈다. 링컨은 정보 수집을 위한 최선의 방법이 그가 내리는 결정에 가장 영향을 많이 받게 될 사람들과 비공식적인 자리에서 대화하는 것이라고 생각했다. 그가 이것을 직접 실행할 수 없을 때에는 신뢰할 만한 자문관들을 보내 정보를 수집하게 하였다. 또한 그는 당시 가장 현대적인 통신 수단이었던 전보에 의존하였다.

남북전쟁 기간 중 링컨은 몸소 전선을 시찰하였다. 그가 중요한 전투에 참가할 수 없을 때에는 그는 목격자들을 호출하여 자신에게 직접 설명을 하도록 하였다. 그는 모든 직원의 사무실을 직접 방문하였으며, 따라서 그들의 필요를 이해하고 그들을 위한 공약을 만들어 낼 수 있었다.

에이브러햄 링컨은 자신과 반대되는 의견을 가진 사람들과도 강력한 협력관계를 구축하는 능력을 지니고 있었다. 사실 그는 자신에게 적대적인 에드윈 스탠튼을(보도된 바에 따르면 한 번은 그를 기린이라고 부른 적도 있었음) 전쟁 사령관으로 임명하기도 했다. 이유는 스탠튼이 그 일에 최적임자라고 생각했기 때문이었다.

이와 비슷한 예로, 링컨은 대통령 선거에서 자신의 경쟁자였던 윌리엄 슈어드를 국방장관으로 임명했다. 그들을 개인적으로 알기에는 짧은 기간이었지만, 슈어드와 스탠튼은 링컨의 내각에서 가장 유능하고 신뢰할 만한 구성원이 되었다. 이런 링컨의 리더십은 9유형의 리더십과 선을 같이한다. 모든 것을 포용하고 하나로 조화를 이루는 것이다. 9유형이 건강할 때 9유형은 조화로이 양쪽을 포용한다. 외교관, 협상가 등의 중요한 평화주의자들의 기능이다.

그러나 링컨이 이 같은 인사에 실패한 경우도 있었다. 그는 여러 다른 주요 인물들, 특히 북군의 장성들과 견고한 협력관계를 구축하려고 노력하였다. 그러나 이러한 시도는 결실을 보지 못했으며, 오히려 이들 중 여러 명이 링컨의 협력관계 수립 노력을 끊임없는 간섭으로 오해함으로써 적대감만 커지는 결과를 낳았다.

앞의 사례는 독립운동가 김구 선생의 사례와도 비슷하다. 김구 선생 역시 9유형으로 판단된다. 남한만의 국민투표를 반대했으며, 북한의 김일성을 만나는 등 통일 한국 이외에는 생각조차 하지 않았다. 이것이 실수인지, 아니면 올바른 일인지는 논외로 하고 9유형의 특징을 설명하기에는 충분하다. 갈등이 예상되는 한 민족 두 나라는 평화주의자에게는 어려운 길이었을 것이다.

그러나 개인적인 협력관계를 구축함에 있어서 링컨은 필요 시 항상 확고한 태도를 견지하고 양보하지 않았다. 한 번은 영국 선박 한 척이 나포되었는데, 링컨의 자문관들은 영국이 전쟁을 일으키게 함으로써 미국을 통일시킬 수도 있을 것이라고 제안했다. 그러나 링컨은 "전쟁은 한 번에 하나씩"이라고 말하면서 전면 반대하였다.

링컨은 우호적이고 낙관적인 태도, 개방성, 그리고 탁월한 대화 능력을 통해 사람들에게 영향을 주려고 하였다. 탁월한 대중 연설가이기도 하였던 링컨은 독재자보다는 설득자의 특성을 갖고 있었다. 대통령 선거 유세 시 링컨은 다음과 같이 주장하였다.

"우리 제도의 이념은 인간의 지위 향상을 목적으로 하고 있다. 따라서 나는 우리의 제도를 타락시키는 것은 무엇이든 반대한다."

대통령직에 취임한 링컨은 이러한 원칙을 실제적으로 구현해 가기 시작했다. 즉, 자신의 의견만을 고수하는 독재자의 모습이 아니라 다른 사람들의 의견도 자신의 것과 마찬가지로 존중했다. 에이브러햄 링컨은 직접 지시를 거의 내리지 않았다. 그 대신, 직원들이 올바른 결정을 내릴 수 있도록 자신의 제안, 견해, 그리고 권장내용이 담긴 글들을 그들에게 보냈다. 또한 직원들이 올바른 길을택하도록 설득하기 위해 이야기나 일화를 들려주곤 하였다.

링컨은 그가 직원들에 대해 생각하는 바(좋은 점과 나쁜 점 모두), 그들이 성취해 주기를 기대하는 바, 그리고 당면 과제 해결을 위한 지원과 뒷받침 제공 등의 내용을 담은 상세한 장문의 편지를 썼다. 이러한 편지들은 도전을 앞둔 아들을 격려하는 아버지의 자세와 같았다고 전해진다.

에이브러햄 링컨에 대해 조사하면서 그의 9유형 특성을 다음과 같이 정리해 보았다.

꾸준한 인내심

걷기 운동이 건강에 얼마나 도움이 되는지 잘 알고 있다. 그런데 얼마나 오래 걸어야 하는지, 얼마나 빨리 걸어야 하는지에 대해서는 여러 가지 이야기가 많다. 가장 설득력이 있는 이야기는바른 걸음 걸이로 30분 이상 걷는 것이 도움이 된다고 한다. 여기서 중요한 것은 얼마나 빨리 걷느냐가 아니라, 얼마나 오랜 시간꾸준히 걷느냐는 것이다. 생각해 보면 운동만 그런 게 아니다. 무엇이든 지속적으로 성실하게, 습관적으로 해 나가는 것이 '성공'의 '핵심'이다. 아홉 가지 유형 중에서 가장 권태를 느끼지 않고성실하고 꾸준하게 진행하는 능력이 탁월한 것이 9유형이다.

"I'm a slow walker / but I never walk back."("나는 걸음이 느린 사람이다. 그러나 나는 절대로 되돌아 걸어가지는 않는다.")

– 에이브러햄 링컨(Abraham Lincoln)

에이브러햄 링컨은 주위의 도움 없이 스스로 공부해야만 했다. 또 훗날엔 모두 7번의 선거에서 떨어졌다. 그런 그가 앞으로 계속 나아갈 수 있었던 것은 '느리더라도 뒤로 걸어가지는 않겠다.'는 마음가짐 때문이었을 것이다.

인자무적(仁者無敵, 어진 사람은 남에게 덕을 베풂으로써 모든 사람의 사랑을 받기에 모든 사람이 사랑하므로 세상에 적이 없음)

사람이 무엇인가를 한다고 했을 때 그것이 사업이든, 다른 일을 하든지 적이 없어야 한다. 그 말은 적을 없애는 것은 적과 친구가 되어야 한다는 것이다. 즉, 상생을 말한다. 서로 북돋우며 다 같이 잘 살아가야 한다. 물론 선의의 경쟁은 필요하다. 그러나 그 다음은 상생이다. 이편과 저편 모두에게 속하는 것을 9유형은 원치 않는다. 두 편을 모두 만족시키는 방법을 찾아내고 기다린다. 그리하여 인자무적의 리더십을 갖게 되는 것이다.

준비하고 기다리는 마음

링컨은 "나에게 여덟 시간을 주고 나무를 자르라고 한다면, 나는 도끼 가는 데에 여섯 시간을 쓸 것이다."라는 말을 했다. 이는 무엇을 하든 충분한 준비 작업을 마치고 진행한다면 일의 진행이 더 빠를 수 있다는 것을 말한다. 우리가 배우고 터득한 것들이 많을수록 무엇인가를 진행할 때 빨리 일을 처리할 수가 있다. 어떤 일이든 서두르지 않고 전후좌우의 모든 요소를 점검하고 통합하려는 9유형의 특성과 마주하고 있다.

에이브러햄 링컨은 미국 역사상 가장 위대한 대통령으로 기억되고 있다. 자신의 적을 끌어안았던 포용력은 9유형 평화주의자의 그것과 매우 유사하다. 적에게 아량을 베풀고 노예를 해방시키고 직접적인 비판을 하지 않고 돌려 말하는 스타일이 그렇다. 모든 것에 속하지 않으면서 모든 것을 끌어안는 리더십은 지금 현 세계의 모든 지도자가 배워야 할 덕목이 아닐까 싶다. 냉전 이후 새로운 갈등이 도처에서 싹트고 있다. 미국의 중국 때리기, 중국의 안하무인 태도, 일본의 한국에 대한 지나친 관심, 강대국 틈바구니에서 생존을 모색해야 하는 한국, 새로운 세계 질서를 어떻게 만들어 가느냐가 미래의 주요 관심사가 될 것이다. 9유형의 갈등을 회피하는 평화는 그것만으로는 부족하다. 묻어두는 평화가 아닌 갈등을 극복하는 거시적인 리더의 출현을 기다린다. 뿐만 아니라 9유형의 강점을 잘 살리려는 노력 또한 병행되어야 한다.

2. 드라마 속 9유형 모습 들여다보기

🎥 〈청춘의 덫〉

드라마 〈청춘의 덫〉은 1999년 SBS에서 방영된 24부작이다. 당시 심은하, 이종원 등이 출연하며 많은 인기를 얻었다. 대체적인 스토리의 줄거리를 알아보자.

서윤희(심은하 분)와 강동우(이종원 분)는 결혼을 약속한 사이이다. 서윤희는 일찍 부모를 여의고 외할머니와 이모 밑에서 자랐지만 밝고 청초한 매력을 가진 여성으로 성장한다. 동우는 가난하지만 똑똑하고 성실한 청년이다. 두 남녀 사이에는 예쁜 딸아이 혜림이가 있지만 아직 식은 올리지 못한 상태이다. 하지만 동우가 일하는 회사 회장(김무생 분)의 조카딸인 노영주(유호정 분)가 동우를 마음에 두고 있었는데, 영주는 동우와 결혼하겠다는 뜻을 내비친다. 영주의 아버지는 동우에게 해고하겠다는 협박까지 하지만 동우 또한 뜻을 포기하지 않는다. 이 사실을 알게 된 윤희는 하늘이 무너지는 것 같은 깊은 슬픔을 느낀다.

윤희는 동우에게 자신과 딸 혜림이를 봐서라도 돌아오라고 설득해 보려고 하지만, 동우의 마음은 이미 영주에게 떠난 뒤이다. 윤희는 동우의 부모를 찾아가 동우를 말려 달라고 애원하지만, 이 또한 여의치 않다. 윤희는 이러지도 저러지도 못하지만 사촌 동생 지숙이 대신 동우의 회사로 찾아가 얼굴에 시원하게 물을 뿌리고 뺨다귀를 날린다. 이에 격분한 동우는 윤희에게 회사를 떠나라고 종용을 한다. 결국 윤희는 회사까지 옮겨야 하는 처량한 신세가 되고 만다. 윤희가 동우로부터 버림 받았다는 사실을 듣고 외할머니(여운계 분)와 이모(정재순 분)는 충격에 빠진다. 윤희의 외할머니는 동우에게 전화를 걸어 돌아오라고 설득하지만, 이미 동우는 마음을 굳힌 후이다.

윤희는 아픔을 잊기 위해 쇼핑도 하고, 영화도 보지만 깊은 슬픔은 쉽게 치유되지 않는다. 심지어 윤희의 딸 혜림이가 불의의 사고로 세상을 떠나고 만다. 혜림이 병원에 입원해 있을 때 윤희는 동우에게 전화를 걸어 혜림이가 위독함을 전하지만 동우는 찾아오지도 않는다. 이로 인해 윤희는 동우에게 복수를 다짐한다. 그 유명한 대사 "당신 가만히 안 놔둘 거야. 당신, 부숴 버릴거야. 어떻게 하는 것이 당신을 제일 힘들게 하는 걸까 생각 중이야."

딸을 잃고 분노에 휩싸인 윤희는 더 이상 예전처럼 자신의 처지를 받아들이지만은 않는다. 드디어 분노의 폭발이 일어난다. 딸을 잃어버린 윤희는 본격적으로 그에게 복수를 위한 구체적인 계획을 실천한다. 윤희는 영주의 오빠 영국(전광렬 분)의 비서로 일을 하고 있는데, 영국은 윤희에게 조금씩 좋아하는 감정을 내비친다. 윤희는 그런 영국을 부담스러워 하고 적절히 선을 긋는데, 영국이 영주의 오빠임을 알게 되고는 영국을 이용해 복수를 하려고 한다. 윤희는 영국에게 자신의 과거를 밝히지만, 그런 그녀의 아픔을 있는 그대로 받아들여 준다. 결국 동우는 영주와 헤어지게 되고, 윤희는 회사의 대표인 영국과 결혼하여 딸을 낳고 행복하게 살아간다. 해피엔딩이다.

여기에 등장하는 주인공 윤희는 말을 잘 듣고 어른들에게 한없이 착한 사람이다. 동우에게도 지고지순의 사랑과 순정을 바친다. 춘천의 섬에 살고 있는 동우의 늙은 부모에게도 생활비를 보낸다. 딸 혜림이도 외할머니와 이모, 그리고 사촌동생의 도움을 받아 키운다. 나름 행복하게 살아간다. 모든 것을 이해하고 받아들이고 미워할 줄도 모르고 불평할 줄도 모른다. 보통의 드라마에 나오는 여주인공들은 9유형이 많다. 욕심 없고 착하고 불평하지 않고 이해심과 인내심이 많기 때문이다. 더욱이 순진하고 순종적이기도 하다. 보통 드라마나 영화에 나오는 남자 주인공은 재벌이나 기득권을 가진 능력자들인 경우가 많다. 그리고 이런 능력자들은 여러 여자를 상대한다. 그러다가 9유형의 여성을 만나면 다른 면을 보게 되어 사랑에 빠진다. 보통은 자신에게 다가오는 여성들이 자신의 능력을 믿고 온다. 그런데 9유형의 주인공들은 아무런 조건이 없다. 그리고 능력자들에게도 바라는 것이 없다.

보통 9유형들은 한 번 이성적인 교제를 하면 특별한 일이 없이 조건으로 헤어지는 경우가 드물다. 조건을 따지지 않기 때문이다. 그 이유는 9유형의 특징 중에 하나인 자기 비하에 있다. 모든 것을 통합시키고 대세를 따라 평화를 얻고자 한다. 자기 비하라는 말은 먼저 자신을 부풀리지 않는다는 뜻이다. 조금 더 낮게 자세를 유지하여야 다른 것들과의 충돌을 피할 수 있다. 그것이 자기 비하인데, 그래서 먼저 헤어지자는 이야기를 좀체로 하지 않는다. 이런 모습이 드라마 주인공의 이미지이다.

〈청춘의 덫〉에 나오는 대사 중에서 윤희와 이모, 사촌동생, 동우, 그리고 그의 가족들의 증언을 보면 보다 명확해진다.

이모의 농담을 잘 알아차리지 못한다(헌옷을 새 옷이라고 할 때). 말귀를 잘 알아듣지 못하기도 한다. 촉이 발달한 7유형과는 반대로 소문을 잘 못 듣는다. 소문에 대해서 잘 들으려고 하지 않는다. 쓸데없이 알고 싶지도 않고 관심을 갖지 않기 때문이다. 동우는 윤희에게 군대 갈 때 끝냈어야 한다고 말한다. 그러면 딸도 없을 것이라고 한다.

"맹꽁이에게 두 손, 두 발 다 들었어." 여기서 표현하는 맹꽁이란 아이를 낳은 것을 말한다. 세상의 물정이나 자신의 고생보다 더 중요한 것은 9유형에게 있어서 자연스러운 흐름이다. 동우를 죽이고, 혜림이를 죽인 두 사람을 죽이는 것이 무서웠다고 말한다. 피임도 자신의 실수라고 말한다. 결혼하면 다 해결된다며 짐스러워하지 말라고 말한다. 적반하장도 이런 적반하장이 없으나 윤희는 좋은 얼굴로 설득한다.

동우가 사주 딸과 결혼한다는 소문을 듣는다. 회장의 사무실로 동우가 찾아온다. 회장을 면담하기 위한 자리이다. 그곳에서 비서를 하고 있는 윤희는 뜻밖의 소식을 듣는다.

비서실장의 "쥐새끼 같은 놈, 큰 딸과 연애 중인 것 몰라? 보통내기가 아니야. 공주가 더 반했다지."라는 말에 이때야 윤희는 무엇인가 있다라고 최초의 의심을 한다.

보통 이런 상황은 다른 유형에게서는 일어나기 어렵다. 하지만 무던한 9유형은 이럴 수 있다. 누군가가 먼저 말해 주지 않으면 알려고 하지도 않고 신경을 쓰지 않는다. 충격 앞에 물을 먹는 장면과 반찬을 안 먹고 밥만 먹는 장면 등이 기억난다. 이 역시도 9유형과 닮아 있다. 어떻게 할지 빠른 판단이 서지 않는다. 직접 이별 선언을 받을 때에도 "나 둔하잖아."라고 말한다. 눈치채지 못했냐는 동우에게 하는 말이다. 그렇다. 보통 9유형이 둔하다. 둔한 이유는 갈등을 회피하는 성격 때문이다. 웬만한 것은 그럴 수 있으니 괜히 '문제시화' 할 필요가 없는 것이다.

그 후 윤희는 동우를 찾아다니며 참 많은 노력을 한다. 그때 동우는 "너는 참을성 많고 인내심도 많아. 네가 아니었다면 나는 대학 졸업도 못했을 거야. 너같이 헌신적인 사람 없어."라고 말한다. 결혼하려고 하는 영주에게 말한다고 하자 동우는 '넌 그렇게 못할 것'이라고 말한다. 그리고 실제로 그렇게 하지 못한다. 체념을 잘하는 운명을 받아들이고 그대로 넘기려는 경향이 강한 9유형이다. 다시 동우를 찾아간 윤희는 자신에 대해 이렇게 말한다. "난 매력도 없어. 싫증나고 심심해. 똑같은 얼굴, 똑같은 화제…… 나도 알아. 지루해질 수 있어, 알아." 윤희의 이 대목 역시 변화에 둔감하고 똑같은 것을 지속하는 자신을 묘사한 대사라는 생각이 든다. 작가 김수현 씨는 주인공의 캐릭터를 분명하게 설정한 것 같다. 1회부터 24회까지 일관성을 유지하면서 드라마를 이끌어 간다.

"어떻게 이야기해야 할지 모르겠어. 나는 동우가 처음 만난 남자이고, 처음 사랑한 남자야. 의심해 본 적이 없어. 두 사람이 아니라 하나였어. 가엾게 생각해. 부모가 없어서 할머니 이모가 있었어도 어릴 때 참 많이 외로웠었어. 사랑한다는 말은 안 했어도 참 많이 사랑해 줬어." 이런 고백 역시 9유형의 특징을 보여 준다.

스트레스 상황에 놓이면 새로운 변화는 평화를 유지하기 힘들게 한다. 있던 것을 계속하는 것이 마음이 편하다. 계속 남편인 동우를 잡으려고만 하고 복수나 영주를 찾거나 회장에게 폭로하겠다는 말을 안 한다 아니 못한다. 사촌동생 지숙이가 동우의 회사로 찾아가 망신을 준 것도 야단을 친다. 많이 화났다고 말한다. 결국 등신이라는 소리를 듣는다.

동우는 자꾸 찾아오는 윤희에게 이렇게 말한다. "넌 자존심도 없어? 난 받은 것이 많아. 염치없이…… 정말 염치없이 많이 받았어. 끝없이 해 바치는 미련한 헌신도 지겹다."

그러자 윤희(심은하 분)는 "나는 따분하고 갑갑해. 영주는 세련되고 이쁘고 근사해. 난 게임이 안 돼. 다시 생각해. 싫은 것은 고칠게. 결혼 재촉 안 할게. 해서 정말 미안해. 나 혼자이면 괜찮아. 그런데 할머니는 어떡해. 우리 혜림이는 공중에 떠 버려. 그래도 괜찮아?"라고 말하면서 매달린다. 자신보다 주변의 사람들, 특히 딸이 걱정된다. 온갖 설득에도 불구하고 요지부동인 동우가 자신을 저주하라고 한다. 이때 윤희는 "난 안 해. 안 할 수 있어. 줄 끊고 달아나 버린 연줄 미움이나 저주 나 안 할 거야. 안 할 수 있어. 안 그럴 거야. 더 힘들어."

언니인 윤희가 버림받은 것을 알고서 사촌동생인 지숙은 악에 바쳐서 "헌신하다가 헌신짝 된다고."라는 말에 윤희는 "나 둔하잖아."라고 말한다. 윤희는 "버려진 여자 싫어. 그냥 내가 좋아서 한 것이니까 받을 것도 분풀이할 것도 없어. 깔끔하게 잊고 끝낼래. 초라하게 만들지 마."라고 말한다.

'무골충, 지렁이'라는 지숙의 말에도 "다시는 아무 짓도 하지 마. 혜림이 아빠 발뒤꿈치 무는 것 나 싫어. 미워하게 만들지 마."라고 한다. "그냥 나에게 일어난 일이 무슨 일인가? 남자와 여자는 뭔가? 어이없는데 슬픈 척, 그냥 이대로 내버려 둬. 당신 미워하고 싶지 않아, 정말로. 마음이 변하면 좋았던 기억도 없어지는 거야? 7개월이 아닌 7년이야. 혼자만 생각하지 마. 내 생각도 조금은 해 줘. 혜림이…… 차라리 나더러 죽으라고 해."

"걱정하지 마. 혜림이 내놓으라는 소리만 안 하면 아무 짓도 안 해. 나 물에 빠졌다고 같이 빠지는 것 싫고, 사랑하지 않는다면 멈추고 돌아와." 동우는 "죽어서 벌 받을래." 그때 벌 받는 구경하라고 한다. 이에 윤희는 "구경하면서 기쁠 수 있을까? 사랑도, 상황도 믿어지지 않아 .정말 나 사랑하기는 한 거야? 당신도 괴롭기는 한 것 같아서 이해하려고 해. 나이 더 먹으면 더 많이 이해하게 될 거야."라고 말하면서 동우가 내미는 돈 봉투를 거절한다.

"필요 없어. 나 할 수 있어. 안 받을게. 안 받을 거야. 쓸쓸하게 만들지 마."

이 드라마에서 9유형의 주인공으로 윤희가 타당하다는 생각을 하게 된다. 2유형과 함께 대표적으로 거절을 잘 못하는 유형이라고 할 수 있다. 극 중에서 윤희는 상대방에게 거절을 잘 못한다. 그저 흐르는 대로 그것이 맞고 좋지 뭐 다른 것이 있겠느냐고 생각하는 것 같다.

실제 코칭이나 상담 사례에서 배운 것은 커플 간에 헤어짐을 불편해 한다는 사실이다. 평화를 유지하고자 하는 9유형은 사람을 사귀게 되면 상대방에게 맞추려고 한다. 먹는 것, 입는 것, 가는 것 모두를 웬만하면 대세를 따르고 자신의 주장을 내세우지 않는다. "그냥 뭐 난 괜찮아." "뭐든지 잘 먹어." 하는 경우이다. 그래서 분명히 싫은데도 불구하고 싫다는 말을 못하고 끌려간다. 더 좋은 사람이 있어도, 현재 자신이 교제하는 사람이 마음에 안 들어도 그냥 현재 상황을 유지하려고 한다. 다 그렇다고 하는 것이 아니라 그런 경향이 강하다는 것이다.

드라마를 보면서 윤희와 할머니, 이모, 사촌동생 그리고 동우의 이야기를 종합해 보면 그렇다. 자신에 대한 인식이나 다른 사람이 느끼는 인식이 비슷하다. 참 착한 사람들이다. 하지만 9유형의 인내심, 나타내지 않으려는 행동에 '재미 들이지 마라' 이 사실을 9유형을 대하는 사람들은 언제나 기억하고 있어야 한다. 마찬가지로 2유형이 도와주는 것에도 '재미 들이는 것'은 금물이다. 왜냐하면 쌓여서 폭발하기 때문이다. 드라마의 핵심이 된 '부 쉬버릴 거야!'라는 말은 9유형의 폭발을 나타낸다. 9유형은 본능형 으로, 분노가 중요 정서이다. 하지만 이 에너지를 받지도 않고 주 지도 않으면서 흘려보낸다. 1유형이 쌓아 놓고 있고 8유형이 외부 로 표현하는 것과는 다른 형태이다. 즉, 분노가 생기면 내보내고 들어오면 흩트려 버린다. 그렇기 때문에 9유형의 분노는 본인도, 다른 사람도 잘 느낄 수 없다. 만약에 분노를 적절하게 표현할 수 있다면 많은 도움이 된다. 9유형의 주변에 있는 사람들도 9유형의 분노를 이해하면 좀 더 적극적으로 자신의 의사를 표현할 것이다.

주인공 윤희는 엄청난 어려움을 당하고 또 당한다. 옛날 드라 마라 그런가? 하고 생각할 수도 있다. 하지만 9유형은 언제나 똑 같다. 그 힘든 과정을 묵묵히 참아 내고 인내하면서 살아낸다. 하지만 더 이상 참을 수 없는 한계치에 다다르면 흘려보냈던 분 노의 모든 에너지가 폭발한다. 오랫동안 흘려보냈기 때문에 없 을 것이라고 생각하면 착각이다. 조금씩 찌그러지면서 모였던 분노의 에너지가 오랜 시간 동안 숙성하여 원자탄 급의 폭발이 일어난다. 인간관계에서는 보통 이별, 이혼 등으로 나타난다. 드 라마의 주인공은 자신의 딸이 사망했을 때 터져 나왔다. 그때부 터는 비타협이다. 드라마의 대사에서 9유형의 한없는 인내심을 맛보았거든 그 결말을 지켜보라. 유튜브에서 이 드라마를 시청 할 수 있다. 이 점은 독자들의 몫으로 남겨 둔다.

다만 긴 드라마의 대사 중에서 9유형에 대한 대사를 찾아 기록 하였으므로 찬찬히 읽어 보기를 부탁한다.

3. 노래 가사 속 9유형 모습 들여다보기

🎤 가는 세월

　　(작곡 · 작사: 김광정 / 노래: 서유석)

가는 세월 그 누구가 잡을 수가 있나요 흘러가는 시냇물을 막을
수가 있나요
아가들이 자라나서 어른이 되듯이 슬픔과 행복 속에 우리도 변했구료
하지만 이것만은 변할 수 없어요 새들이 저 하늘을 날아서 가듯이

달이 가고 해가 가고 산천초목 다 바뀌어도 이 내 몸이 흙이 되도 내
마음은 영원하리

하지만 이것만은 변할 수 없어요 새들이 저 하늘을 날아서 가듯이
달이 가고 해가 가고 산천초목 다 바뀌어도 이 내 몸이 흙이 되도
내 마음은 영원하리 이 내 몸이 흙이 되도 내 마음은 영원하리

　　1945년생 가수 서유석이 1977년에 발표한 그의 대표곡이다.
가사도, 멜로디도 9유형의 노래라고 하기에 적당하다. 가는 세
월을 누가 막을 수 있을까? 도도하게 흐르는 대자연의 모습처럼
살기 희망하는 9유형의 낭만이 녹아 있다. 별것 아닌, 별것일 수
도 없는 별것이라고 해도 다 비슷한 인생이니 산천초목 다 바뀌
어도 별것이 없다. 누가 잡을 수도, 막을 수도 없는 운명을 따라
영원히 살아간다는 가사는 9유형의 '평화'에 대한 집착과 맞닿아
있다. 어느 것과 편이 되기도 적이 되기도 싫고, 주어진 것들을

받아들이고 적응하면서 세월을 보내는 것이 가장 좋다. 이 노래처럼 살아갈 수 있도록 환경을 만드는 것은 어떨까? 변하지 않는 인생을 살아가고 싶다는 희망만으로 그렇게 되지는 않을 것이다. 그것이 9유형이 갈 길이며 평생의 과제이다. 그러나 때때로 변하지 않고 초연하게 9유형처럼 살아가고 싶다. 모든 것을 홀홀 털고 살아가고 싶다.

🎤 다 그런 거지 뭐
(작곡 · 작사 · 노래: 윤항기)

다 그런 거지 뭐 그런거야 아 그러길래 나 미안 미안해
다 그런 거지 뭐 그런거야 아 그러길래 나 미안 미안해

처음 만나 연애할 땐 상냥하던 그이가 이렇게도 변할 줄이야
하루 종일 무슨 불평 그렇게도 많은지 그러길래 남자인가 봐

다 그런 거지 뭐 그런 거야 아 그러길래 나 미안 미안해
다 그런 거지 뭐 그런 거야 아 그러길래 나 미안 미안해
처음 만나 연애할 땐 자상하던 그이가 아 요렇게도 변할 줄이야
하루 종일 말도 없고 멋이 없는 그 사람 속상해요 어쩌면 좋아
다 그런 거지 뭐 그런 거야 아 그러길래 나 미안 미안해
다 그런 거지 뭐 다 그런 거야 아 그러길래 미안 미안해

🎤 다 그런 거지 뭐

(작곡 · 작사 · 노래: 정갈렙)

사랑도 해 보고 헤어져도 보고 매달려도 보고 눈물 흘려 봐도
돌아서면 잊혀지고 시간 흘러 추억 같은 기억도 사라져
사랑이란 게 모두 그렇더라
나는 이런데 너도 그렇겠지
가끔 생각나도 그냥 무시해 버리는 기억처럼
왠지 모르게 기억하고 싶어 그날 노력해도
흐릿한 기억에 한숨 쉬는 한마디
다 그런 거지 뭐

새롭게 만나서 즐거웠던 순간 영원할 것 같던 아름답던 순간
돌아서면 잊혀지고 시간 흘러 추억 같은 기억도 사라져
사랑이란 게 모두 그렇더라
나는 이런데 너도 그렇겠지
가끔 생각나도 그냥 무시해 버리는 기억처럼
왠지 모르게 기억하고 싶어 그날 노력해도
흐릿한 기억에 한숨 쉬는 한마디
다 그런 거지 뭐

나는 이런데 너도 그렇겠지 가끔 생각나도
그냥 무시해 버리는 기억처럼 왠지 모르게 기억하고 싶어
그날 노력해도 흐릿한 기억에 한숨 쉬는 한마디
다 그런 거지 뭐

윤항기의 〈다 그런 거지 뭐〉와 정갈렙의 〈다 그런 거지 뭐〉는 제목만 결이 좀 다르다. 윤항기의 〈다 그런 거지 뭐〉는 1985년 곡이고, 정갈렙의 〈다 그런 거지 뭐〉는 2018년의 곡이다. 그리고 윤항기의 노래가 자유스럽고 경쾌한 리듬이라면, 정갈렙의 노래는 느리고 우울한 느낌이다. 하지만 가사의 내용은 이렇게 하나 저렇게 하나 특별하게 달라질 것은 없다는 뜻이다. 별것 없으니 걱정하지 않고 다해 보았으나 별것 아니라는 느낌이다. 아니다. 별것이 있다. 9유형에게 동기 부여가 안 되면 다 그렇고 특별할 것이 없다고 손을 놓은 채 운명론자처럼 되는 경향이 있다. 하지만 다 그런 것은 아니다. '한 번 태어난 인생 그 자체가 특별하다.'

🎤 조약돌
(작곡: 이윤복 / 작사: 하중희 / 노래: 박상규)

꽃잎이 한 잎 두 잎 바람에 떨어지고 짝 잃은 기러기는 슬피 울며 어디 간다
이슬이 눈물처럼 꽃잎에 맺혀 있고 모르는 사람들은 제 갈길로 가는구나
여름 가고 가을이 유리창에 물들고 가을날에 사랑이 눈물에 어리네
내 마음은 조약돌 비바람에 시달려도 둥글게 살아가리 아무도 모르게

듣기 좋고 편안하게 들리는 목소리로 친근한 고 박상규의 〈조약돌〉이다. 이 노래는 노래를 듣거나 가사를 보거나 딱 9유형의

인생을 닮은 조약돌임을 알 수 있다. 비바람에 시달려도 둥글게 살아가는 조약돌처럼 되기를 희망한다. 싸워서 뭐하고, 가져서 뭐하고, 빼앗아서 무엇하겠는가? 그냥 때리면 맞고, 뺏으면 뺏기며 둥글게 조약돌처럼 살아가길 바란다. 굳이 다른 사람이 몰라 줘도 좋다. 아니 다른 사람은 알 필요도 없다. '아무도 모르게 살아야지.' 이런 스타일의 9유형을 많이 알고 있다. 에니어그램의 날개 화살과도 어울리지 않게 그냥 9유형의 특성을 올곧이 가지고 있는 9유형도 있다. 조약돌이라고 별명을 붙여도 무방하다. 이런 9유형을 괴롭히는 요소는 주변에 너무 많다. 조약돌이 필요하나 때론 기둥이 되어야 할 때도 있다. 9유형은 그런 점을 알고 대처하고 개발해야 한다.

4. 상징 동물 속 9유형 모습 들여다보기

🦉 돌고래와 나무늘보

돌고래의 특출난 감각은 청각이다. 스스로 소리를 내어서 그 것이 물체에 부딪혀 되돌아오는 음파를 받아 듣는, 이른바 반향 정위를 이용해서 초음파를 쏘아 보낸다. 그리고 그 쏘아 보낸 초음파가 물체에 닿아 다시 돌아오는 것을 듣는 것으로 세상을 본다. 이들에게는 귀가 곧 눈이라고 할 수 있다. 9유형은 듣는 것에 능하다. 5유형이 정보를 획득하려고 집중해서 듣는 것과는 다르다. 9유형은 다른 사람들의 이야기를 청취함으로써 평화를 유지하려고 한다. 친구들의 모임에 가서도 한마디도 하지 않고 있다가 오는 경우도 있다. 오랜 경험을 통해서 경험한 9유형은 말을 하다가 면박을 당하거나 그건 그렇지 않다는 등의 소리를 듣는 것이 불편하다. 상대방의 말에 귀를 기울이고 배려해 주는 사람들은 흔하지 않다. 9유형은 속으로 상처를 받는다. 그래도 상처를 받는다고 생각하지 않으려고 한다. 가장 좋은 것은 말을 하지 않고 듣는 것이다. 이런 소극적인 행동은 자신을 수동적 공격으로 이끌어 간다. 그러나 독자들은 오해하면 안 된다. 말이 많은 9유형들도 있기 때문이다. 이유는 똑같다. 말하지 않아서 분위기가 나빠지거나 썰렁하게 되면 싫기 때문이다. 이 두 가지가 다 존재한다. 9유형의 말에 귀를 기울인다면 점점 더 말이 많아질 것이다. 하지만 잘 들어주지 않고 관심을 갖지 않는다면 말수는 줄어들 것이다.

나무늘보는 너무 느린 움직임 탓에 무능력한 동물이라는 인식이 있다. 하지만 나름대로 환경에 적응을 했다고 할 수 있다. 움직임이 느린 것은 근육량이 적기 때문이다. 그래서 에너지 소모량도 적다. 신진대사가 극단적으로 느려서 적은 양의 먹이만 있어도 살아갈 수 있는데, 1주일에 한 번 배설할 정도라고 한다. 여기에 체중도 매우 가벼워서 나무에 매달린 채로 의식주를 해결하는 것이 가능하다. 너무 안 움직이는 탓에 역으로 의태가 되어 생각보다 천적도 많지 않다. 여기에 보태서 의외로 잠이 많지 않다. 하루 8~10시간 정도 잔다고 한다. 식사 중에 졸기도 한다고 한다. 땅바닥에 내려오는 경우는 거의 없으며, 그나마 1주일에 한 번씩 내려오는 건 배설을 하기 위해서다. 치타가 전력 질주할 때 110km/h로 달리는데, 나무늘보들은 전력질주하면 200m/h(약 5.56cm/s)로 치타보다 약 500배 정도 느리다(나무위키).

이런 나무늘보의 특성은 종종 게으른 9유형의 단점을 설명하기도 한다. 비슷한 동물로는 코알라, 코끼리 등을 들 수 있다. 잘 움직이지 않고 급한 때가 아니면 타박타박 천천히 걷는다.

9유형은 급한 것이 별로 없다. 급한 사람이 옆에 있으면 보조를 맞추는 많은 노력을 해야 한다. 보통 사람들이 그가 '느리다'라고 평가하는 것을 좋아한다. 그것은 본인을 기준으로 할 때가 거의 대부분이다. 리더들은 거의 느린 사람들을 좋아하지 않는다. 빨리빨리 문화가 널리 퍼져 있는 우리나라에서는 더욱이 그렇다. 그래서 조직에서는 그 문화에 맞춘다. 그렇지 않으면 조직에서 도태되기 때문이다. 다른 유형도 모두 자신의 유형대로 조직에서 생존하지는 않는다. 어떻게 해서라도 조직에 맞춘다. 그래야 생존할 수 있기 때문이다. 따라서 조직에서 본 '그 사람이 전부다'라는 인식은 버려야 한다.

가장 자신의 유형이 잘 나타나는 장소는 익숙한 곳이다. 즉, 어린 시절의 친구나 친한 사람, 가족 등이 그러하다. 그곳에서조차 자신의 유형대로 살지 않으면 견딜 수 없다. 각 유형의 단점이 많이 나타나는 커플을 생각해 보자. 9유형은 주도하지 않고 맞추려고 할 것이다. 어떤 때는 나무늘보처럼 속이 터지게 느릴 수 있다. 나의 커플이 그렇다면 생각해야 한다. 어떻게 맞출 것인가 그러려면 그의 성격을 알아야 한다. 보통 상담에 오는 커플에게 9유형을 설명하면 상대방을 안타까워하거나 잘 몰라서 실수한 것들을 많이 보게 된다. 아프게 한 것이다.

'그럼 말했어야지!'하고 비난을 한다. 하지만 9유형은 말을 하기가 힘들다. 답답하다고 하지마라. 그것은 비난이다. 상대방을 잘 알지도 못하면서 자신을 주장했던 것이다. 나무늘보를 생각한다면 9유형도 생각할 것이 많다. 미루지 말고 그때 그때 일을

처리하고 계획을 세우고 시간을 관리하는 효율성을 길러야 한
다. 머리 좋은 돌고래처럼 나무에 매달려서도 살 수 있는 안정감
을 길러야 할 것이다.

9유형의 성공 방정식

1. 유형 9 자신의 발전 방안

① 당신은 흐트러지지 않고 집중하고 식별하여 융통적인 사람이 될 수 있다.

② 당신은 신속하다. 당신은 미루지 않고 지금 처리한다.

③ 당신은 확실해질 수 있다. 당신은 당신의 입장, 느낌, 선호를 제시한다. 당신은 당신의 분노를 다뤄서 당신이 무엇을 원하고, 당신이 진정 필요로 하는 것을 얻을 수 있다는 것을 밝히기 위해 그 분노를 이용한다.

④ 당신은 당신의 정신 건강과 신체 건강을 더욱 잘 관리하게 된다.

⑤ 당신은 하찮고 필요하지 않은 것과 당신이 진정 필요한 것을 바꾸지 않는다.

2. 유형 3의 상위 개념으로의 발전 방안

① 당신은 집중하여 목적 지향적이 될 수 있다. 당신은 당신이 무엇을 원하는지 결정하고 단계적으로 착수한다.

② 당신은 계획을 세워 외적인 압력에 의존하지 않는 범위에서 조직한다.

③ 당신은 단순히 어딘가에 있는 것이 아니라 무언가를 한다. 당신은 세계에 영향을 미치기 위하여 행동을 취한다. 당신은 당신의 영향력을 다루고 수동적인 수납자가 되기보다는 적극적인 대리인이 된다.

④ 당신은 다른 사람의 에너지를 흡수하는 것이 아니라 자신만의 에너지를 만들어 낸다.

⑤ 당신은 자신이 전문적이고, 능률적이며, 유능하다고 생각한다.

⑥ 당신은 자신에게 "난 성공적이야."라고 말할 수 있다.

⑦ 당신은 자신이 "상관없는 일이야." "난 신경 안 써."라고 하기보다는 중요한 사람이며 변화를 만든다고 생각한다.

| 저자 소개 |

김태홍(Kim Tae Heung)

에니어그램을 활용하여 코칭 상담 강의를 기업과 단체에서 진행하는 최고의 전문가이다. 현재 한국 에니어그램 협의회 회장, 한국 리더십 연구소 소장, 카페 에니어 대표로 활동하고 있다. 저서로는 『커플 에니어그램』(공저, 학지사, 2018), 교육용 도구(카드)로는 『에니어시티』(공저, 학지사, 2021)가 있다.

최미숙(Choi Mi Sook)

복지법인을 설립부터 에니어그램을 적용하여 조직개발, 연구와 강의 활동에 전념하고 있다. 현재 한국 에니어그램 협의회 부회장, 사회복지법인 삼보 대표이사, 평택대학교, 김포대학교 외래강사, 생명의 전화 이사로 활동하고 있다. 저서로는 『나 그대의 눈이 되어 손이 되어』(예찬사, 2001)가 있다.

김의천(Kim Eui Cheon)

에니어그램을 지속적으로 연구하여 임상상담과 전문연구 강의를 진행하고 있다. 현재 한국 에니어그램 협의회 연구원, 카페 에니어 상담 실장으로 활동하고 있다. 교육용 도구(카드)로는 『에니어시티』(공저, 학지사, 2021), 『비주얼 에니어그램』(공저, 학지사, 2020)이 있다.

에니어그램 강의 노트
Enneagram Lecture Notes

2022년 5월 10일 1판 1쇄 인쇄
2022년 5월 20일 1판 1쇄 발행

지은이 • 김태홍 · 최미숙 · 김의천
펴낸이 • 김진환
펴낸곳 • ㈜ **학지사**

　　　　　04031 서울특별시 마포구 양화로 15길 20 마인드월드빌딩
대표전화 • 02)330-5114　　　　팩스 • 02)324-2345
등록번호 • 제313-2006-000265호

홈페이지 • http://www.hakjisa.co.kr
페이스북 • https://www.facebook.com/hakjisabook

ISBN 978-89-997-2687-3 03180

정가 17,000원

　　출판 · 교육 · 미디어기업 **학지사**

간호보건의학출판 **학지사메디컬** www.hakjisamd.co.kr
심리검사연구소 **인싸이트** www.inpsyt.co.kr
학술논문서비스 **뉴논문** www.newnonmun.com
교육연수원 **카운피아** www.counpia.com